나의 아버지 주기철

믿음이란 한 알의 밀알이 땅에 떨어져 죽음으로 많은 열매를 맺음과 같이 진리의 열매를 위하여 스스로 죽는 것을
뜻합니다. 눈으로 볼 수는 없으나 영원히 살아 있는 진리와 목숨을 맞바꾸는 자들을 우리는 믿는 이라고 부릅니다.
「믿음의 글들」은 평생, 혹은 가장 귀한 순간에 진리를 위하여 죽거나 죽기를 결단하는 참 믿는 이들의, 참 믿는 이들을
위한, 참 믿음의 글들입니다.

# 나의 아버지 주기철

순교자와 남겨진 가족이 겪은 고난과 섭리

†
주기철 목사 순교
80주년 기념 개정판
|

유승준 지음

홍성사

일러두기

-본문에 나오는 외국인 선교사의 이름은 그들이 조선에서 사용하던 한글 이름을 그대로 표기했으며,
 괄호 안에 본국에서 쓰던 이름을 원어로 적어 두었습니다. 그들은 조선에서 조선인으로 살다가 조선 땅에
 묻히기를 원했던 사람들이기 때문입니다.
-주기철 목사와 관련된 일부 사실 관계, 오정모 집사와 주광조 장로의 증언 등은 구귀학 권사와의 인터뷰와
 주광조 장로가 남긴 친필 원고 그리고 육성 자료 등을 바탕으로 집필한 것입니다.
-이 책은 2014년에 출간된 《서쪽 하늘 붉은 노을》의 내용을 개정해 펴낸 책입니다.

개정판 서문   주기철 목사의 막내며느리 빈소에서  11
초판본 서문   "여보, 따뜻한 숭늉 한 사발이 먹고 싶소."  18

1장   동냥젖과 염소젖을
      얻어먹으며 자란 아이

의인의 자식으로 태어난 운명  27
첫돌 갓 지난 막내를 두고 천국으로 떠난 생모  32
오산학교 그리고 남강 이승훈과 고당 조만식  38
창원 웅천교회와 평양 장로회신학교  44
부산 초량교회와 마산 문창교회  50
아버지의 두 번째 아내가 된 여인  56
평양 산정현교회와 위기의 조선 교회  62
예배당 건축과 사라진 축음기  68
신사참배 반대와 일사각오  74
조선예수교장로회 총회의 신사참배 찬성 결의  80

2장   우리 아이들을
      다 자퇴시키겠습니다

네가 행음하여 네 하나님을 떠나고  89
5종목의 나의 기원  95
서쪽 하늘 붉은 노을  100
평양노회의 목사직 파면과 산정현교회 폐쇄  106
골목길에서의 마지막 설교  112
도망자가 되어 뿔뿔이 흩어진 형들  118
경찰서 면회실에서 마주한 아버지의 밥그릇  123
눈앞에서 목도한 아버지에 대한 처참한 고문  128
아버지께 마지막으로 올려 드린 큰절  133
돌박산에 흐드러지게 핀 진달래꽃  138

## 3장 순교자 주기철 목사의
## 아들이라는 꼬리표

아버지의 투쟁과 승리가 삶의 목적이었던 어머니 오정모  147

한마음으로 신앙의 정절을 지켜 낸 산정현교회  152

해방 때까지 이어진 유랑생활과 열세 번의 이사  157

나를 위해서 기념을 하지 말라  163

손양원 전도사와 주기철 목사  168

김일성이 보내온 선물  174

아버지 덕 볼 생각 말라던 어머니의 유언  180

광복 이후의 한국 교회  185

학도병으로 전쟁터에 나가다  190

평양 장현교회에서 시무하던 큰형의 순교  196


## 4장 저, 기도 안 하니까
## 자꾸 기도시키지 마십시오

연희대 경제학과에 진학  205

여전히 죄인이었던 아버지  211

갈채 그리고 방황  217

가난하고 병든 남자에게 미래를 건 여자  222

선도 안 보고 딸을 준답니다  228

건국훈장 독립장 추서와 국립묘지 안장  234

산업 전사가 되다  240

다시 돌아온 탕자  246

영화 〈저 높은 곳을 향하여〉  252

하용조 목사와 임마누엘 모임  258

## 5장 끝까지 저항하지 못한 것에 대한 부끄러움

한국기독교순교자기념관과 주영해 장로 267

명동에서 왕십리까지 한걸음에 실어 나른 전축 273

극동방송과 아세아방송을 통한 복음 전파 사역 279

여호와의 말씀을 듣지 못한 기갈이라 285

북녘땅에도 복음이 메아리치기를 290

김상복 목사와 함께 소양주기철목사기념사업회를 만들다 295

교파와 교단을 초월한 연합과 연대 301

두고 온 교회, 두고 온 피붙이들 308

67년 만에 이루어진 평양노회의 주기철 목사 복권 314

신사참배 70년 참회의 기도 320


## 6장 아버지의 이상은 말씀으로 민족이 해방되는 것이었습니다

아버지를 죽인 원수들한테 왜 밥을 주는 겁니까? 329

여전한 한국 교회의 우상숭배 335

고난과 십자가의 자리를 대신한 영광과 축복 340

어머니께 드리는 눈물의 편지 345

아버지 같은 바보 목사가 그립다 349

67년 만에 꿈에도 그리던 아버지 품으로 355

공영방송에서 재조명된 주기철 목사의 삶 360

항일독립운동가 주기철목사기념관 366

수난의 역사를 기억하기 위하여 373


글을 마치며 "아버지, 발은 다 나으셨어요?" 380

부록 주기철 연보, 주광조 연보, 참고 문헌, 도움 주신 분들, 사진 제공 387

주기철 로드 순례 주기철 목사의 흔적을 따라가다 396

# 주기철 목사의 막내며느리 빈소에서

7월로 접어들며 더위가 절정을 향해 치닫고 있었다. 소서와 초복을 얼마 남겨 두지 않은 시점이었다. 막바지 원고를 쓰느라 끙끙거리고 있는데 문자 메시지가 도착했다는 신호가 울렸다. 주현 박사가 보내온 소식이었다. 반갑게 열어 본 문자들이 나른했던 내 심신을 요동치게 했다. 휴대전화기 액정을 뚫어지도록 쳐다봤다.

'어머니이신 구귀학 권사님께서 어제 소천하셨기에 소식을 알려 드립니다.'

2023년 6월 30일 새벽 6시. 구귀학 권사가 향년 88세로 그토록 사랑하던 남편 주광조 장로와 존경하던 시아버지 주기철 목사의 곁으로 떠난 것이다. 이로써 주기철 목사의 네 아들과 네 며느리 모두 지상에서의 삶을 마감하게 되었다. 역사의 한 장이 넘어간 셈이다.

이튿날인 2일은 주일이었다. 강릉에서 서울로 가는 고속열차 안에서 의자에 기댄 채 눈을 감았다. 아무것도 보이지 않자 기억이 점점 더 또렷해졌다. 2013년 여름 무렵 건국대학교 인근 자택에서 구귀학 권사를 처음 만났을 때 받은 느낌은 정갈함과 꼿꼿함이었다. 여러 번에 걸친 인터뷰를 통해 그녀는 53년 동안 한결같았던 남편을 향한 믿음과 평생 얼굴 한번 본 적 없던 시아버지를 향한 경외심을 숨김없이 드러냈다. 주기철 목사에 대한 오정모 집사의 헌신이 절대적이었다면 주광조 장로에 대한 구귀학 권사의 내조 또한 무조건적이었다.

친구 오빠 소개로 우연히 만났지만 가난하고 병약했던 고학생 주광조는 최고의 직장을 다니며 일등 신붓감으로 꼽히던 구귀학에게 전혀 어울리는 상대가 아니었다. 어머니를 비롯한 집안 어른들의 반대는 당연했다. 넘을 수 없는 벽 앞에서 그녀는 흔들릴 수밖에 없었다.

그러던 어느 날 구귀학과 한집에 살고 있던 올케가 시어머니에게 이런 말을 들려주었다.

"저희 친정에서는 주기철 목사님 아들이면 선도 안 보고 딸을 준답니다."

이 한마디가 결정적이었다. 친정이 부잣집인 며느리의 신빙성 있는 말에 그동안의 거센 반대가 누그러지며 주광조를 보는 시선이 달라졌다. 천신만고 끝에 결혼에 이르게 되었으나 대학교 4학년이던 신랑은 예물 반지 하나 살 돈이 없었다. 결혼반지는 신부가 마련했다.

환자처럼 노란 신랑 얼굴을 보며 대구에서 올라온 신부 측 친지들이 수군거렸다.

"귀학이는 장관 아들한테나 시집보낼 줄 알았더니 왜 이리 시집을 쉽게 보낸 건가?"

이때 한국은행 동료 한 명이 면사포를 쓴 구귀학에게 다가와 이런 말을 건넸다.

"주기철 목사님의 며느리가 되다니……. 이병철 씨 며느리가 부럽지 않구나."

결혼 이후 올케의 말과 직장 동료의 말은 구귀학의 삶 속에서 하나하나 실체가 되었다.

"그때는 무슨 말인지 몰랐어요. 주기철 목사님이 누군지도 몰랐으니까요. 나중에 알고 보니 주광조 장로는 장관 아들이나 재벌 아들과는 비교할 수 없는 하나님의 선물이었어요."

구귀학 권사와 마주 앉아 그 시절 이야기를 나누며 파안대소하던 광경이 떠올랐다. 대화를 나누는 중에도 그녀는 마실 것과 먹을 것을 계속 내오며 들고 하라고 권했다. 인터뷰를 마치고 일어설 때면 접시 위에 남은 음식을 가지고 가라며 기어코 가방에 넣어 주곤 했다.


서울아산병원 장례식장에 마련된 구귀학 권사의 빈소에 들어섰다. 그녀는 청아한 국화에 둘러싸여 생전에 나를 대할 때처럼 환하게 웃고 있었다. 제단 아래 정면에 놓인 탁자 위에는 평소 읽던 성경책이 펼쳐져 있었다. 영정 사진 아래 국화 한 송이를 바친 후 머리 숙여 기도를 드렸다. 상주들을 향해 돌아서려는데 제단 왼쪽에 펼쳐 놓은 책 한 권이 눈에 띄었다. 2014년 주기철 목사 순교 70주년을 앞두고 출간된 《서쪽 하늘 붉은 노을》이었다. 구귀학 권사의 증언을 토대로 주광조 장로가 모아 둔 자료를 섭렵하고 관련된 여러 인사를 인터뷰한 다음 전국에 산재한 주기철 목사와 관련된 장소를 답사한 뒤 집필한 책이었다. 한 가문의 이야기지만 한국 교회사와 순교사의 축소판이기도 했다. 무엇보다 순교자의 후손이 어떻게 살아왔는지, 한국 교회는 순교자와 후손을 어떻게 대했는지를 생생하게 알려 준다는 측면에서 의미 있는 책이었다. 불과 10여 년 사이에 책은 마치 고서처럼 해어져 있었다.

"어머니가 성경책 다음으로 많이 읽던 책이에요. 책을 읽고 또 읽으시면서 할아버지를 생각하고 아버지를 떠올리셨죠. 그러다 보니 이렇게 낡은 책이 되었어요. 어머니 마지막 가시는 길에 이 책을 펼쳐 두는 게 좋을 것 같아 제단 한쪽에 올려놓았습니다."

주현 박사의 설명이었다. 나만 보면 책 이야기를 하며 감회에 잠기던 구귀학 권사의 눈빛이 스쳐 지나갔다. 여러 차례 새로 찍기는 했으나 시간이 지나면서 판매가 점차 뜸해지자 출판사에서는 더 책을 찍지 않았고 서점 재고는 줄어 거의 절판 상태에 이르러 있었다.

조문하고 온 뒤 내 가슴은 무엇엔가 짓눌린 듯 답답했다. 책을 꺼내 읽었다. 그 사이 여러 사람이 유명을 달리했다. 이 땅에서 다시는 만날 수 없는 인물들의 소중한 증언이 귓가에 들리는 것 같았다. 초판본 출간 당시 경남 창원에 있는 항일독립운동가 주기철목사기념관은 한창 건축 중이었다. 지금은 연간 수만 명의 방문객이 다녀간다고 한다. 최근에는 경북 의성 옛 의성경찰서 터에 주기철목사 수난기념관을 건립하는 일이 진행되고 있다. 개정판을 다시 펴내고 싶었다. 마침 주기철 목사 순교 80주년을 앞둔 터였다. 주현 박사와 상의하고 출판사를 설득해 개정판을 출간하기로 했다. 비로소 체증이 내려간 것처럼 개운했다.


장로회신학대학교를 방문하던 날 장대비가 쏟아졌다. 동산의 주기철 목사 순교 기념비는 비를 맞아 그런지 더 처연해 보였다. 한경직기념예배당에서 나온 학생들이 맞은편 소양주기철기념관으로 뛰어갔다. 본관 오른쪽에 우뚝 솟은 주기철 목사 순교 기념 기도 탑 위로 빗방울이 하염없이 흘러내렸다. 한국 교회를 향한 주기철 목사의 눈물 같다는 생각이 들었다.

가을이 깊어갈 무렵 국립서울현충원과 천안공원묘원 그리고 창원공원묘원 안에 있는 경남선교120주년기념관과 호주선교사순직묘원을 다시 찾았다. 핏빛처럼 검붉은 단풍, 황금색으로 물든 잔디, 눈이 부시도록 샛노란 은행잎들은 세월을 잊은 양 예전 모습 그대로였다.

마산 무학산 십자바위에 다다랐다. 처음 이곳에 오를 때는 등산로를 알려 주는 사람도 없고 안내나 정보도 거의 없어 무척 애를 먹었다. 그런데 지금은 곳곳에 이정표가 만들어져 있고 십자 바위 앞에는 창원시에서 알림판까지 세워 두어 찾기가 쉽다. 바위에 오르면 바다와 시가지가 한눈에 내려다보인다. 주기철 목사는 마산 문창교회에서 목회할 때 틈나는 대로 여기에 올라 무릎을 꿇고 백척간두에 선 조국과 교회를 위해 기도했다. 봄이면 십자 바위 주변에는 진달래꽃이 지천으로 피어난다. 무학산 진달래는 지금껏 내가본 진달래꽃 중 단연 으뜸이다. 황홀해서 눈물이 날 정도다. 밑동이나 가지가 여느 진달래와는 비교가 되지 않게 굵은 데다 꽃잎 또한 새빨간 혈색이다. 주기철 목사의 시신이 안장된 평양 돌박산 공동묘지에도 그가 흘린 순교의 피를 상징하듯 진달래꽃이 흐드러지게 피어났었다고 한다.

강릉에서 서울, 천안, 부산, 창원, 의성 등지를 오가며 많은 것을 보고 여러 사람을 만났다. 새로 깨닫고 얻은 소득은 예상보다 컸다. 종교개혁가 마르틴 루터의 유산이 담긴 장소를 따라 순례하는 것을 '루터 로드'라 칭한다면 순교자 주기철 목사의 흔적이 남아 있는 현장을 따라 순례하는 것을 '주기철 로드'라 칭할 수 있을 것이다. 통일이 이루어지면 평양까지 순례길이 확장될 것이다. 많은 사람이 주기철 목사를 제대로 알고, 그의 자취를 따라가 보고, 이 시대에 맞는 순교 신앙과 영성을 회복했으면 좋겠다. 이 책은 그 바람의 소산이다.

'주기철 로드'를 순례하는 동안 머릿속을 맴돌던 멜로디가 있다. 체코슬로바키아의 국민 음악가인 안토닌 드보르자크가 1883년에 작곡한 '후스교도 서곡Husitská Ouvertura'이다. 체코슬로바키아의 종교개혁가인 얀 후스를 지지하고 따르던 무리를 기리기 위한 음악이다. 얀 후스Jan Hus는 성경을 유일한 권위로 강조하며 교황 등 가톨릭교회 지도자들의 부패와 세속화를 강력하게 비판했다. 결국 1414년 콘스탄츠 공의회는 그를 소환했다. 하지만 그는 끝까지 자신의 주장을 철회하지 않았다. 이듬해 7월 그는 화형으로 처형되었고, 그 재는 라인강에 뿌려졌다. 마르틴 루터가 종교개혁을 부르짖기 100여 년 전 일이다. 드보르자크는 마치 레퀴엠처럼 서글프고 애잔하면서도 흔들림 없는 신념과 의지를 음악으로 표현해 냈다.

1902년 미국 북장로회 선교사로 조선에 들어와 1941년 일제에 의해 강제로 추방될 때까지 40년 동안 교육선교사로 일했던 곽안련 Charles A. Clark 선교사는 자신이 쓴 글을 통해 5년이라는 시간을 감옥에서 보내며 수없이 매를 맞고 고문을 당했는데도 교황 앞에 선 루터처럼 견고하여 흔들리지 않는 주기철 목사를 후스와 같은 인물이라고 평했다. 체코슬로바키아에 얀 후스가 있고 독일에 마르틴 루터가 있다면 한국에는 주기철이 있다. 시대와 나라와 환경은 달랐지만, 이들은 오직 성경Sola Scriptura, 오직 믿음Sola Fide, 오직 은혜Sola Gratia, 오직 예수 그리스도Sola Christus, 오직 하나님께 영광Soli Deo Gloria

이라는 신앙 노선에서 거의 일치했다. 이들은 일신의 안녕과 세속적 평안을 위해 권력과 타협하지 않았다. 그 길이 비록 고난과 죽음의 길일지언정 마다하지 않고 의연하게 걸어갔다.

초판본 책이 나올 수 있었던 것도, 개정판 책이 나올 수 있었던 것도 모두 구귀학 권사 덕분이다. 첫 번째 책은 그녀의 자택에서 시작되었고, 두 번째 책은 그녀의 빈소에서 시작되었다. 주기철 목사와 주광조 장로를 위해 일생을 바친 그녀로서는 지극히 당연한 일이었을 것이다. 하늘나라에서도 아마 그녀는 이 책의 내용을 속속들이 살펴보고 있을지 모른다.

주기철 목사 순교 80주년과
주광조 장로 소천 13주기를 앞두고


강릉 송정숲에서
유승준

# "여보, 따뜻한 숭늉 한 사발이 먹고 싶소."

종교개혁주일 아침 일찍 국립서울현충원을 찾았다. 길가엔 핏빛보다 선명한 단풍잎들이 바람을 따라 이리저리 뒹굴고, 은행나무 가지 끝에 아슬아슬하게 매달린 잎사귀들은 샛노랗게 물들고 있었다. 늦가을 풍경이 눈부셨다. 수많은 사연과 아픔과 눈물을 간직한 묘지 언덕에도 변함없이 태양은 떠오르고 계절은 쉼 없이 흘러가고 있었다.

가파른 계단을 올라 애국지사묘역에 다다랐다. 충열대 아래 오른쪽 63번 묘소 앞에 섰다. 순국선열 주기철의 묘, 비석에 새겨진 검은 글자가 또렷했다. 왼쪽에는 새로 새겨진 '배위 안갑수'라는 글자도 눈에 들어온다. 한국 교회 순교자의 대명사인 주기철 목사와 그의 조강지처 안갑수 여사의 묘소다.

하지만 이 묘소에는 주기철 목사의 유해가 안장되어 있지 않다. 그는 순교 직후 산정현교회 성도들에 의해 평양 돌박산에 묻혔다. 광복 후 큰아들 주영진을 제외한 세 아들이 남한에 정착하면서 아버지의 유해를 이장할 수 없게 되었다. 1968년 9월 18일 국립서울현충원에 주기철 목사의 가묘가 조성될 때 둘째아들 주영만이 월남하면서 어렵사리 가져온 아버지의 성경책과 평양형무소에서 아버지가 덮었던 담요를 땅에 묻었다. 그리하여 오늘날 우리가 가 볼 수 있는 주기철 목사의 무덤이 조성된 것이다.

생각건대 현재의 고난은 장차 우리에게 나타날 영광과 족히 비교할 수 없도다. 누가 우리를 그리스도의 사랑에서 끊으리오. 환난이나 곤고나 핍박이나 기근이나 적신이나 위험이나 칼이랴. 그러나 이 모든 일에 우리를 사랑하시는 이로 말미암아 우리가 넉넉히 이기느니라(로마서 8장).

비석 앞쪽 하단에는 위와 같은 말씀이 쓰여 있었다. 평소 같으면 감동적인 구절이라 생각하며 관념적으로만 받아들였을 텐데, 주기철 목사의 묘비에 새겨졌다고 생각하니 한 구절 한 구절이 애절하게 와 닿았다. 신사참배를 강요하는 일본제국주의의 총칼 앞에 결연히 맞서 죽음의 길을 뚜벅뚜벅 걸어가, 사그라져 가던 한국 교회의 신앙을 불꽃과 순결로 지켜 낸 사람 주기철, 그의 목소리가 들리는 듯했다.

내 주는 강한 성이요 방패와 병기 되시니 큰 환난에서 우리를 구하여 내시리로다. 옛 원수 마귀는 이때도 힘을 써 모략과 권세로 무기를 삼으니 천하에 누가 당하랴.
내 힘만 의지할 때는 패할 수밖에 없도다. 힘 있는 장수 나와서 날 대신하여 싸우네. 이 장수 누군가. 주 예수 그리스도 만군의 주로다. 당할 자 누구랴. 반드시 이기리로다.
이 땅에 마귀 들끓어 우리를 삼키려 하나 겁내지 말고 섰거라. 진리로 이기리로다. 친척과 재물과 명예와 생명을 다 빼앗긴대도 진리는 살아서 그 나라 영원하리라.

철옹성 같았던 로마가톨릭교회와 교황의 권위에 도전하며 투쟁하던 마르틴 루터는 1529년 위 찬송가를 지어 불렀다(새찬송가 585장). 교황 레오 10세는 그를 파문함으로써 사제직을 박탈했지만 그는 추호의 흔들림도 없었다. 주기철 역시 안팎으로 견딜 수 없는 시련이 닥쳐올 때마다 산정현교회 성도들과 함께 이 찬송가를 부르며 힘을 얻었다. 조선예수교장로회 평양노회가 불법적으로 그를 파면하여 목사직을 빼앗고 예배당에서 내쫓았지만 그는 여전히 조선교회의 희망이었다.

이 땅의 그리스도인 중에 주기철이라는 이름 석 자를 모르는 사람은 거의 없을 것이다. 하지만 우리가 아는 주기철은 위대한 순교자, 강철 같은 믿음의 소유자, 거룩한 의인의 모습으로만 정형화되어 있다. 그가 어떻게 그 길을 걸어갔는지, 왜 그 길을 가야 했는지, 그가 간직했던 순교 신앙의 실체와 그 정신, 끝 모를 내면의 고독과 좌절, 그리고 영생에 대한 소망의 깊이가 어떤 것이었는지는 잘 알지 못한다.

그는 피를 흘려 신앙의 절개를 지켰지만 해방 이후 한국 교회는 그의 신앙을 계승하지 못했고 오히려 그를 부담스럽게 여겼다. 신사참배에 동조하고 앞장서서 일제에 협조한 목사들은 대한민국 정부 수립 이후에도 세속적 권세를 유지하고 있었다. 세계에서 규모로 손꼽힌다는 예배당이 교단마다 즐비하고, 각종 교회 시설이 휘황찬란하게 위용을 자랑하지만 아직까지 그를 기리는 추모비 하나 세우지 못하고 변변한 기념관 하나 마련해 놓지 못했다는 사실은 이런 주장이 결코 지나치지 않음을 증명해 준다.

모진 고문 끝에 옥중에서 순교한 주기철 목사는 저서나 자서전을 남기지 못했다. 평양에서 목회할 때 직접 작성했던 설교 원고와 각종 문서들도 대부분 소실되었다. 따라서 그의 삶을 대변할 수 있는 것은 산정현교회에서 함께 신앙 생활했던 성도들과 형무소에서 같이 복역했던 동지들 그리고 가족들의 증언뿐이다. 그동안 많은 학자와 작가들이 이에 의존해 주기철 목사에 관해 논문과 책을 썼고, 영화와 뮤지컬을 만들었다.

그러나 주기철 목사의 순교 신앙을 계승하고 전파하는 일에 전 생애를 바친 사람은 따로 있었다. 그의 막내아들 주광조 장로다. 아버지의 순교 과정을 묵묵히 지켜보았고, 주기철 목사의 가장 든든한 동지이자 두 번째 아내였던 오정모 집사의 임종을 목도한 유일한 사람이 주광조였다. 그는 순교자의 아들로 태어났다는 이유만으로 말할 수 없는 고초를 겪으며 살아야 했지만, 주님의 놀라운 은혜를 체험한 이후 일평생 아버지를 존경하며, 아버지를 증거하다가 아버지의 품으로 떠났다. 주광조의 삶은 주기철로 시작해서 주기철로 끝났다고 해도 과언이 아니다. 이 또한 그의 운명이요 사명이었다.

주광조 장로는 생전에 아버지의 뜻을 받드는 일에 힘을 기울였고, 수많은 강연과 기고를 통해 주기철 목사의 순교적 삶을 증언했다. 그런데 그 또한 이렇다 할 저서나 자서전을 남기지 않았다. 그는 늘 조용히 음지에서 움직였다. 이제 순교자 주기철 목사도, 그의 증거자였던 주광조 장로도 우리 곁에 없다. 하지만 한국 교회가 살아 있는 한 이들의 이야기는 입에서 입으로, 세대에서 세대를 거쳐 계속 전파되어야 한다. 이들 부자의 삶은 곧 한국 교회사요, 순교사이며 살아 있는 믿음의 전승이기 때문이다.

이 책은 생전에 주광조 장로가 남긴 원고와 자료, 그의 아내 구귀학 권사를 비롯한 주변 사람들의 증언을 정리한 주광조 장로에 대한 기록이다. 독자들은 작가의 시각을 따라 주광조라는 아들의 프레임을 통해 아버지 주기철의 진솔한 모습을 들여다보게 될 것이다. 또한 한국 개신교의 역사, 한국 교회가 거둔 열매와 어두운 그늘을 여과 없이 보여 줄 것이다. 순교자의 아들이 본 아버지의 일생을 통해, 신앙은 말이 아니라 행동이며, 믿음은 구호에 있지 않고 실천에 있음을 절실히 깨닫게 되리라 생각한다.

주기철 목사가 평양형무소에서 마지막 면회를 하면서 아내에게 남긴 최후의 말은 "여보, 따뜻한 숭늉 한 사발이 먹고 싶소." 이것이었다. 기나긴 수감 생활과 잔혹한 고문으로 무너질 대로 무너진 그의 앙상한 육신은 목을 축이고 속을 덥혀 줄 따뜻한 숭늉 한 사발을 간절히 원하고 있었다.

"내가 목마르다." 이것은 십자가에 매달려 물과 피를 다 흘린 예수께서 십자가 아래에서 눈물로 기도하던 어머니를 바라보며 하신 말씀이다. 예수 역시 심한 고문과 형벌로 찢겨진 육체의 갈증을 풀어 줄 한 모금 물을 원했다.

어느새 아침햇살이 따갑게 내리쬐고 있다. 하늘은 맑고 푸르다. 이름 모를 새들이 여기저기서 지저귄다. 묘역 아래로 한강이 내려다보였다. 크고 작은 자동차가 바쁘게 다리 위를 오간다. 70년 전 온몸으로 복음과 교회와 성도들을 지키다 순교한 의인의 묘소 앞에서 나는 번영의 땅 서울 한복판을 바라보고 있었다. 나는 여기서부터 시작하기로 했다. 죽음을 택함으로 영원한 생명의 길을 걸어간 사람과 목숨을 부지하기 위해 영원히 죽는 길을 택했던 사람들의 이야기를.

주기철 목사 순교 70주년과 주광조 장로 소천 3주기를 앞두고,

의에 살고 의에 죽은 아름다운 두 부자를 생각하며

일산에서

유승준

(세로쓰기, 오른쪽에서 왼쪽으로 읽음)

…甲午…

… 이루 … 노래가 … 貴會 …

어서 널리 있것습고. 敎生은 글로써 貴會의

그두터온 사랑을 報答할길이 없사옵고 …

인 거룩하온 그거록 … 每日 두고 … 甲午 …

있을 … 이적은 뜻이 世上에 …

한가지… … 決心

… 기도 …

… 今屬에 모힌 貴總

代여리로어 干康을 … 구리나이다

上 一九三四年二月二十日

敎生 朱基徹

微弱한말로 上

慶南 □人 物로 偉金

嘉中

# 1
## 동냥젖과 염소젖을 얻어먹으며 자란 아이

1934년 2월 20일 주기철 목사가 경남부인전도총회에 보낸 친필 편지. 아내 안갑수의 장례에 많은 도움을 주어 감사하다는 내용이다. 국한문 혼용으로 쓰였으며 장쾌하고 유려한 글이다. 주기철 목사는 모든 설교 원고를 친필로 작성했고 그가 남긴 원고는 수십 상자에 달하는데, 주영진 전도사가 소장하고 있다가 순교했기에 지금은 전해지지 않는다.

# 의인의 자식으로
# 태어난 운명

아브라함의 자손이요 다윗의 자손인 예수 그리스도의 계보는 이러하다. 아브라함은 이삭을 낳고, 이삭은 야곱을 낳고, 야곱은 유다와 그의 형제들을 낳고…… 야곱은 마리아의 남편 요셉을 낳았다. 마리아에게서 그리스도라고 하는 예수가 태어나셨다. 그러므로 그 모든 대 수는 아브라함으로부터 다윗까지 열네 대요, 다윗으로부터 바빌론에 끌려갈 때까지 열네 대요, 바빌론으로 끌려간 때로부터 그리스도까지 열네 대이다(새번역).

신약성경의 첫 권인 마태복음 1장은 족보로 시작된다. 구약성경의 첫 권인 창세기도 하나님이 천지를 창조하시고 최초의 인간인 아담과 하와를 만드신 후 이들에게서 자손이 태어나 인류의 역사가 전개되는 과정을 다루고 있다. 한 사람이 태어나고 그에게서 핏줄이 이어져 가문을 이루며 그 가문을 통해 한 시대가 만들어지고 역사가 쓰이는 것, 이것은 결코 우연이 아닌 하나님의 섭리다. 하나님은 한 사람의 탄생에서 죽음까지 인생에 관여하신다.

"주현성은 이규련에게서 3남 2녀를 낳았고, 사별 후 조재선과 재혼하여 주기철을 낳았다. 주기철은 안갑수에게서 네 아들을 낳았는데 영진, 영만, 영해, 그리고 광조가 그들이다."

주기철의 족보를 성경체로 쓴다면 이렇게 될 것이다. 이로써 주광조는 주기철의 막내아들이 되었다. 이것으로 그의 삶이 시작되었고, 그의 인생 향배가 결정되었다.

주현성은 신안 주朱씨 웅천종파 집성촌인 경상남도 창원군 웅천면 북부리에서 살았다. 지금은 창원시 진해구에 속한 마을로 옛이름은 곰내이며, 산에서 곰들이 내려와 냇물을 먹고 가는 곳이라 해서 웅천熊川으로 불렀다고 전한다. 주기철은 1897년 11월 25일에 태어나 고향에 있는 개통소학교를 다녔다. 그가 평안북도 정주에 있는 오산학교를 다닐 때인 1914년 여름 주현성은 기독교를 받아들이고 교회에 나가기 시작한다. 이듬해인 1915년 6월 아버지 주현성이 먼저 세례를 받았고, 아들 주기철은 11월에 학교에서 세례를 받았다.

오산학교에서 유영모, 이승훈, 조만식 등으로부터 가르침을 받은 주기철은 졸업 후 실용적인 노선을 택해 연세대학교의 전신인 조선예수교대학 상과에 진학한다. 그러나 힘 있는 나라, 잘사는 조국을 만들어 보겠다는 청년 주기철의 꿈은 얼마 지나지 않아 산산조각 나고 만다. 안질이 심해서 학업을 계속할 수 없게 된 것이다. 한 학기 만에 대학 생활을 접고 고향으로 돌아온 그는 1917년 10월, 스무 살 나이에 세 살 아래인 안갑수와 혼례를 치른다. 그녀 역시 김해읍교회에 다니던 신실한 그리스도인이었다.

그가 웅천읍교회에서 집사로 신앙생활을 하던 1919년 10월 큰아들 영진이 태어났다. 이 무렵 주기철은 마산 문창교회와 웅천읍교회 사경회를 통해 부흥사 김익두 목사의 설교를 듣고 거듭난 후 병세가 호전됨에 따라 평양 조선예수교장로회신학교에 입학한다.

한껏 멋을 낸 주기철 목사와 안갑수 여사. 안갑수 여사는 비록 단명했지만 주광조
장로를 비롯한 주기철 목사의 자녀들은 모두 그녀에서 출생하였다.

그즈음인 1922년 11월 둘째아들 영만이 태어났다. 1925년 경남노
회에서 목사 안수를 받고 부산 초량교회 담임목사로 취임해 목회
활동을 시작한 1927년 11월에는 셋째아들 영해가 태어났으며, 두
번째 목회지인 마산 문창교회로 옮겨간 직후 1932년 3월 막내아들
광조가 태어났다. 주기철은 아들 이름에 모두 사용했던 돌림자인
'편안할 영寧' 자를 쓰지 않고 유독 막내 이름만 '광조光朝'라고 지었
다. 이는 나라를 향한 아버지의 간절한 소망을 담은 이름이었다. 훗
날 주광조는 이 일을 이렇게 회상했다.

　1932년 내가 출생했을 때 돌림자인 '영' 자를 이름으로 쓰지 않고, '조선

아, 빛나라!'라는 의미로 '광조'라고 지었다. 이미 주 목사가 얼마나 반일적이며, 조국을 사랑했는지 일깨워 주는 증거이기도 하다. 그러나 그것은 어디까지나 아버지의 생각이 그렇다는 것일 뿐 항상 교회는 하나님 말씀 중심이어야 함을 강조하였다. 그렇기에 주 목사는 조국의 광복보다는 하늘나라의 회복을 먼저 염두에 두었던 것이다.

많은 사람들이 우러러보는 아버지를 둔 아들의 심정은 어떨까. 기쁘고 행복할까 껄끄럽고 부담스러울까. 아마도 두 마음이 다 있지 않을까. 아들이라는 게 한없이 자랑스럽고 뿌듯하다가도 자신이 도저히 넘을 수 없는 아버지라는 산 앞에서 지레 주눅 들고 좌절할 수도 있기 때문이다.

우리나라 사람들이 가장 존경하는 인물로 꼽는 세종대왕과 이순신 장군. 그의 아들들은 어떤 삶을 살았을까? 대체로 이들 역시 상당한 부담감을 가지고 살았던 것으로 보인다.

조선의 다섯 번째 임금인 문종은 언제나 세종의 아들로 불렀다. 조선조 최고의 성군인 아버지를 둔 탓에 뭘 해도 아버지 그늘에서 벗어날 도리가 없었다. 1421년 불과 여덟 살이라는 어린 나이에 왕세자로 책봉되어 무려 29년이라는 오랜 세월 동안 왕세자로 지내며 아버지로부터 성군의 길을 학습했지만 아버지처럼 되기 위해 공부와 정사에 전념한 나머지 늘 병을 달고 살다시피 했다. 1450년 음력 2월에 세종이 승하하자 왕으로 즉위하였으나 건강이 더욱 악화되는 바람에 2년 3개월 만인 1452년 음력 5월 39세의 나이로 승하하였다.

이순신 장군에게는 처인 방씨와 두 첩에게서 낳은 아들 다섯과

딸 둘이 있었다. 이 중 셋째아들 이면은 정유재란 때 전사했다. 서자인 이훈은 무과급제자로 이괄의 난 때 전사했으며, 역시 서자인 이신도 무과급제자로 정묘호란 때 전사했다. 그의 아들들은 가끔씩밖에 볼 수 없는 아버지를 유심히 관찰했을 것으로 짐작된다. 가장 노릇을 범부처럼 하지는 못했지만 강직하고 정의로우며 공과 사를 분명히 하고 나라와 백성들에 대한 애정이 차고 넘치는 아버지를 닮고 싶었을 것이다. 무인으로서 흐트러짐이 없는 아버지를 존경했을 것이다. 그랬기에 셋이나 무관으로서 조국을 위해 장렬히 전사하는 길을 택했을 것이다. 하지만 이들 역시 아버지를 뛰어넘지 못했다. 그것은 어쩌면 불가능한 일이었는지도 모른다. 이들은 태어나면서 죽는 순간까지 이순신의 아들로 불렸고, 이순신의 아들로만 기억되었다. 장군의 아들로 태어난 것 자체가 이들에겐 숙명이었다.

1932년 3월 18일, 당시 마산시 추산동 7번지에 새로 건축된 단아한 석조 예배당 사택에서 주광조는 문창교회 담임목사 주기철의 아들로 태어났다. 이 땅에 개신교가 전파된 이래 수많은 순교자들이 신앙과 목숨을 맞바꿨지만 언제나 그중 첫 번째로 거명되는 이름이 주기철이다. 주광조는 이날부터 하나님의 부르심을 받는 날까지 언제나 주기철의 아들로 불렸다. 의인의 자식으로 살기가 결코 순탄치 않았지만 그는 아버지의 신앙을 한국 교회가 계승하도록 자신의 모든 것을 바침으로써 조선을 빛내라는 아버지의 바람을 이루고자 했다.

# 첫돌 갓 지난 막내를 두고
# 천국으로 떠난 생모

　지난 2001년 마산 문창교회에서 펴낸 《문창교회 100년사》를 보면 흥미로운 사진 한 장이 있다. 주광조의 백일 기념사진이다. 그의 어머니는 한복을 곱게 차려입고 손을 뒤로한 채 왼쪽에 서 있고, 아버지는 양복을 잘 갖춰 입고는 백일 된 막내아들을 안고서 오른쪽 의자에 다소곳하게 앉아 있다. 대개의 경우 아버지는 근엄하게 서 있고, 어머니가 아이를 안고 앉아 있는 게 보통인데 사진 속 풍경은 정반대였던 것이다. 1932년이면 사진을 찍는 일이 보편적이지 않던 시절이라 백일 기념사진을 찍었다는 것도 예사롭지 않고, 아버지가 직접 아이를 안고 다정하게 포즈를 취하는 것도 일반적이지 않다. 막내에 대한 주기철의 사랑이 어느 정도 지극했는지 잘 알 수 있다.

　주광조가 아버지와 단둘이 찍은 사진이 또 한 장 있다. 주기철 목사가 평양 산정현교회로 목회지를 옮긴 뒤 1937년 목사관 서재에서 찍은 사진이다. 콧수염을 기르고 한복을 입은 주기철 목사는 막내아들을 무릎에 앉힌 다음 팔로 끌어안고 지긋이 내려다보고 있다. 단정하게 머리를 깎은 주광조는 해맑은 표정으로 신기한 듯 카메라를 똑바로 바라보고 있다. 아버지 품에 안긴 아들의 얼굴이 평안하기 그지없다. 무섭고 엄한 아버지가 일반적인 가장의 모습이던 시대에 흔치 않은 광경이다. 주기철 목사가 막내아들을 얼마나 애

光朝百日紀念

—— 주기철 목사가 마산 문창교회에서 목회할 때 태어난 막내아들 주광조의 백일 기념사진

—— 평양 산정현교회 목사관에서 함께한 아버지 주기철과 아들 주광조. 일찍 생모를 잃고 젖동냥으로 자란 아들을 내려다보는 아버지의 눈빛이 처연하다.

틋하게 챙겼는지가 그대로 드러나는 사진이다. 그가 다른 세 아들과 함께 찍은 사진은 어디에서도 발견할 수 없었다. 주기철에게 광조는 야곱에게 있어 요셉과도 같은 아들이었다.

이 두 장의 사진에는 다른 점 하나가 있다. 문창교회 사진에는 주광조의 어머니가 있지만 산정현교회 사진에는 어머니가 없다는 것이다. 주기철 목사의 아내 안갑수는 광조를 낳은 이듬해 5월 16일 밤 문창교회 사택에서 서른셋의 젊은 나이에 세상을 떠나고 말았다. 막내아들이 태어난 지 14개월 만으로 엄마 젖을 떼기도 전이었다. 성격이 활발하고 사교적이었던 안갑수는 주기철에게 반려자요 목회의 동역자로서 큰 힘이 되던 존재였다. 졸지에 아내를 잃은 주기철의 슬픔은 말할 수 없이 컸다. 게다가 한창 자라나는 네 아들을 혼자서 키워 내는 일은 앞이 캄캄할 정도로 막막한 일이었다.

안갑수의 사고는 너무도 갑작스러운 것이었다. 그녀는 시대를 앞서가는 여성인 데다 학구적이었던 터라 시간을 내 진주에 있는 경남성경학원을 다니며 공부에 몰두했다. 그러던 어느 날 큰언니가 고생 끝에 세상을 떠나게 된다. 경남성경학원에 갔다가 이 소식을 들은 그녀는 곧장 김해 친정집으로 달려갔다. 주기철 목사도 급히 내려가 장례예배를 인도한 뒤 같이 문창교회로 돌아왔다. 이때 그녀의 코밑에 자그마한 종기가 난 걸 발견했다.

별것 아닌 줄 알았던 종기는 갑자기 곪아서 커졌고, 의사였던 이순필 장로는 빨리 짜내고 약을 발라야 한다고 말했다. 그녀는 그 말에 순순히 응해 칼로 종기를 떼어 버렸다. 그런데 그날 밤부터 떼어 낸 종기 자리가 덧나기 시작하면서 통증으로 잠을 이루지 못할 지경이 되었다. 게다가 친정어머니가 몸보신하라고 인삼을 달여 마시게 한 것이 치명상이 되고 말았다. 결국 안갑수는 고열로 인사불성이 되어 신음하다가 사흘 만에 숨을 거두었다.

담임목사의 부인이 급작스레 세상을 떠나자 그날 밤 문창교회는 임시제직회를 소집해 5월 19일 오후 1시에 장례식을 치르기로 결정한다. 장지는 무학산 공동묘지로 정해졌다.

"아이고, 막내 광조만 없었으면 편히 눈을 감았을 텐데, 어린애가 눈에 밟혀 어떻게 눈을 감았을까. 딱하기도 하지……."

젖을 먹기 위해, 시신이 된 어머니 위로 기어오르는 광조를 바라보며 사람들은 이렇게 탄식했다고 한다. 어린 광조는 어머니가 세상을 떠났다는 걸 알 리 없었다. 자꾸만 누워 있는 어머니 옆으로 다가가 늘 그렇듯 따뜻한 젖을 먹으려 했던 것이다. 이를 떼어 내던 교인들은 눈물을 참을 수 없어 부둥켜안고 대성통곡을 했다고 한다.

그날 이후 광조는 할머니 슬하에서 자랐다. 한없이 어머니 품이 그리운 나이에 광조는 할머니 품에서 울다가 잠이 들곤 했다. 나오지도 않는 할머니 빈 젖을 어머니 젖으로 알고 틈만 나면 빨아 댔다. 할머니는 광조에게 묽은 죽을 쑤어 먹이기도 하고, 젖먹이를 둔 동네 아낙들을 찾아가 젖을 얻어 먹여 가며 키웠다. 주기철 목사는 이런 막내아들을 보며 소리 없는 눈물을 많이도 흘렸을 것이다. 산정현교회 서재에서 사진을 찍으며 품에 안은 아들 광조를 내려다보는 그의 눈길 속에 안쓰러움과 애잔함이 가득 배어 있는 것은 이 때문이었다.

1998년 어느 교회 집회에서 주광조는 생모에 대한 희미한 기억을 끄집어냈다.

　　나는 생모의 얼굴에 대한 기억이 전혀 없습니다. 단지 색 바랜 흑백사진으로 간신히 윤곽만 익혔을 뿐입니다. 두 돌도 채 안 되어 어머니는 어린 네 아들과 아버지, 노모를 두고 먼저 천국으로 가셨습니다. 뭐가 그리 급하셨던지 하나님은 서른셋의 나이에 이제 한 돌 갓 넘긴 막내아들을 둔 어머니를 불러 가셨던 것입니다. 그 후 할머니는 동냥젖을 먹여 저를 키우셨습니다. 때로는 먼 선교사님 댁까지 가서 염소젖을 얻어와 먹이기도 하셨습니다.

　　주광조의 생모 안갑수는 1900년 5월 21일 안기영과 이옥분 사이에서 셋째 딸로 태어나 유복하게 성장했다. 그녀의 어머니는 김해에 합성학원을 세울 정도로 개화된 신여성이었다. 그랬기에 그녀는 이 시기에 서울로 유학을 가 정신여학교까지 다닐 수 있었다. 그녀는 주기철 목사가 경남노회장으로 일하던 시절 경남노회 여전도회장을 맡아 회원들의 힘을 모아 지리산 자락에 교회를 설립하고 예배당을 신축하는 등 활발한 활동을 전개하기도 했다.

　　안갑수는 김해에서 내로라하는 부잣집 딸이었기에 혼인하면서 땅문서며 집문서 같은 걸 혼수로 많이 가져왔다고 한다. 그녀는 목사 부인이기도 했지만, 서울까지 유학하며 현대식 교육을 받은 신여성이었기에 교육에 대한 열정은 누구보다 뜨거웠다. 당시 목사 월급이래야 겨우 끼니를 해결하는 수준이었으니 그녀는 자신이 시집올 때 가지고 온 재산으로 두고두고 자식들 공부를 시키려 마음먹고 있었다.

　　그러나 주기철 목사의 생각은 달랐다. 그는 강단에서 틈만 나면 교인들에게 가난한 사람을 돕고 서로 나누며 살라고 가르쳤다. 그럴 때마다 자신의 아내가 가지고 있는 재산이 마음에 걸렸던 것이다. 그는 아내에게 땅과 집을 팔아 가난한 사람들을 위해 쓰자고 설득했다. 안갑수는 아들들이 눈에 밟혀 남편의 말을 따를 수 없었다. 이 일로 둘은 여러 번 다퉜다고 한다. 하지만 결국 안갑수는 주기철 목사의 뜻을 받들 수밖에 없었다. 가지고 있던 집과 땅 대부분을 팔아 가난한 사람을 돕고 교회 일에 사용하도록 내놓은 것이다.

안갑수는 주기철 목사와의 사이에서 모두 5남 1녀를 낳았다. 주광조에게는 세 명의 형 외에 형 한 명, 누나 한 명이 더 있었다. 1925년 1월에 태어난 영묵과 1930년 6월에 태어난 영덕이 그들이다. 그런데 영묵은 1928년 7월 홍역을 앓다가 세상을 떠났고, 유일한 딸이었던 영덕은 1932년 광조가 태어나기도 전에 두 살도 못 되어 병으로 숨을 거두고 말았다. 결국 주기철 목사에게는 네 명의 아들만 남게 되었다. 피붙이의 안타까운 죽음, 그것은 주기철에게 뼈를 깎는 아픔이었지만 다른 한편으로는 자신의 미래에 대한 예언 같은 것이기도 했다.

## 오산학교 그리고
## 남강 이승훈과 고당 조만식

오산학교는 주기철의 인생에 지대한 영향을 끼쳤다. 오산학교에서 만난 스승들로부터 배운 지식과 경험, 신앙과 지혜는 그가 삶의 방향을 정하는 데 결정적 역할을 했으며, 오산학교에서 만난 선후배와 동료들은 언제나 그의 행로에 든든한 버팀목이 되어 주었다.

남쪽 바다를 낀 한적한 어촌에서 소학교를 다니던 그가 어떻게 평안북도 정주에 있는 오산학교까지 진학하게 되었을까? 그 계기는 춘원春園 이광수와의 만남이었다. 1910년 봄부터 오산학교 교사로 재직하게 된 이광수는 전국을 다니며 학교를 홍보하는 일을 맡았다. 그는 부산에서 마산으로 가던 중 웅천에 들러 강연을 했는데, 이때 그의 연설을 듣고 감명을 받은 주기철이 민족교육의 산실인 오산학교 진학을 결심하게 된 것이다.

오산학교는 남강南岡 이승훈이 1907년 12월 24일 자신의 고향인 평안북도 정주군 갈산면 오산리에 설립한 학교로, 기울어 가는 나라를 바로 세우려면 민족교육과 신교육이 최우선이라는 그의 확고한 교육입국 정신의 산물이었다. 이승훈은 학문을 한 사람이 아니라 상인의 길을 걸어온 사람이었다. 상점에서 사환으로 일을 배운 그는 보부상으로 평안도 및 황해도 각 지역을 전전하며 자본을 모아 유기공장을 세워 민족 기업가로 성장하게 된다.

날로 번창하던 그의 사업은 1894년에 일어난 동학농민운동과 청일전쟁으로 한순간에 잿더미로 변해 버렸다. 소용돌이가 지나간 후 절치부심한 그는 평양에서 다시 무역업으로 사업을 일으켜 국내 굴지의 부호가 되었다. 그러다가 1904년에 터진 러일전쟁 때문에 한 번 더 쓴잔을 마신 그는 실의에 젖어 고향으로 내려온다. 그가 또다시 일어선 것은 우연히 도산島山 안창호의 강연을 들은 직후였다. 그는 곧바로 민족을 구해야겠다는 결심을 하고 술, 담배를 끊고 머리를 자른 다음 안창호가 조직한 신민회에 가담하였다.

이윽고 그는 고향에 있는 서당을 개편해 신식교육을 가르치는 강명의숙을 설립한 뒤 중등교육기관인 오산학교를 세우기에 이른다. 그는 훌륭한 민족 지도자들을 교사로 영입했으며 이후에 세례를 받고 장로가 되어 1919년 3·1운동 당시 민족대표 33인의 한 사람으로 참여하기도 했다. 일제에 의해 여러 차례 투옥된 그는 1930년 5월 9일 죽기 직전, 자신의 유골을 해부해 생리학 표본으로 만들어 학생들의 학습에 이용하라는 비장한 유언을 남겼으나 일제가 이를 금하는 바람에 실행되지 못하고 고향 오산에 안장되었다.

> 우리가 할 일은 민족의 역량을 기르는 일이지 남과 연결하여 남의 힘을 불러들이는 일이 아니다. 나는 씨앗이 땅속에 들어가 무거운 흙을 들치고 올라올 때 제힘으로 들치지 남의 힘으로 올라오는 것을 본 일이 없다.

충남 천안에 있는 독립기념관 제4전시관 뒤편에 가면 1922년 봄에 남강 이승훈이 남긴 어록이 비석에 새겨져 있다. 그의 뜨거운 민족애와 독립정신이 잘 나타난 말이다.

주기철은 1913년 봄 오산학교에 입학해 학업에 정진했다. 오

오산학교 7회 졸업생들. 밑에서 두 번째 줄, 왼쪽으로부터 세 번째 자리에 있는 학생이 청년 주기철이다.

산학교 시절 친구들이 붙여 준 아호는 '아름다운 언덕'이라는 의미의 여강麗崗이었지만, 그 뒤 '예수의 어린 양'이란 뜻으로 소양蘇羊이라 바꿔 부르게 되었다. 뿐만 아니라 학교에서 세례를 받은 후에는 이름까지 기복基福에서 기철基徹로 바꾸었다. 기독교를 철저히 신앙한다는 의미였는데, 성마저 '붉을 주朱' 자여서 '붉은 피로써 신앙에 목숨을 바친다'라는 의미심장한 뜻이 되었다. 주기철과 함께 오산학교에 입학했던 사촌 주기용은 졸업 후 동경고등사범학교를 마친 뒤 오산학교 교장을 역임하게 된다. 이승훈의 사위이기도 한 그는 대한민국 제헌 국회의원을 지냈으며, 전쟁이 끝난 다음 재단 이사장으로 서울에 오산학교를 재건하는 일에 헌신하였다.

주기철이 입학하던 해에 일본 메이지대학 법학부를 졸업하고 귀국한 고당古堂 조만식이 이승훈의 권유로 오산학교 교사로 오게 된다. 그는 평안남도 강서 출신으로 아버지로부터 한학을 수학한 뒤 평양 성내상점에서 일하며 소년 시절을 보내다가 평양 숭실중학교에 입학하면서 기독교인이 되었다. 일본 유학 중에는 백남훈, 김정식과 함께 힘을 모아 조선인교회를 설립하였고, 간디의 무저항주의에 심취하였다. 조만식은 오산학교에서 법제, 경제, 지리 등을 가르쳤고, 주기철은 그를 한국의 모세로 우러르며 따랐다고 한다.

1915년 오산학교 교장으로 취임한 조만식은 3·1운동에 참가했다가 1년간 옥고를 치른 뒤 평양기독교청년회 총무로 일하면서 산정현교회의 장로가 되었다. 이 무렵 알게 된 오윤선과 함께 1922년 조선물산장려회를 조직하여 국산품 애용운동을 벌였다. 광복 직후에는 평안남도 건국준비위원회를 구성하여 위원장으로 활동하면서 조국의 분단을 막는 일에 헌신하였다. 6·25전쟁이 발발한 뒤 공산군이 평양을 철수할 때 총살당한 것으로 전해지는 조만식은 평생 기독교 정신을 실천하며, 일제에 비폭력, 무저항, 불복종으로 대항했던 민족 지도자였다. 오산학교 교장으로 재직하던 그는 1926년 다음과 같은 교훈을 제정하였다.

정직하고 결코 허언虛言을 하지 않는다.

근면하고 태타怠惰를 엄히 경계한다.

질소質素하고 조금도 부화浮華에 흐르지 않는다.

품성은 고결하고 의지는 견인堅忍하다.

사랑과 정성으로 자기 의무를 다하라.

일제에 나라를 빼앗긴 채 억눌려 살아야 했던 암울한 시대였지만 주기철은 남강 이승훈과 고당 조만식이라는 위대한 스승으로부터 아낌없는 사랑과 가르침을 받는 행운을 누릴 수 있었다. 그는 방학을 기해 조만식이 인도하는 전도단에 참여하여 전국을 돌아다니며 전도에 힘쓰기도 했다. 입학한 지 3년 만인 1916년 3월 주기철은 오산학교 7회 졸업생이 되었다.

주광조 장로가 세상을 떠나기 1년 전인 2010년 4월 19일, 서울시 용산구 보광동에 있는 오산고등학교 강당 5층 소양당에서는 7교시 수업을 대신해 주기철 목사 순교 66주기를 추모하는 예배가 드려졌다. 이신철 교장의 기도와 김포중앙교회 박영준 목사의 설교, 그리고 오산찬양단의 찬양으로 이어진 예배에서 학생들은 까마득한 선배인 주기철 목사의 숭고한 민족정신과 순교 신앙을 되새기며 찬송가 383장 '환난과 핍박 중에도'를 힘차게 합창했다.

매년 드려지던 이 추모예배에는 주광조 장로와 셋째형님 주영해 장로의 막내아들 주승중 목사가 유족 대표로 참석했다. 주광조 장로는 손자뻘 되는 어린 학생들이 모여 아버지를 추모하는 예배를 드리는 광경을 보며 눈시울을 붉혔다. 그는 정성껏 준비한 빵과 음료를 예배를 마친 학생들에게 나눠 주며 격려했다. 오산고등학교에는 주기철 목사의 호가 붙여진 기도실이 있고, 역사관에는 오산학교 시절의 주기철에 관한 자료들이 전시되어 있다.

2014년 당시 오산고등학교 교목이던 김용관 목사는 이런 말을 들려주었다.

"청소년기는 아주 민감한 시기입니다. 이들에게 주기철 목사님

이야기를 들려주면 대단한 감명을 받아요. 그분의 투철한 민족과 나라 사랑, 꺾이지 않는 불굴의 순교적 삶을 접하게 되면 아이들이 아, 나라와 민족을 사랑한다는 것이 이런 것이구나, 이토록 힘들고 어려운 일이구나 하는 걸 깨닫게 됩니다. 저절로 머리가 숙여지면서 공부가 되는 거죠."

# 창원 웅천교회와
# 평양 장로회신학교


마산, 진해, 창원은 각기 독특한 역사와 문화를 가진 고장이었다가 여러 이유로 인해 2010년 7월 1일부터 창원시로 합쳐졌다. 마산시는 창원시 마산합포구와 마산회원구로, 진해시는 창원시 진해구로 바뀐 것이다. 주기철이 아버지와 함께 다니던 웅천교회를 찾아가려면 경상남도 창원시 진해구 웅천동으로 가야 한다. 마을로 접어들어 웅천농협을 끼고 왼쪽 길로 조금만 들어가면 옛날 예배당이 보인다.

이 교회가 1906년에 세워진 웅천교회다. 붉은 벽돌을 쌓아 올린 예배당이 초창기에 지은 건물은 아니었지만 소년 주기철이 다니던 교회라 생각하니 왠지 평범해 보이지 않았다. 예배당 앞에는 100년이 넘었다는 커다란 소나무가 가지를 늘어뜨린 채 장구한 세월을 대변해 주고 있었다. 소나무 뒤쪽에 자그마한 순교 기념비 하나가 세워져 있었다. 비석 주변으로 활짝 핀 보라색 나팔꽃이 가득했다.

'순교자 소양 주기철 목사 기념비'

다른 수식어가 필요 없는 완벽한 문구 앞에서 나는 한동안 멍하니 서 있을 수밖에 없었다. 비석 옆면에는 '1987년 9월 8일, 소양주기철목사기념사업회에서 세웠다'라고 쓰여 있었다.

십여 년 전만 해도 조용하던 이 마을은 웅천읍성 복원 사업이

창원 웅천교회 앞에 세워진 순교자 소양 주기철 목사 기념비.
주기철은 웅천교회에서 신앙생활을 하며 믿음의 싹을 틔웠다.

시작되면서 일대 변화가 찾아왔다. 인근에 아파트를 비롯한 대형
건물들이 들어서고 각종 편의 시설들이 자리하게 된 것이다. 환경
이 바뀜에 따라 웅천교회는 좁은 골목길에 있던 예배당을 남문동으
로 옮겼다. 커다란 새 예배당을 지어 이전한 것이다. 순교 기념비 역
시 새 예배당 앞으로 옮겨 갔다.

　1900년 즈음 김원수라는 사람이 예수를 믿고 집에 십자가를 세
운 뒤 예배를 드렸다. 1902년에는 심익순Walter E. Smith 선교사의 전
도로 웅천에 교인들이 생겨났다. 이들은 송화여의 집에서 예배를
드렸다. 이들이 연합해 한옥 예배당을 마련했고, 1906년 북부리로
옮겨 왔다. 이것이 웅천교회의 시작이다. 주기철의 맏형인 주기원
이 가장 먼저 예수를 믿었으며, 뒤이어 가족 모두가 교회에 출석했

다. 아버지 주현성은 1919년 장로로 안수받았다.

오산학교를 졸업한 주기철은 원두우Horace G. Underwood 선교사가 1915년 4월 8일 종로 YMCA 회관에서 개교한 조선예수교대학 상과에 2기로 입학한다. 스승들의 가르침을 따라 헐벗고 굶주린 가난한 백성들을 위해 산업을 일으켜야 한다는 생각을 하게 된 것이다. 그런데 이때부터 안질이 갑자기 심해져 책을 보기도 어려웠고, 강의를 들을 수도 없게 되었다. 결국 그는 고심 끝에 학업을 중단하고 낙향하기에 이른다. 고향으로 돌아온 그가 신앙생활의 터전으로 삼은 곳이 바로 어릴 때 주일학교를 다니던 웅천읍교회였다. 교회는 그에게 집사 직분을 맡겼다. 오산학교를 졸업하고 경성에 있는 조선예수교대학을 다니다 온 엘리트였으니 마을 어른들이나 교회 지도자들이 그에게 거는 기대는 남달랐을 것이다.

그러나 청운의 꿈이 깨져 버린 주기철은 방황할 수밖에 없었다. 비록 혼례를 치르고 아들까지 낳았지만 불투명한 장래에 대한 불안감은 극복하기 어려웠다. 그는 갈수록 형식적이고 습관적인 신앙생활을 하게 되었다. 하루는 술에 취해 있다가 교회에서 갑자기 설교를 하라는 바람에 술이 덜 깬 상태로 강단에 올라가 횡설수설하면서 설교하는 일까지 벌어졌다.

고향집에서 쉬면서 요양에 힘쓴 결과 안질은 점점 회복되었다. 그러자 그는 동지를 모아 웅천청년운동단과 교남학회를 만들어 시국강연회를 열고 각종 계몽활동을 펴기도 했다. 1919년 3·1운동이 일어났을 때는 웅천 20인 지도부의 일원이 되어 만세운동을 벌이다가 헌병대에 연행되기도 했다. 어려운 상황 속에서도 그는 늘 사회에 대해 관심을 두고 있었다.

청년 주기철을 다시 일으켜 세운 건 김익두 목사였다. 1920년 9월 마산 문창교회에서 열린 김익두 목사 부흥회에 참석한 주기철은 새벽기도회 때 '성신을 받으라'는 설교를 듣던 중에 자기 죄를 깨닫고 철저히 회개하며 중생을 체험하게 된다. 김익두 목사는 두 달 후 웅천읍교회에 와서 또 한 번 부흥회를 인도하게 되는데, 이때도 주기철은 큰 은혜를 받았다. 그는 비로소 자신이 가야 할 길을 발견했다. 그것은 상인이 되어 부강한 나라를 만드는 것도, 독립운동에 헌신하여 민족주의자의 길을 걷는 것도 아니었다. 자신의 호처럼 예수의 양이 되어 주님 가신 길을 뒤따르는 것이었다. 기나긴 방황과 절망이 끝나는 순간이었다.

1922년 3월, 주기철은 오산학교를 졸업한 지 6년 만에 평양에 있는 조선예수교장로회신학교에 입학하였다. 이 학교는 1901년 봄에 마포삼열Samuel A. Moffett 박사가 평양 대동문 옆 자택에서 방기창, 김종섭 두 학생을 모아 신학반을 개설한 것이 시초가 되어, 1903년 장로회공의회가 공식적으로 신학교 설립을 결의함으로써 개교하였다. 1907년 6월 10일에는 길선주, 방기창, 서경조, 송린서, 양전백, 이기풍, 한석진 등 일곱 명이 첫 번째 졸업생으로 배출되면서 한국인 최초의 장로교 목사가 탄생하는 새 역사가 쓰이게 되었다.

당시 장로회신학교는 장로회공의회가 설립한 학교였기에 조선에 들어와 있던 미국 북장로회와 남장로회, 호주 장로회, 캐나다 장로회 선교부에서 각각 파송한 선교사들이 학생들을 가르쳤다. 이들 선교부는 이미 선교지 분할협정을 맺고 있었기 때문에 자신들이 담당한 지역 노회의 추천을 받아 입학한 학생들을 지역별로 나눠 선교사 교수들의 지도를 받게 했다. 나아가 이들 네 개의 선교부에서

평양 장로회신학교 전경. 미국인 맥코믹N. F. McCormick 여사의
기부로 1908년 10월 평양 하수구리 100번지에 있는 5,000여 평의 땅에 세워졌다.
초기 교사는 한옥이었으나 1922년에 이르러 서양식 건물로 신축되었다.

는 학교 안에 저마다 기숙사를 따로 지어 자기 지역 학생들을 한데
묶게 했다. 따라서 학생들은 학교 안에서 지역별로 나눠서 생활해
야만 했다.

　주기철의 눈에는 이런 광경이 어이없고 낯설기만 했다. 가뜩이
나 일제가 여러 분열정책을 동원하여 민족을 갈가리 찢어 놓고 있
었기에 동포끼리 힘을 모으고 연합해도 시원치 않은 마당에 신학생
들까지 지역별로 나눠서 생활한다는 게 말이 되지 않는 일이라 여
겼다. 그는 지방별로 묶는 기숙사 제도를 폐지하고 각 지방 학생들
이 서로 섞여서 생활함으로써 친목을 두텁게 하는 것이 남북 화합
에도 도움이 된다고 교장에게 건의하였다. 교장 마포삼열은 이를
받아들여 지방별 기숙사 제도를 없앴다. 지역과 세대, 빈부와 성별,
신분과 학벌에 차이를 두지 않고 포용하고 화합하려 했던 그의 신
앙과 철학이 드러난 일이었다.

그 시절 신학교는 지금과는 판이했다. 선교사들이 세운 교회는 날로 늘어가는데 지도자들이 턱없이 부족했던 까닭에 신학생들은 공부와 목회를 병행해야만 했다. 주기철도 경남노회에 소속된 양산읍교회에서 조사(助事, 지금의 전도사)로 일했다. 주말이면 평양에서 경남 양산까지 내려갔다 오기를 반복했으니 고생이 막심했을 것이다. 그가 신학교를 다닐 때 함께 공부했던 인물 중에는 후일 부통령을 지낸 함태영과 신사참배에 항거하다 공산 치하에서 순교한 정일선, 그리고 조선예수교장로회 제27회 총회에서 신사참배 결의안 가결을 선포한 홍택기가 있었다. 참으로 아이러니한 일이지만 어디서나 곡식과 가라지는 함께 자라는 법이었다. 1925년 12월 22일 마침내 그는 조선예수교장로회신학교를 19회로 졸업했다. 주기철은 졸업식장에서 동기생 30명을 대표해서 연단에 올라가 답사를 읽었다.

주광조는 아버지와 평양, 그리고 조만식과의 인연을 이렇게 이해하고 있었다.

하나님의 섭리는 그가 상공인으로서 조국에 봉사하기보다는 목사로서 나라와 민족에 헌신하도록 하셨다. 그래서 주 목사는 평양으로 가서 장로회 신학교에 입학하게 된 것이다. 분명한 기록은 없지만 신학교 재학 시절, 아버지는 자연스럽게 조만식 장로와 재회를 하게 되었을 것이고, 평양에 있는 동안 계속해서 접촉하며 교제를 나누었을 것으로 생각된다.

## 부산 초량교회와
## 마산 문창교회

주기철이 신학교를 졸업하던 해 10월에는 신사神社의 총본산인 조선신궁이 경성에 있는 남산에 세워졌다. 무려 5년 6개월 동안 156만 원이 넘는 거금을 들여 건설된 웅장한 시설이었다. 태평양전쟁 패전 이전까지 일본이 국교로 내세운 신도神道는 선조나 자연을 숭배하는 토착신앙으로 신사란 이런 신들이 모셔진 사당을 말한다. 신궁神宮은 황실과 관계된 신을 모신 가장 격이 높은 신사를 가리키는데, 이곳에 모실 신으로는 일본 건국신화의 주신인 아마테라스 오미카미와 조선을 병탄하고 1912년에 죽은 메이지 왕으로 결정되었다.

당시 고향으로 돌아온 주기철은 노회에서 강도사 시험을 치른 뒤 곧바로 목사 안수를 받았다. 목사가 된 주기철은 1926년 1월 10일 부산 초량교회 담임목사로 취임하였다. 초량교회는 미국 북장로회 배위량William M. Baird 선교사에 의해 1892년 11월에 설립된 오랜 역사를 가진 교회였다. 이제 막 신학교를 졸업하고 목사 안수를 받은 스물아홉 살의 젊은 목회자를 이런 유서 깊은 교회에서 초빙했다는 것은 그의 영성이 신학교 시절부터 이미 널리 알려져 있었다는 걸 의미했다. 그는 한득룡 목사, 정덕생 목사에 이어 제3대 목사로 부임하였다.

주기철 목사는 말씀에 기초해서 철저하게 원칙을 지키는 목회자였다. 그는 조직을 정비하여 당회와 제직회를 확장하고, 삼일유치원을 설립해서 교회교육에 힘썼다. 평신도 지도자를 키워 교회가 민주적으로 운영되도록 하면서 어린 학생들이 나라와 교회의 인재로 자랄 수 있게끔 환경을 개선한 것이다. 제대로 된 틀을 잡지 못했던 주일학교가 제자리를 잡게 된 것도 이 무렵부터였다. 아울러 호주 장로회 선교부와 경남노회에서 공동 운영하는 경남성경학원을 통해 많은 후진을 양성하였다. 손양원 목사, 한상동 목사 등이 경남성경학원에서 주기철 목사로부터 성경을 배웠다.

초량교회 집사였다가 훗날 수정교회를 설립한 구영기 목사는 생전에 이런 회고를 남겼다.

그이는 보면 설교를 월요일부터 닷새 동안은 모든 책에서나 이 사회에서나 생활에 대해서 다 수집을 하지. 그렇게 금요일까지 원고를 다 모아 놓다가 토요일은 그 설교를 연습을 하면서 익히는 거지. 그러니 하여간 설교를 하면 불이 떨어지지. 열렬하지.

그는 강단 위에서는 뛰어난 설교가로 많은 사람에게 감동을 주고, 생활 속에서는 가난하고 병들고 어려운 사람들을 돌보는 일에 앞장섰지만, 한편으로는 권징과 치리를 엄격하게 실시했다. 그가 목회하던 시절 초량교회 당회록에 의하면 불신자와 혼인한 교인, 별다른 이유 없이 장기간 예배에 나오지 않은 교인, 간음한 교인, 목사의 허락 없이 아무에게나 안수기도를 한 교인 등이 치리를 받았다. 이들에 대한 권징에는 책벌과 출교가 있었는데, 책벌 기간도 무기한, 1년, 6개월 등으로 구분되어 있었다. 책벌을 받게 되면 성찬

식에 참석할 수 없고 공동의회에도 참석할 수 없었다. 경우에 따라 학습과 세례 자체를 무효화하기도 했다.

1963년에 돌로 새로 지은 고즈넉한 초량교회 예배당 옆에는 아담한 역사관이 마련되어 있다. 부산 지역 개신교 역사와 초량교회의 발자취를 일목요연하게 들여다볼 수 있는 이곳에서 《초량교회 100년사》를 집필하기도 했던 김원이 장로는 2013년 가을 이런 이야기를 들려주었다.

"예를 들면 불신 혼인을 하면 1년 동안 책벌 기간을 둬서 근신하도록 만들었어요. 그러다 1년이 지나면 해벌을 했지요. 신기한 것은 당시 교인들이 얼마나 순수했는지 교회에서 이런 벌을 내리면 자신의 잘못을 인정하고 고분고분 그 벌을 다 받았다는 거예요. 반항하거나 교회를 떠나지 않았어요. 요즘 교인들 같으면 그러겠습니까? 어림없는 이야기지요."

주기철 목사는 정직하고 청빈한 목회자였다. 그는 매년 3월 말, 6월 말, 9월 말, 12월 말 네 차례씩 교회 각 기관의 회계장부를 검열하여 이를 공개했다. 교회 재정의 투명한 관리와 공개 원칙을 지킨 것이다. 구영기 목사의 증언은 그가 얼마나 청빈했는지를 짐작케 해준다.

한 예를 보면 부흥회에 목사들이 나가면 거기서 사례금을 주지. 그러나 주 목사님은 그것을 받아서 본 교회에 내놓지. 왜 그러냐 하면 내가 여기서 월급을 받는데, 그것을 받아서 내 개인적으로 써서야 되겠나, 교회에다 내놓는 것이 마땅하다 이거지. 그것은 주 목사님 외에는 그런 사람이 없지.

주기철 목사는 1931년 6월 21일에 열린 제직회에서 돌연 초량교회를 사임하겠다는 뜻을 밝힌다. 이는 다른 이유에서가 아니라 같은 노회에 속한 마산 문창교회 때문이었다. 문창교회는 박승명 목사가 여성 교인들과 갈등을 일으켜 교회가 분열하는 등 여러 가지 어려움을 겪고 있었다. 그러자 노회의 어른들이 이런 문제를 수습할 사람은 주기철 목사밖에 없다고 생각하여 그에게 문창교회로 가서 목회할 것을 강하게 권고하였다. 그는 기도와 고민 끝에 이를 받아들이기로 한다. 자신은 하나님의 종이지 교회의 종이 아니라고 판단한 것이다.

갑작스러운 담임목사의 사임 소식을 들은 교인들이 여러 차례 눈물로 만류했지만 그의 결심은 흔들리지 않았다. 얼마 후인 1931년 8월 1일 마산 문창교회에서는 주기철 목사의 위임식이 치러졌다. 이로써 주기철 목사는 1901년 마산 최초로 설립된 문창교회에서 제8대 목사로 일하게 되었다. 그가 가장 역점을 둔 것은 교인들 마음의 상처를 치유하고, 갈라진 교회를 연합시키며, 흐트러진 조직을 추슬러 교회 본래의 기능을 다하도록 하는 것이었다. 그의 깊은 영성과 노력으로 교회는 분열의 상처를 딛고 빠르게 안정을 되찾아갔다.

초량교회에서 보여 준 그의 원칙 중심의 목회는 문창교회에서도 그대로 이어졌다. 주일학교를 새로 정비해서 유년부 교사 25명, 장년부 교사 13명을 임명했는데, 아내인 안갑수와 후일 새 아내가 될 오정모도 장년부 교사로 함께 임명되었다. 주기철 목사가 의욕

—— 부산 초량교회 전경. 푸른 하늘과 고풍스런 벽돌 예배당 풍경이 잘 어울리는, 오랜 역사의 초량교회는
한국 교회와 고난과 영광의 순간을 같이해 왔다.

—— 마산 문창교회 재직들과 함께한 주기철 목사. 맨 아랫줄 오른쪽에서 세 번째가 주기철 목사,
그 왼쪽이 임시 당회장을 맡았던 맹호은Fred J. Macrae 선교사다.

적으로 추진했던 주일학교 전용 교육관은 그가 산정현교회로 떠난 뒤인 1937년 8월 8일에 이르러서야 완공되었다. 208평짜리 2층 목조건물인 이 교육관은 영사실까지 갖춘 최신식 건물이었다. 그가 교회 교육에 얼마나 많은 관심과 열정을 기울였는지를 잘 알 수 있는 장면이다.

주기철 목사는 목회의 중심을 기도와 설교에 두었다. 그의 목회는 '7분 설교, 2분 심방, 1분 사무'로 요약할 수 있었다. 10분의 시간이 주어진다면 7분 동안은 설교를 준비하고, 2분은 심방에 힘쓰며, 나머지 1분을 교회 사무에 사용한다는 의미였다. 그는 주일이 지나면 곧바로 다음 주일 설교를 준비하기 때문에 토요일쯤 되면 얼굴이 병을 앓고 난 사람처럼 핼쑥했다고 한다. 종종 무학산에 올라가 기도하면서 설교를 준비했다고도 하는데 지금도 무학산에 가면 주기철 목사가 기도했다고 알려진 십자가 모양의 바위를 볼 수 있다.

주광조 장로는 아버지 주기철 목사를 기도하는 목회자로 기억하고 있었다.

아버지는 부임하는 곳마다 기도처를 정해 놓으셨다. 새벽기도회가 끝난 후 홀로 정해 놓은 기도 자리를 찾아가셨다. 초량교회 시절에는 구덕산에 오르셨고, 문창교회 시절에는 무학산 십자바위에 올라 이슬을 맞으며 교회 문제와 나라의 장래를 위해 울면서 부르짖었다. 산정현교회에 부임한 다음에는 다가오는 신사참배로 인한 고난을 예감하고 묘향산에 가서 사흘간 금식하며 철야로 기도했다. 순교를 각오하고 결심한 것은 이 산 기도를 마친 후였다.

# 아버지의 두 번째
# 아내가 된 여인


문창교회에서 목회할 당시 주기철은 막내아들 광조를 얻는 기쁨과 사랑하는 아내 안갑수와 아버지 주현성 장로를 떠나보내는 슬픔을 동시에 맛보게 된다. 주현성 장로는 주기철이 노회에서 목사 안수를 받을 때 대표로 기도를 해주었을 만큼 아들을 믿고 사랑했던 든든한 아버지였다. 홀로 사역을 감당하던 주기철은 늙은 어머니가 차려 주는 밥상 앞에 앉아 어린 아들들을 바라볼 때면 늘 아내와 아버지의 빈자리가 그리웠다.

주기철 목사는 조선예수교장로회 총회에서 발행하던 잡지 〈종교시보宗敎時報〉 1934년 8월호에 '사死의 준비'라는 설교를 게재하였다. 이 글을 보면 이즈음 계속되는 가족들의 죽음을 접하면서 그가 죽음을 어떻게 이해하고 받아들이게 되었는지를 알 수 있다.

죽음이란 듣기에 불쾌하나 죽음은 참된 생에 들어가는 것이다. 고후 5장에 있는 장막집이 무너지면 하나님께서 지으신 집이 하늘에 있다 하심은 우리가 육신을 떠나 하나님에게로 돌아감을 이름이다. 고로 죽음의 준비는 곧 영생의 준비라 할 것이다. 세상 사람은 흔히 소년 시대에는 방탕하여 늙은 때를 준비하지 못하니 매우 우둔한 일이다. 한번 들어가고 다시 나오지 못하는 죽음에 대하여 준비를 아니 함은 가석한 일이라. 대개 일생일사는 정리라.

삼십 대 중반의 젊은 목사가 혼자 어머니를 모시면서 아들 넷을 키워 가며 목회를 한다는 건 쉽지 않은 일이었다. 교회에서는 이런 사정을 잘 알고 있었기에 자연스럽게 담임목사의 재혼 이야기가 나오기 시작했다. 그러면서 사람들의 눈과 귀는 누가 먼저랄 것도 없이 미혼이었던 오정모 집사에게 집중되었다. 주광조에 따르면 안갑수는 세상을 떠나기 얼마 전 평소 친동생처럼 아끼고 사랑했던 오정모를 불러 다음과 같은 마지막 말을 남겼다고 한다.

"아우님, 나는 이제 가니…… 주 목사님과 아이들을 잘 좀 부탁해요."

오정모는 1903년 10월 8일 평안남도 강서군 성태면 가장리에서 안식교인 오석필의 큰딸로 태어났다. 묘하게도 조만식 장로와 같은 고향이었다. 큰오빠는 미국 유학까지 다녀와 평양에서 무역업을 하는 큰 부자였고, 작은오빠는 고향에서 농사를 지으며 살았다고 한다. 그녀는 평양에 있는 감리교 계통의 정의여학교를 졸업한 뒤 주일학교 교사와 유치원 보모로 일하고 있었다. 별명이 '예수쟁이', '기도꾼'일 정도로 열심히 신앙생활을 하던 사람이었다.

1927년 11월, 그녀는 일본으로 건너가 나라여자사범학교를 다니기 위해 부산으로 내려왔다. 학비는 오빠가 대주기로 했다. 그러나 뜻하지 않은 병 때문에 초량교회 교인이던 친척집에 머물러야만 했고, 병이 나을 동안 초량교회를 나가게 되었다. 거기서 그녀는 주기철 목사를 만나게 된다. 오정모와 주기철의 인연이 문창교회 이전에 시작된 것이다. 그녀는 이때부터 주기철 목사의 설교를 들으며 그를 존경하게 된 것으로 보인다.

부산에 머물며 건강을 추스르는 사이 그녀에게는 전혀 뜻밖의 일이 벌어진다. 당시 호주 장로회 선교부가 운영하고 있던 마산 의신여학교에서 여교사 두 명이 필요했는데, 그 추천서가 오정모의 모교인 평양 정의여학교로 전달된 것이다. 이에 학교 측에서 성적이 우수하고 신앙이 돈독했던 졸업생 오정모에게 마산 의신여학교에 가서 교사로 일해 보라는 연락이 온 것이다. 그녀는 생각 끝에 유학을 잠시 미루고 부산에서 마산으로 떠나게 되었다.

그녀가 마산에 자리 잡고 의신여학교 교사로 일하고 있을 무렵, 주기철 목사도 초량교회를 떠나 마산 문창교회로 부임하게 된다. 주기철 목사가 문창교회로 옮겨 왔다는 소식을 들은 오정모는 즉시 달려가 주기철 목사 부부와 반갑게 재회를 한 뒤, 곧바로 문창교회에 등록해 교적부에 이름을 올렸다. 1931년 12월 13일자 문창교회 당회록을 보면 오정모, 안갑수, 그리고 주기철 목사의 어머니인 조재선 여사가 같은 날 등록한 걸로 기록되어 있다.

안갑수와 오정모는 주일학교 교사로 함께 일하면서 더욱 가까워져 서로를 형님, 아우로 부를 만큼 친밀해졌다. 안갑수가 갑자기 세상을 떠나면서 처녀였던 오정모에게 남편과 아들 넷을 부탁한다는 유언을 남긴 것은 이런 오랜 인연과 깊은 친분에서 나온 것이었다. 안갑수는 시어머니를 정성껏 봉양하고, 어린 네 아들을 제 자식처럼 키우면서, 남편 주기철 목사의 목회를 바르게 보필하고 내조할 수 있는 적임자가 오정모라고 판단한 것이다.

오정모는 당황스러울 수밖에 없었다. 홀로 된 어머니와 고만고만한 아들이 넷씩이나 되는 홀아비에게 처녀가 시집을 간다는 건

처녀의 몸으로 아들이 넷이나 있는 주기철 목사와 결혼한 오정모 집사.
그녀가 없는 주기철 목사의 순교는 상상할 수 없을 정도로 그녀는 주기철 목사의 든든한 동역자였다.

그야말로 상식 밖의 일이었다. 아무리 주기철 목사를 존경한다고
해도 엄두가 나지 않는 일이었다. 친정에서 알면 난리가 날 일이었
다. 고민이 깊어지는 건 당연했다. 사람들의 시선이 부담스러웠고,
주기철 목사의 얼굴을 보기도 민망했다. 그때 번민에 휩싸여 있던
그녀에게 또 하나의 사건이 발생한다.

　1934년 초겨울, 그녀가 갑자기 결핵성 복막염으로 쓰러진 것이
다. 원래 몸이 약해 병치레가 잦았지만 오랫동안 스트레스에 시달
리다 보니 몸이 견디질 못한 것이다. 그녀는 대구에 있는 동산기독
병원에 입원해서 수술을 받게 되었다. 그런데 수술 도중 주치의가
수술실을 나와 한다는 말이 전혀 가망이 없다는 것이었다. 치료를
포기한 것이다. 가망이 없으니 환자에게 물을 가져다주라는 말까지

했다. 그 말을 들은 주기철 목사는 눈앞이 캄캄해졌다.

'주님, 어째서 제가 사랑하는 사람들을 이렇게 일찍 제게서 데려가시는 겁니까?'

주기철 목사는 마산에서 대구까지 틈만 나면 달려가 오정모를 극진히 간호했다. 수술비와 치료비가 많이 나왔지만 모두 주기철 목사가 감당했다. 아내 안갑수가 결혼할 때 가지고 온 땅 중에 일부 남겨 두었던 것을 팔아 마련한 돈이었다. 그는 침상 아래 무릎을 꿇고 밤을 새워 가며 오정모를 살려 달라고 간절히 기도했다. 목사로서의 체면이나 남들의 이목을 살필 겨를이 없었다. 오정모는 이런 주기철 목사를 보며 마음을 열고 그를 받아들이기 시작했다. 이때 기적이 일어났다. 의학적으로는 설명이 되지 않는 일이지만 그녀가 회복된 것이다.

"목사님! 하나님께서 이 보잘것없는 목숨을 살려 주시고, 생명을 이어 주심이 바로 목사 아내의 일을 맡으라 하심임을 지금에서야 알았습니다. 돌이켜 보니 애초에 저를 일본으로 가지 못하게 막으시고, 부산을 떠나 마산으로까지 인도하신 것이 모두 주님의 섭리임을 깨닫게 되었습니다. 이제 저는 죽지 않습니다. 하나님께서 이 귀한 목사 아내로서의 사역을 감당시키기 위하여 저를 살려 주셨음을 믿기 때문입니다."

오정모는 이렇게 고백했다. 갑작스럽게 이루어진 입원과 수술,

기적과 회복을 통해 오정모와 주기철의 사랑은 깊어졌고 결혼으로 가는 길에 놓인 모든 장애물이 치워졌다. 1935년 11월, 드디어 주기철 목사는 오정모 집사와 혼례를 치르고 그녀를 아내로 맞아들인다. 안갑수가 자녀를 낳고 가정을 꾸린 아내의 역할에 충실했다면, 오정모는 주기철 목사가 정절을 지키고 순교의 길을 묵묵히 걸어갈 수 있게끔 군건히 그를 붙드는 동지의 역할에 충실했다. 그가 두 번 결혼하고 두 명의 아내를 맞이한 것, 이 또한 하나님의 놀라운 계획이었다.

# 평양 산정현교회와
# 위기의 조선 교회


주기철 목사는 부산 초량교회에서 목회할 때 경남노회 부회장
으로 일했고, 마산 문창교회로 옮겨 간 뒤에는 경남노회 회장을 맡
아 활동했다. 그러면서 점점 노회와 총회에서 영향력 있는 젊은 지
도자로 부상하기 시작했다. 그러나 그는 교회 정치에는 관심이 없
었다. 오직 성도들을 말씀으로 바르게 양육하고, 자라나는 학생들
을 훌륭한 인재로 길러 내며, 마음 둘 곳 없는 가난한 백성들을 돌
보는 일에 전력을 다할 뿐이었다. 그는 평양과 경성, 대구 등에 있는
여러 교회와 학교의 초청을 받아 집회를 인도하며 강단에서 말씀을
전했다.

마산 문창교회를 떠나 평양 산정현교회로 옮겨 가기 직전인
1936년 4월 30일부터 5월 4일까지 금강산 기독교수양관에서는 전
국에서 200여 명이 넘는 목사들이 참석한 가운데 장로교 목사수양
회가 개최되었다. 당시 장로교회는 교리적인 문제로 보수와 진보
진영 사이에 심각한 내홍을 겪고 있었기 때문에 각종 비방과 폭로
전이 이어졌다. 따라서 수양회는 일본 경찰의 삼엄한 통제 아래 어
수선한 분위기 속에 진행되었다. 이런 가운데 강사로 연단에 올라
간 주기철 목사는 '목사직의 영광'이라는 제목으로 사자후를 토하
며 설교를 이어 갔다.

—— 금강산 기독교수양관에서 열린 장로교 목사수양회에 모인 목사들. 조선 교회의 대립과 갈등이
　　극명하게 노출된 집회였다.

—— 1936년 평양 산정현교회 부임 직후의 주기철 목사. 이후 뿔테 안경과 콧수염, 검정색 한복은 그의
　　상징처럼 되었다.

보십시오! 모세와 엘리야와 나단과 세례 요한 등의 참된 선지자들을. 그들은 죽음을 개의치 아니하고 하나님의 말씀을 그대로 전했습니다. 오늘의 교회 안에 안면에 가려, 권위에 눌려, 직업적 야비함으로 인하여 직언이 없어진 것이 일대 통탄사입니다. 목사직의 본질은 그런 것이 아닙니다. 하나님이 시키는 것이면 어떠한 때, 어떠한 곳, 어떠한 경우, 어떠한 사람에게라도 전하는 것이 목사입니다. 군왕을 충간하는 자가 목사요, 대통령을 훈시하는 것이 목사입니다. 목사는 이에 하나님 앞에 선 하나님의 대언자입니다. …… 오직 살든지 죽든지 주님만 영화롭게 하는 고귀하고 영광스러운 직분이라, 먹든지 마시든지 오직 하나님께 영광을 돌리려는 하나님의 사자들입니다. 세상에는 국가를 위하여 사는 자가 있고, 민족을 위하여 사는 자가 있고, 사회를 위하여 사는 자가 있으되, 우리 목사들은 하나님이 직접 자기의 영광을 위하여 살게 하신 자들입니다. 세상이 목사를 오해하여 민족주의자라 하는 자가 있고, 세상이 목사를 오해하여 사회사업가로 아는 자가 있으나, 목사는 그러한 국한에서 초월하여 오직 하나님의 영광과 이름과 나라를 위하여 사는 하나님의 사자일 뿐입니다.

그의 설교는 위기에 처한 조선 교회를 향한 하나님의 메시지였다. 그러나 설교는 중단되고 말았다. 일본 경찰에 의해 끌려 내려왔기 때문이다. 이 일로 주기철 목사는 유명 인사가 되었으며, 일제로부터 감시와 주목을 받게 되었다. 1936년 5월 13일자 〈기독신보基督申報〉에 설교가 실렸으나 전편만 실려 있어 후편의 내용은 알 수가 없다.

이즈음 하나님은 주기철 목사의 발걸음을 서서히 평양으로 인도하고 계셨다. 오정모 집사와 결혼한 주기철 목사는 교인들 사이에 떠도는 풍문을 외면하기 어려웠다. 자기가 목회하는 교회 교인과 결혼한 목사는 다른 교회로 떠나는 게 도리라는 이야기였다. 당시 풍습과 전통을 생각하면 충분히 이해할 수 있는 상황이었다. 그무렵 평양에서 마산까지 두 번씩이나 손님이 다녀갔다. 산정현교회 조만식 장로와 김동원 장로였다. 조만식 장로는 주기철 목사의 오산학교 은사였으며, 김동원 장로는 1911년 105인 사건이 일어났을 때 체포되어 2년간 옥고를 치렀던 분으로 해방 후 대한민국 국회 초대 부의장을 지낸 인물이었다.《배따라기》,《감자》,《운현궁의봄》등의 작품으로 유명한 소설가 김동인이 그의 동생이다. 이들은 주기철 목사를 만나 산정현교회 담임목사로 와 달라고 간곡히 청을하고 돌아갔다.

평양에 최초로 세워진 교회는 장대현교회였다. 장대현교회는 1903년 남문밖교회, 1905년 창전리교회, 1906년 산정현교회를 각각 분립하였다. 평양 장로회 선교부의 결의에 따라 평양에서 네 번째로 세워진 산정현교회는 편하설Charles F. Bernheisel 선교사가 개척을 담당했다. 이후 부흥을 거듭하던 산정현교회는 강규찬 목사에 이어 미국 덴버대학교에서 박사학위를 받고 돌아온 송창근 목사가 부임하였다. 그는 풍부한 지식을 바탕으로 자유주의 신학에 근거해 교회를 개혁하려 했지만, 보수적인 교인들은 이를 받아들이기 어려웠다. 산정현교회는 민족주의 운동의 기류가 강한 교회였다. 결국 그는 1936년 4월 산정현교회를 떠났고 산정현교회는 보수적 신앙 노선을 가진 후임 목사를 찾아 나섰다.

아버지가 평양 산정현교회로 가시게 된 이유는 몇 가지가 있는데, 하나는 조만식 선생님과의 만남이었고, 또 하나는 오정모 어머니와의 만남 때문이었습니다. 조만식 선생님이 평양으로 초빙을 해왔을 때 아마도 오정모 어머니가 가장 먼저 찬성했던 것 같습니다. 전처소생인 아들 넷을 키우며, 마산에서 목회자 아내로 뭇 교인들의 눈총을 의식하며 살기란 힘겨운 일이었을 겁니다. 그랬기에 차라리 고향인 평양 가까이 가는 것을 갈구했던 것입니다.

주광조 장로의 설명에 따르면 주기철 목사의 평양행에 가장 적극적으로 찬성한 사람은 오정모 집사였다. 평양은 1907년 대부흥운동 이후 한국의 예루살렘이라 불릴 정도로 신앙의 불길이 뜨겁게 타오르고 있던 조선 교회의 중심축이었다. 오정모 집사는 남편 주기철 목사가 평양으로 가서 조선 교회와 성도들을 위해 더 원대한 뜻을 펼칠 수 있기를 소망했다. 산정현교회 역시 일제의 신사참배 강요가 점점 심해지는 상황 속에서 신앙과 민족정신의 최후 보루였던 평양 교회가 시련과 환란을 이겨 내고, 일본의 태양신에 맞서 싸우기 위해서는 보다 강한 영성을 가진 지도자가 절실히 필요했다. 이들의 만남은 필연적이었던 것이다.

주기철 목사는 1936년 7월 26일 문창교회에서 마지막 주일예배를 드린 후 가족들을 데리고 평양으로 이사하였다. 항일 민족주의자들의 온상이었고, 정치적 색채가 대단히 강했던 산정현교회 목사로 부임한 주기철은 최우선적인 목회 방침을 '하나님 말씀 중심'으로 정했다. 교회의 신성 회복을 맨 앞에 둔 것이다. 그는 강단에서 한 번도 '민족 광복'을 외쳐 본 적이 없었다. 조국의 광복보다 근본적인 것은 하나님 나라의 회복이라 여겼다. 그는 부임 후 '조선 교회의 신앙 유형'이라는 제목으로 산정현교회 강단에서 첫 번째 설교를 했다.

> 교회 성도 중에는 세 가지 유형이 있습니다. 첫 번째는 항일 민족주의자로 독립운동을 하기 위해 교회에 오는 사람이 있습니다. 두 번째는 자신의 인격 연마와 윤리, 도덕적 함양을 위해 오는 사람이 있습니다. 그리고 세 번째로는 하나님의 말씀을 통해 거듭나고, 그리스도의 구속에 감사하며, 하나님 말씀대로 살려고 하는 사람이 있습니다. 첫 번째와 두 번째 유형에 해당하는 성도들은 예수를 잘못 믿고 있는 것입니다. 이런 잘못된 신앙으로 교회에 나오는 성도가 있다면, 그런 분들은 오늘부터 교회에서 나가 주십시오.

그는 교회 안에서 정치적이고 사회적인 운동을 펼치는 것을 용납하지 않았다. 교회는 오직 하나님이 거하시는 집이어야 하고, 하나님의 말씀만 충만한 복음의 거처여야 한다는 것이 그의 일관된 신앙이었다. 산정현교회가 무너져 가는 조선 교회의 마지막 그루터기로 남아 있을 수 있었던 것은 그의 이런 목회 방침이 끝까지 유지될 수 있었기 때문이다.

# 예배당 건축과
# 사라진 축음기

1931년 만주사변, 1937년 중일전쟁, 1941년 태평양전쟁을 잇달아 일으킨 일제는 대륙 침략의 전초 기지로 삼은 조선에 대한 침탈과 억압을 더욱 강화하였다. 그들은 아예 조선 사람을 일본 사람으로 개조시키려는 전략을 수립했는데, 이것이 바로 황국신민화 정책이다. 이에 따라 일제는 일본 천황이 사는 황궁을 향해 절하게 하고, 도처에 세워진 신사에 참배하도록 했으며, 천황에 충성을 맹세하는 황국신민서사 암송과 일본식으로 이름을 바꾸는 창씨개명, 그리고 우리말 대신 일본어를 쓰도록 강제하는 등의 야만적 행위를 서슴지 않았다.

신사참배는 3·1운동 이후 민족종교로 자리하며 상승세를 타고 있던 조선 개신교에 광풍처럼 밀려든 최대의 시련이었다. 처음 기독교계는 신앙상의 이유로 이를 거부하고 총독부의 양해를 구했으나, 1936년 1월 평양 숭실전문학교 윤산온George S. McCune 교장 등이 신사참배 거부로 파면을 당하고, 기독교계 학교들이 계속해서 폐교를 당하게 되자 점차 분열되기 시작했다. 기독교인들은 일제에 맞서 신사참배를 거부하고 주님 편에서 저항하느냐, 현실을 인정하고 살길을 찾아 일제에 무릎 꿇고 순응하느냐 하는 갈림길에 서게 되었다.

주기철 목사가 맞닥뜨린 첫 번째 과제는 예배당 건축이었다. 전임 목사 때부터 이 문제로 당회와 교인들 사이에 갈등이 있었다. 관건은 건축 비용을 어떻게 마련하느냐였다. 주기철 목사는 양쪽의 의견을 모두 수렴하여 작고한 교인이 기부한 토지를 매각해 비용을 마련한 뒤 모자라는 돈은 교인들의 헌금을 통해 마련하도록 했다. 중재안이 당회와 교인들에게 받아들여짐으로써 예배당 건축은 속도를 내게 되었으며, 교회 안에 있었던 갈등은 해소되었다. 산정현교회는 아름답고 웅장한 새 예배당을 짓는 데 한층 박차를 가했다.

1930년대는 세계공황이 이어지던 시기였다. 미국 교회에서도 선교사들에 대한 지원을 줄이고 있었다. 조선은 식민지 상태였으니 사정은 더욱 어려웠다. 그럼에도 주기철 목사는 동양에서 가장 큰 예배당을 평양에 세우고자 했다. 이는 요즘처럼 호화로운 예배당을 지어 교세를 과시하려는 물량주의적 사고에서 나온 행동이 아니었다. 예배당 건축을 통해 교인들의 몸과 마음을 하나로 모으고, 전국에 건설 중인 신사에 맞서는 조선인의 결의를 보여 주며, 조선 교회의 상징인 평양을 굳건히 지켜 내려는 생각이었다.

우리 가족은 음악을 워낙 좋아했다. 큰형은 중학생 시절 바이올린에 심취해 있었다. 어머니는 돌아가시기 직전 없는 살림에 자식들을 위해 큰마음을 먹고 그 시기로서는 아주 귀했던 축음기 한 대를 마련해 주셨다. 저녁 식사 후에는 온 가족이 축음기 앞에 둘러앉아 즐겁게 찬양하며 행복한 시간을 보내곤 했다. 축음기는 어머니의 유품이자 우리 집 재산 목록 제1호였다. 아버지가 평양 산정현교회로 부임해 가실 때 우리는 변변한 가재도구 하나 없었다. 단출한 이삿짐 가운데 축음기만이 유일하게 보물 같은 존재였다.

산정현교회에는 내로라하는 저명인사들이 많았다. 부임하자마자 아버지는 교우들의 가정을 심방하고 나서 장로들이 사는 집이 하나님의 집보다 더 좋다면서 예배당 건축을 제안했고, 1년 6개월 후에 새 예배당을 헌당하게 되었다. 그때 아버지는 건축헌금을 위해 설교하면서 재산 목록 제1호인 축음기를 헌납하겠다고 선포하셨다. 축음기가 팔려 나가던 날, 우리 형제들은 초상난 것처럼 울어 댔다. 큰형은 머리를 무릎에 처박고 돌아가신 어머니가 남겨 주신 유일한 유품이라며 울어 댔고, 둘째 형은 아버지에게 매달려 안 된다고 울부짖었다. 우리 집 재산 목록 제1호는 그렇게 사라졌다. 그날의 모습이 아직도 기억에 생생하다.

예배당 건축과 관련된 주광조 장로의 어린 시절 추억은 눈물겨운 것이었다. 주기철 목사에게는 아내의 유품이나 애지중지하던 재산 목록 제1호보다 주님과 성도들을 위해 예배당을 짓는 일이 더 급하고 소중한 일이었으나 아들들 입장에서는 날벼락 같은 일이었다.

예배당 건축은 순조롭게 진행되어 1937년 9월 5일에는 드디어 새로 지은 웅장한 예배당에서 입당예배를 드릴 수 있었다. 5만 원가량의 거금이 들어간, 건평 414평 규모의 아름다운 2층 벽돌 예배당이었다. 건축이 별다른 잡음 없이 신속하게 마무리됨으로써 연로한 유명 인사들이 즐비한 산정현교회에서 젊은 주기철 목사의 지도력은 한층 더 강화되었다.

예배당을 새로 지은 직후인 1937년 9월 10일부터 16일까지 대구 남성정교회(현 대구제일교회)에서 열린 조선예수교장로회 제26회 총회에서 주기철 목사는 새벽기도회 주강사로 나서 설교를 하게 된다. 이 중 셋째 날 설교인 '십자가의 길로 가자'가 〈기독교보基督教報〉

에 실렸다. 그 무렵 주기철 목사의 심정을 잘 드러내 주는 애절한 설교였다.

주님께서 말씀하시기를 "십자가를 지고 나를 좇으라" 하셨으니, 십자가의 길은 예수님이 가신 길이요, 예수님과 동행하는 길입니다. 여러분은 누구와 동행하시렵니까? 예수님과 동행하면 우리의 원수 마귀가 동행할 수 없을 것이요, 하나님이 시기하시는 마귀를 떼어 버리고자 하면 불가불 이 십자가의 길로 가야 되겠습니다. "음행하는 여인 같은 너희들, 세상과 벗이되려는 자는 하나님과 원수 된 자"(약 4:4)라고 야고보의 말씀에 있지 않습

평양 산정현교회 신축 예배당.
'현峴'은 고개를 뜻하기에 고개 '재岵' 자를 넣어 산정재교회라고도 불렀다.
오른쪽 기와집은 1918년에 세웠던 이전 예배당이다.

니까? 바울의 말씀에 "우리가 하나님 나라에 들어가려면 여러 가지 환난을 겪어야 된다"(행 14:22) 하였으며, 또 말씀하시기를 "만일 그와 함께 고난을 받으면 또 그와 함께 영광을 받으리라"(롬 8:17), 또 말씀하시기를 "한 가지로 참으면 한 가지로 임금 노릇할 것이요"(딤후 2:12) 하였으니 이것은 분명히 주님의 가신 길일뿐만 아니라 주님과 동행하는 길입니다.

1938년에 접어들면서 일제는 신사참배를 더 노골적으로 강요하였다. 순순히 말을 듣지 않는 사람들을 체포하고 구금을 감행했다. 많은 민족주의 성향 인사들이 백기를 들고 일제에 굴복했으며, 교계 지도자들 역시 무력하게 투항하고 말았다. 이즈음인 1938년 2월, 이른바 '평양 장로회신학교 기념식수 절단사건'으로 교수와 학생들이 대거 체포되는 일이 벌어진다. 그해 2월 9일 평북 선천에서 개최된 평북노회에서 노회 차원에서는 전국 최초로 신사참배를 공식 가결하였다. 당시 평북노회는 노회장인 김일선 목사와 총회 부총회장인 홍택기 목사 등이 이끌고 있었다. 이 소식을 듣고 분노한 장로회신학교 2학년 장홍련 학생이 학교 기숙사 앞마당에 있던 김일선의 이름이 새겨진 나무를 도끼로 찍어 버린 것이다.

이 사건 전날인 2월 8일 산정현교회 새 예배당 헌당식을 앞두고 주기철 목사가 평양경찰서에 처음으로 검속된다. 검속檢束이란 공공의 안전을 해롭게 하거나 죄를 지을 염려가 있는 사람을 경찰에서 잠시 가둬 두는 것을 말한다. 1차 검속과 관련해서는 여러 가지 주장이 있지만, 학자들의 견해와 주광조 장로 등의 증언을 종합해 보면 일본 경찰은 헌당식을 앞두고 산정현교회와 평양, 나아가 조선 교회의 새로운 지도자로 부상하고 있는 주기철 목사의 기세를 미리 꺾어 놓으려 한 것으로 보인다. 그런데 다음 날 장로회신학교 기념식수 절단사건이 터지자 주기철 목사에게 배후 조종 혐의를 뒤집어씌워 가둠으로써 헌당식은 물론 3월 22일부터 산정현교회에서 개최된 제34회 평양노회에 주기철 목사가 참석하지 못하도록 한 것이다. 그가 없는 가운데 열린 평양노회는 산정현교회 안에 일장기를 게양한 채 각종 친일 행사를 거행하는 사상 최악의 행사로 퇴색하고 말았다.

# 신사참배 반대와
# 일사각오

평북노회가 신사참배를 가결하고 장로회신학교 학생들이 이에 항의하며 기념식수를 절단하는 사건이 일어났던 즈음 주기철 목사는 산정현교회 새 예배당을 짓고 헌당식을 할 무렵이었는데 평양경찰서 유치장에 갇히게 된다. 이는 그에게 주어진 십자가를 지고 첫발을 내딛는 순간이었으며, 잔인무도한 일제와 치르게 될 기나긴 영적 전쟁의 서막이었다.

평양 장로회신학교 학생들에게 주기철 목사는 제일 존경받는 목회자였다. 주기철 목사는 모교로부터 가장 많은 초청을 받은 강사였다. 1933년 11월, 마산 문창교회에 시무할 때 그는 처음으로 장로회신학교에서 열렸던 사경회에 강사로 초청되었다. 이날 그는 요한복음 11장 16절 말씀을 본문으로 그 유명한 '일사각오—死覺悟'라는 제목의 설교를 하게 된다.

십자가를 지기 위해 예루살렘으로 올라가시는 예수를 따르는 길은 자기의 생명을 아끼고는 따라갈 수 없는 길입니다. 예수를 버리고 사느냐, 예수를 따르고 죽느냐의 갈림길에 놓여 있는 도마였습니다. 예수를 버리고 사는 것은 정말 죽는 것이요, 예수를 따라 죽는 것은 정말 사는 것입니다. 이를 깨달은 도마는 "우리도 죽으러 가자"라고 말했습니다. 예수를 환영하던 한때는 사라지고, 수난의 때는 박도하였나니, 물러갈 자는 물러가고 따라

갈 자는 일사를 각오해야만 합니다. 예수님께서 말씀하시기를 "무릇 나에게 오는 자는 부모와 처자와 형제와 자매와 자기의 생명보다 나를 더 사랑하지 아니하면 능히 나의 제자가 되지 못하고 또 누구든지 저의 십자가를 지고 나를 좇지 아니하면 능히 나의 제자가 되지 못하리라"(눅 14: 26-27) 라고 하신 말씀이 곧 우리에게 하신 말씀입니다. …… 신학생 여러분! 제군의 읽는 성경은 피의 기록입니다. 피의 전달입니다. 신학을 말함으로 제군의 사명이 다 되는 것입니까? 피로써 전하여 온 부활의 복음을 위하여 인도 도상에 피를 뿌린 것입니다. 오, 오늘 우리에게도 오직 부활의 복음을 위한 일사각오가 있을 뿐입니다!

그의 설교는 피 끓는 절규였다. 일제의 총칼 앞에 무기력하게 쓰러져 가는 조선 교회를 향한 광야의 외침이었다. 이 설교를 들은 많은 학생이 이 시대에 목회자로 살아간다는 것에 대해 새로운 소명을 다졌음은 물론이다. 그가 처음 검속된 것이 자신이 '일사각오'를 외쳤을 때 눈물을 흘렸던 장로회신학교 학생들의 의로운 행동 때문이었다는 것은 매우 의미심장한 일이다. 일제는 그를 불법 검속함으로써 산정현교회 헌당식에 찬물을 끼얹고, 평양과 조선 교회의 새로운 지도자로 부각되기 시작한 그의 의기를 꺾으며, 평북노회의 신사참배 결의 여파가 평양노회로까지 이어지길 기대했지만, 이는 어리석은 그들의 오판일 뿐이었다.

신사참배에 관한 주기철 목사의 대응과 방침은 단호했다. 산정현교회 부임 이후 이는 단 한 번도 변한 적이 없었다. 모든 성도는 담임목사의 이러한 노선을 적극 지지했다. 주기철 목사 순교 50주년을 기념해 출간된 김요나 목사의《일사각오》에는 주기철 목사의

평양 장로회신학교에서 열린 사경회를 마치고 교수 및 학생들과 함께한 주기철 목사. 식민지가 된 조국에서
암울한 시대를 살아가던 신학생들에게 그의 설교는 선지자 예레미야의 외침과도 같았을 것이다.

결연한 목회 소신이 잘 드러나 있다.

> 신사참배는 십계명의 제1계명과 제2계명을 어기는 여호와의 이름에 대한
> 범죄요, 하나님께 대한 배신입니다. 따라서 신사참배에 호응한 신도는 지
> 위나 신분을 불문하고 공개 제명하며, 출교 조치를 하도록 하겠습니다. 산
> 정현교회 신도들은 절대로 신사참배를 해서는 안 됩니다. 이로 인한 모든
> 책임은 담임목사인 제가 지겠습니다.

그러나 산정현교회를 비롯한 몇몇 의로운 순교자들이 버티고
있던 교회를 제외하고 조선에 있던 대부분의 교단과 교회들은 신
사참배라는 광풍 앞에서 힘없이 고꾸라졌다. 1936년 5월 25일 로
마 교황청은 "신사참배는 종교적 행사가 아니고 애국적 행사이므로
그 참배를 허용한다"는 훈령을 발표한다. 이에 따라 조선천주교회

는 이를 전격 수용해 가장 먼저 신사참배에 무릎을 꿇었다. 1936년 6월에 개최된 제3차 연회에서 조선감리교회 총리사 양주삼 목사는 총독부 초청 좌담회에 다녀온 후 신사참배에 참여할 것을 선언하였다. 감리교회 내에서 반발이 일자 1938년 9월에는 "어떤 종교를 신봉하든 신사참배가 교리에 위반이나 구애됨이 추호도 없는 것은 확실히 알 수 있다"라는 성명을 발표하였다. 이를 필두로 안식교와 성결교회, 구세군, 성공회 등 모든 기독교 교단이 잇따라 신사참배를 결의하였다.

이런 상황 속에서 주기철 목사는 약 5개월 동안 평양경찰서 유치장에 감금되어 있다가 1938년 6월 29일에야 비로소 풀려난다. 이 시기에 조선에서는 이른바 '도미타 간담회'라는 행사가 거행되고 있었다. 도쿄의 지바교회 목사로 있던 도미타는 일본기독교회 대회의장과 일본기독교연맹 의장 등을 역임한 사람이었다. 일제는 그를 앞세워 성경을 교묘하게 왜곡함으로써 조선 교회를 회유하고 설득하려 했다. 도미타를 비롯한 일본의 극우 인사들은 부산, 대구, 목포, 전주, 군산, 경성 등을 순회하며 신사참배의 정당성을 강변하고 다녔다.

1938년 6월 30일, 주기철 목사가 석방된 다음 날 산정현교회에서 도미타 간담회가 개최되었다. 그들은 가는 곳마다 환영을 받았으며, 각 지역의 목사와 장로들은 그들 일행을 위한 만찬을 베푸는 등 극진히 환대하였다. 이제 남은 건 평양뿐이었다. 평양만 공략하면 더 이상 방해될 게 없었다. 산정현교회는 평양을 공략하기 위한 최적의 장소였다. 도미타는 "이미 정부가 신사에 대하여 국가 의례

일 뿐 종교가 아니라고 규정한 이상 이를 종교 대상으로 삼아서는 안 될 것"이라는 점을 법령을 인용하며 장황하게 설명하였다.

토론이 시작되자 평양 지역 4개 노회를 대표하는 논객들은 팔을 걷어붙이고 반론에 나섰다. 전날 경찰서에서 풀려나 몸과 마음이 많이 지쳐 있었을 주기철 목사도 간담회에 참석해 한 치의 양보도 없이 집요한 토론을 이어 갔다. 이날 어떤 이야기들이 오갔는지는 자료가 없어 구체적으로 알 수 없지만, 도미타와 함께 참석했던 히다카가 남긴 일본 측 기록(隨越智生, "朝鮮續信", 〈福音新報〉, 1938년 7월 21일)에 의하면 주기철 목사의 끈질긴 주장에 대해 도미타는 이렇게 답변했다고 한다.

> 제군의 순교적 정신은 훌륭하다. 그러나 언제 일본 정부가 기독교를 버리고 신도로 개종하라고 강요했던가? 그런 실례가 있으면 보여 달라. 국가는 국민 된 제군에게 국가의 제사 의식을 요구한 것에 불과하다. 경관이 개인의 종교 사상을 가지고 제군에게 강요했다고 하는데, 이 역시 국가가 승인한 것이 아니다. 기독교가 억압을 받는 때가 되면 우리도 순교할 것이다. 메이지 대제께서 만대에 이를 대어심을 가지고 전 세계에 비교할 수 없을 정도로 종교의 자유를 부여하신 것을 경솔히 여겨 모독하지 말라. 민간 학자들이야 제 마음대로 글을 쓴다. 제군이 그런데 일일이 마음을 두었다가는 방향을 잘못 잡게 될 것이다.

답을 보면 질문의 내용을 대강 파악할 수 있다. 주기철 목사는 궤변을 일삼는 도미타에게 신사참배는 국가 의식이 아닌 명백한 종교 의식이며, 이를 강요하는 것은 개인의 종교적 자유를 인정한 헌법을 위반하는 행위라는 것을 신랄하게 지적한 뒤, 일본이 끝까지 조선인들에게 신사참배를 강요한다면 순교를 각오하고 저항할 것임을 밝힌 것이다. 논쟁은 살벌한 분위기 속에 밤을 넘겨 새벽까지 이어졌다. 도미타 일행이 지쳐서 숙소로 돌아간 뒤에도 조선인 목회자들은 그 자리에 남아 토론을 이어 갔다. 신사참배 반대파의 기수가 된 주기철 목사는 예배당 밖에서 이를 지켜보던 평양 군중과 성도들의 열렬한 지지를 받고 있었다.

# 조선예수교장로회 총회의
# 신사참배 찬성 결의

검속을 통해 주기철 목사의 기세를 꺾어 놓고자 했던 일본 경찰은 유치장에서 나오자마자 '도미타 간담회'에 참석하여 신사참배의 부당함을 목 놓아 외치는 주기철 목사를 보자 더 이상 회유와 협박으로는 그를 굴복시킬 수 없겠다는 판단을 하게 된다. 이후 일제는 주기철 목사와 조선 교회를 철저히 분리하고, 아예 주기철을 제거하기 위한 계략을 꾸미기 시작한다.

조선의 모든 기독교 교단들의 신사참배 결의를 얻어 낸 일제는 마지막 남은 장로교회를 무너뜨리기 위해 모든 힘을 다 기울였다. 조선 장로교회의 상징적 존재이자 큰 영향력을 발휘하고 있던 평양노회가 먼저 도마 위에 올랐다. 일제의 사주를 받은 평양노회 안의 친일파 목사들은 1938년 8월 평양기독교친목회라는 친일 단체를 창설한다. 이들의 열성적인 활동 결과 평양노회 관내 강동과 순천 지역 목사와 장로들이 신사참배를 수용하는 성명서를 발표하였고, 평양노회 소속 교회 목사와 장로 수십 명이 평양경찰서에 모여 '평양예수교장로회 교직자 일동' 명의로 신사참배를 찬성하는 선언문을 발표하였다. 이들은 직접 평양신사에 가서 참배를 함으로써 평양노회는 공식적으로 신사참배를 수용한 꼴이 되고 말았다.

이제 거칠 것이 없었다. 조선 교회의 신사참배 결의는 걷잡을 수 없는 대세였다. 1938년 2월 평북노회가 신사참배를 결의한 것을 시작으로 그해 9월 총회가 있기 직전까지 전국 27개 노회 중에 17개 노회가 신사참배를 결의하였다. 남은 건 총회였다. 일제는 9월 2일부터 총독부에서 개최된 전조선 고등과장, 외사과장 연석회의에서 장로회 제27회 총회에 관한 대책을 집중적으로 논의하였다. 경찰은 총회에서 신사참배를 가결하는 데 장애가 될 만한 인물들을 사전에 검속하였다. 주기철 목사는 이때 평양경찰서에 두 번째로 잡혀 들어가게 된다. 총회원들을 설득하여 신사참배안을 부결시키려 노력한 김선두 목사 등도 검속되었다.

각 노회에서 선출된 총회 총대들은 그 지역 경찰서로부터 다음과 같은 협박을 받았다.

"총회에 출석하면 신사참배는 죄가 아니라는 것에 동의하시오. 그것이 싫으면 그냥 침묵해도 좋소. 이상 두 가지 중 한 가지를 골라 실행할 의사가 없으면 총대를 사임하시오."

이 조건에 응하지 않는 총대들에게는 모두 예비 검속을 실시했다. 총회 장소는 이미 신의주 제일교회로 정해져 있었다. 그런데 일제는 압력을 행사해 장소를 평양 서문밖교회로 옮겨 버렸다. 평양을 무너뜨려야 조선을 무너뜨릴 수 있다고 생각했기 때문이었다. 신사참배를 반대하는 선교사들에 대해서도 총회에서 신사참배안이 올라오면 발언을 하지 못하도록 압력을 가했다. 공포 분위기를 조성하기 위해 선교사들이 운영하던 평양의 숭실전문학교, 숭실중학교, 숭의여학교 등을 폐교시켰으며, 개학을 앞둔 장로회신학교를 휴교시켜 버렸다.

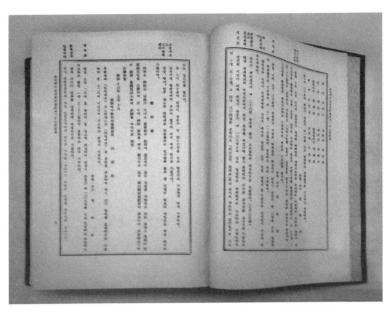

신사참배 결의안이 가결되었음을 기록한 1938년 조선예수교장로회 제27회 총회록.
총회장 홍택기, 부회장 김길창, 서기 곽진근 등의 이름이 선명하게 남아 있다.

이런 치밀한 정지 작업을 거친 후에 1938년 9월 9일 저녁 8시 평양 서문밖교회에서 조선예수교장로회 제27회 총회가 개최되었다. 총회에는 총대 223명 가운데 193명이 참석하였으며, 방청객도 700여 명에 이를 정도로 교계와 세간의 이목이 집중되어 있었다. 총회장에는 정복을 입은 일본 경찰이 강단 위에 올라가 회중석을 바라보며 앉아 있었고, 총대들 사이에는 사복을 입은 97명의 형사들이 빼곡히 앉아 있었다. 일제가 미리 짜 놓은 각본에 따라 움직이는 총회장은 숨소리조차 크게 내기 힘들 만큼 음산한 기운이 감돌고 있었다.

총회 둘째 날인 9월 10일 오전 11시, 평양·평서·안주노회에서 공동 발의한 신사참배 결의안이 첫 번째 안건으로 올라왔다. 평양노회장 박응률 목사가 "당국에서 신사참배는 종교가 아니고 국가 의식이라 선언하니 우리 총회도 신사참배하기를 결정함이 가합니다"라고 제의하자, 평서노회장 박임현 목사가 동의를 하였고, 안주노회 총대 길인섭 목사가 재청하였다. 새로 총회장에 선출된 홍택기 목사는 찬성 의사를 물은 뒤 반대 의사는 묻지도 않고 신사참배 결의안이 만장일치로 가결되었다고 선포하였다. 한국 교회사에 씻을 수 없는 오점과 치욕을 남기게 되는 순간이었다. 봉천노회 소속 한부선Bruce F. Hunt 선교사가 "의장, 불법이오!" 하고 소리치며 일어나자 일본 경찰들이 달려들어 그를 밖으로 끌고 나가 버렸다. 이어 총회 서기 곽진근 목사가 총회장 홍택기 명의로 작성된 성명서를 낭독하였다.

> 아등(我等, 우리)은 신사는 종교가 아니요, 기독교의 교리에 위반하지 않는 본의本義를 이해하고, 신사참배가 애국적 국가 의식임을 자각하며, 또 이에 신사참배를 솔선려행(率先勵行, 남보다 앞장서 힘써 행함)하고 추追히 국민정신 총동원에 참가하여 비상시국 하에서 총후(銃後, 후방) 황국신민으로서 적성(赤誠, 참된 정성)을 다하기로 기期함. 우 성명함.

뿐만 아니라 평양기독교친목회 회원 심익현 목사는 총회원들의 신사참배 즉시 실행을 특청하여 이를 결의하였으며, 이에 따라 그날 정오에 부총회장 김길창 목사를 위시한 각 노회장 27명이 모여 평양신사에 나가 절을 하였다. 아울러 총회는 "신사참배 결의안을 총독, 총감, 정무국장, 학무국장, 조선군 사령관, 총리대신, 척무

대신 제 각하에게 전보로 발송하기로" 가결하였다. 총회장 홍택기 목사는 전국 교회에 서한을 보내 신사참배를 반대하는 것은 "총회의 결의를 경멸하는 행동일 뿐만 아니라 주님의 뜻에 위배되는 유감천만의 행동"이며 "아직도 옛 습관으로 해서 이를 보류하거나 주저하는 자가 있다면, 저들은 결코 신민으로 인정될 수 없으며, 교인으로도 인정될 수 없을 뿐 아니라 교회의 입장으로 볼 때도 이러한 반대하는 무리나 요소는 마땅히 처벌되어야 한다"라고 엄중하게 경고했다.

한편 이날 오후 1시에는 반대 의사를 표시하여 총회장에서 퇴장당했던 선교사들이 따로 모여 신사참배 결의안 가결은 불법이라는 데 의견을 같이했다. 이들은 12일 안동교회 동사목사로 있던 경안노회 소속 권찬영John Y. Crothers 선교사를 대표로 25명이 연서하여 "총회의 결의는 하나님의 계율과 조선예수교장로회 헌법에 위배될 뿐만 아니라, 우리에게 발언을 허락하지 않고 강제로 회의를 진행한 것은 일본 헌법이 부여한 종교 자유의 정신에도 어긋나는 일이며, 보통 회의 법으로 보아도 위반되는 일이다"라는 내용의 신사참배 반대 결의안을 총회에 제출하려 했지만 일본 경찰의 방해로 상정조차 하지 못하고 말았다.

조선 교회 최후의 보루였던 장로교회마저 신사참배를 결의하자 한껏 기세를 올린 친일파 목사들은 이를 기념이라도 하듯 1938년 12월 12일부터 21일까지 일본에 건너가 교토, 이세, 도쿄 등에 있는 신사를 참배하고 돌아왔다. 이들은 장로교회의 홍택기, 김길창, 이문주, 감리교회의 양주삼, 김종우, 성결교회의 이명직 목사 등 각 교단의 지도부들이었다.

신사참배 결의안이 평양 한복판에서 열린 조선예수교장로회 제27회 총회에서 가결되었다는 소식을 옥중에서 전해 들은 주기철 목사는 통탄을 금치 못하며 이렇게 울부짖었다. 주기철 목사를 가까이 지켜보며 그에 관한 많은 자료를 남긴 김인서가 자신의 책《주기철 목사의 순교사와 설교집》에 기록한 내용이다.

아, 내 주 예수의 이름이 땅에 떨어져 버렸구나. 평양아, 평양아! 동방의 새 예루살렘아! 영광이 네게서 떠나갔도다. 모란봉아 통곡하라! 대동강아 나와 같이 울자! 드리리다. 드리리다. 이 목숨이나마 우리 주님께 드리리다. 칼날이 나를 기다리고 있느냐? 내가 그 칼날을 향하여 나아가리라. 누가 능히 우리를 그리스도의 사랑에서 끊으리오. 환난이나 곤고나 기근이나 적신이나 위험이나 칼이랴. 죽고 죽어 일백 번 다시 죽어도 주님 향한 대의 정절 변치 아니 하리이다. 십자가, 십자가 주님 지신 십자가 앞에 이 몸도 드리리다!

세상은 파연 인명을 얼마든지 살상할수 있는 무
서운전쟁을위해 준비하고있음을 누구나 알고있는
것입니다。 또 세계도처에 거짓선지자가 국설해
있음으로 진리를 붙잡기힘든것이나 또 신앙생활
에 피박이많아 땅우에있는 성도를 괴롭기하는
사실들은 숨길수없는 사실들이요 또 그같은일이
끝날에는 매우 창궐한것을 성경에 미리 에고했
으니 우리는 이모든사실들을 친이 목도하면서
주님의 재림이 갓가웠다는것을 주이해야하겠음니
다。 그러나 그같흔 명노한 청조로서 끝날의 상
징이 날아나지만 인간은 이세상에 정신이 쓸리
여 그것을 깨닷기 어려울것을 짐작하신 주님은
우리에게 「깨여 거도하라」는 부탁을 간곡이하신
것입니다。

본문에있는사실 그대토를갓이고 생각하여 봅시
다。

1, 말세에 거롱하는 자들이 이러나리라(3)하셨을
너다。이는 지금 세계도처에 론세력을잡고있는
신신학(新神學)사조이니 그들은 우리의 성경속에
있는 모든 초인간적기사를 합리적(合理的)으로
해석하야 부인해버리는것입니다。 그러나 그들을위

환심환은 업언어 존재해있는것을있나다
요,주의날은 하로가 천년갓고 천년이 하로같으
(8)하였음니다。 주님의재림은 부인하는이들우리
는 말세부터 온다/~하는 수님이 마리 소식하게
않었으니 결국 그말은 거짓말익이라고 조롱하게
단언하는것입니다。 그러나 우리는 흡으티는 신간
의 생각은따나 하나님의 염신성을 확반
볼것이나다。우리는 이사실을 깨닷기위해서
생물의 一생을 참고해볼필요가있읍니다。
토살이같은것을 본다면 그것이 학토사의에도 멸
대(代)를 나려가고 상당이 않은수로 증가하는
이니 그생물의 표준으로한다면 상당이 진세월이
사는듯합것이며 도 상당이 변석게실다구도 생각
게될것이지만 인간이 그것을 볼때는 수업가석이
없고 또 그 一생이란 진一것이어고 국회 없을
것이라는것을 생가치않을수없을겠읍니다。그외짧
이유모서 우리인간의 시간에대한 하나님의과세는
그같이 짧게외일수박에없을니다。천년이 하로각다
는것은 과연 진리라고할수밖에 없읍니다。그럼
으로 우리는 내편협한생각에 빛외어 오해동안
기다려도 오지않으니 인재는 그만

# 2 우리 아이들을 다 자퇴시키겠습니다

에수께서 재림하신다는것은 성경속에 많이 있지만 어떤 사람은 무슨일이든지 지나고보면 아남니다 하천나 사도 … 은 수 는 믿지만 아다음 천일을 에고 하나 그랬지에 나 살천나 이 로래 의 이천과 불과구름 가운데의모호한 살천시 이세고 한것이요 … 은 사도바울이 성신의 감동으 에고한것입니다 이갈이 에수님의 재림은 성경 중에 소상하고도 분명한것이나 우리는 편노이 그것을 관심치 않습니다 우리는 흔이 사모선경에 있는 여러조목을 다 빈으나 저리로서 사자와 죽은자를 심판하려 오신다는 말슴은 꼭 그대 믿는다포가 적습니다 노하대 一百二十년간 론 중수와 최회개들 웨첫지만 당시인증에 그것을민 은자는 한사람도없었습니다 그러나 종수는 해정 토 땅에 이로럿고 녹의때에 아브라함과 노이 교동리사람들에게 소돔땅을 말했으나 그말을 가녀여믈은이는 없었읍니다 그러나 오늘에 사해 死海)는 우리게 그멸망이 참인것을 뷔여주고 화틸을 없이한것입이 있을것을말하였는데 지금

월간지 〈설교說教〉 1937년 10월호에 실린 주기철 목사의 글 '주의 재림'. 베드로후서 3장을
본문으로 한 이 설교에서 주기철 목사는 "주님의 신부가 된 우리는 어떤 어려운 역경이 있다
해도 주님을 향한 일편단심을 잃지 말고 우리의 정절을 고이 지켜 주님을 부끄럼 없이 맞아야
하겠습니다"라고 강조했다. 한국기독교역사박물관 소장.

## 네가 행음하여
## 네 하나님을 떠나고


신사참배를 통해 민족주의자들의 요람과도 같았던 조선 교회를 말살하려는 일제의 야욕이 드러나면서 주기철 목사가 연거푸 평양경찰서에 검속되어 들어가자 오정모 집사는 더욱더 기도에 매달렸다. 그녀는 남편의 땀과 눈물로 건축된 산정현교회 예배당 맨 앞에 자리하고 앉아 매일 밤 기도에 전념했다. 영성이 강하고 예민했던 그녀는 총회에서 신사참배 결의안이 가결되기 전날 밤, 자정쯤된 시각에 미몽 같은 환상을 보게 된다. 오정모 집사 뒤편으로 갑자기 예배당 문이 열리면서 발자국 소리가 요란하게 났다. 그러더니 다가오던 발자국 소리가 그녀 바로 뒤에서 멈췄다. 누군가 싶어 뒤돌아보니 건장한 세 명의 남자가 자신을 내려다보고 있었다. 그런데 놀라운 것은 세 사람 다 그녀의 남편인 주기철 목사였다. 마치 쌍둥이처럼 생긴 세 사람의 주기철 목사가 슬픈 표정으로 오정모 집사를 바라보고 있었다. 잠시 뒤 세 남자는 홀연히 돌아서서 빠른 걸음으로 예배당 문을 나선 다음 남쪽을 향해 달음박질쳤다.


"주 목사님! 저를 버려두고 어디로 가시는 겁니까?"


오정모 집사는 허우적거리며 소리쳤다. 꿈이었다. 기도 중에 깜빡 잠이 든 것이다. 하지만 뭔가 심상치 않은 예감이 들었다. 그녀는 마음을 다잡고 계속해서 기도에 열중했다. 그러다가 새벽 다섯 시 즈음에 잠깐 또 잠이 들었다. 이번에는 뒤에서 조용조용한 발자국 소리가 들려왔다. 돌아다보니 머리를 박박 깎은 총각 한 사람이 그녀에게 다가와 어깨를 툭툭 치면서 "오 집사, 왜 잠만 자? 일어나 호세아 9장을 읽어. 호세아 9장을 읽어" 이렇게 말하고서는 총총히 사라져 버렸다. 그녀는 깜짝 놀라 일어났다. 이 또한 꿈이었지만 너무도 생생한 현실 같은 꿈이었다. 그녀는 불을 밝히고 급히 성경 말씀을 찾아 읽었다.

> 이스라엘아 너는 이방 사람처럼 기뻐 뛰놀지 말라. 네가 행음하여 네 하나님을 떠나고 각 타작마당에서 음행의 값을 좋아하였느니라. 타작마당이나 술틀이 저희를 기르지 못할 것이며 새 포도주도 떨어질 것이요 저희가 여호와의 땅에 거하지 못하며 에브라임이 애굽으로 다시 가고 앗수르에서 더러운 것을 먹을 것이니라(호 9:1-3, 개역한글).

그녀는 가슴이 두근거리고 얼굴이 뜨거워졌다. 바로 오늘 오후에 열리는 총회에서 신사참배 결의안이 일제의 계략대로 가결되고, 이에 따라 세 사람의 주기철 목사로 나타났던 성부, 성자, 성령의 삼위일체 하나님이 조선 교회를 떠난다는 뜻으로 이해한 것이다. 오정모 집사는 그 자리에 엎드려 통곡하며 주기철 목사와 조선 교회를 위해 간절히 기도했다.

그날 어머니께서 예배당에 엎드려 대성통곡하며 기도하다가 아침에 집으로 돌아와 여러 제직들과 앉아 밤과 새벽에 꾸었던 이 꿈 이야기를 하시는 걸 들은 기억이 납니다.

주광조는 1938년 9월 10일 아침, 어머니를 통해 조선 교회의 운명과 아버지의 앞날에 대한 주님의 메시지를 간접적으로 듣게 된 셈이었다. 그의 나이 여섯 살 때였다.

1938년 7월 무렵 신사참배 결의를 앞두고 감시의 눈초리를 부라리고 있던 일본 경찰에 꼬투리가 잡힐 단서 하나가 발견되었다. 경북 의성에 있는 의성읍교회 한 교인 집에서 '기농소년회가' 가사가 적힌 공책 한 권을 찾아낸 것이다. 내용은 농촌 소년들의 기상을 노래한 평범한 것이었다. 그런데 일제는 이걸 문제 삼았다. 작사가로 4년 전 의성읍교회를 사임한 유재기 목사를 의심한 것이다. 그는 경북 영주 출신으로 평양 숭실전문학교를 거쳐 장로회신학교를 졸업한 뒤 의성읍교회에서 목회를 시작한 젊은 교역자였다. 그는 평소 농촌 문제에 관심이 많아 관련 활동에 앞장서면서 이에 관한 여러 연구를 진행해 오고 있었다.

그가 만든 농촌계몽과 자립운동 단체가 바로 '농우회農友會'였다. 일제는 이 단체를 민족주의운동 내지는 항일운동 단체로 여긴 것이다. 의성경찰서는 농우회를 불온사상을 가진 비밀결사체로 규정하고 유재기 목사를 체포하였다. 그리고 이 사건을 '기독교도의 조선독립음모사건'이라는 거창한 이름으로 날조하였다. 그런 다음 관련된 인사들을 줄줄이 검속하기 시작했다. 이때 산정현교회 부목사로 있던 송영길과 한원준 집사가 검속되었다. 일제는 쾌재를 불렀다. 주기철 목사의 검속 시기와 횟수에 관해서는 학자들마다 의견이 분분하지만, 이즈음 일제는 조선예수교장로회 제27회 총회를 앞두고 주기철 목사를 예비 검속해 평양경찰서에 가둬 놓고 있던 터라 그를 주동자로 몰아갔을 것으로 추정된다. 주기철 목사는 영문도 모른 채 8월 18일 머나먼 의성경찰서까지 압송되었다. 농우회는 조만식 장로를 고문으로 모시고 있었기에 이들을 한꺼번에 엮는 건 그야말로 식은 죽 먹기였을 것이다.

하지만 사건 자체가 일제에 의해 꾸며진 것이었기에 정상적인 방법으로는 자백을 받아낼 수가 없었다. 의성경찰서는 아무런 물증도 없는 상태에서 무리하게 자백을 받기 위해 모진 고문을 자행했다. 이 와중에 권중하 전도사는 목숨을 잃었고, 박학전 목사는 정신이상 증세를 보이기도 했다. 이들에게 가해진 고문은 구타와 물고문 등 잔혹한 것이었다. 경찰은 목숨이 끊어지기 직전에야 고문을 멈추곤 했다. 한 목사는 주님과 교회를 위해 피를 흘리겠다고 말했으나 고문은 항상 죽음의 문턱에서 그치는 바람에 죽을 수도 없었다고 고백했다.

주영해 장로는 아버지가 의성경찰서에서 당한 잔혹한 고문에 대해 다음과 같이 설명하였다.

아버지로부터 그때 당하셨던 고문에 관해 상세하게 들을 기회가 있었습니다. 전기 고문, 팔을 뒤로 거꾸로 매달기, 따귀 때리기, 몽둥이로 때리기, 나무 검도로 구타하기 등은 보통 있었던 고문이라고 합니다. …… 아버지가 제일 참기 힘들었던 건 외형적으로 상처를 내지 않는 성기 고문이었다고 하시더군요. 알코올 심지를 성기 요도에다 쑤셔 넣는 고문으로 의성 경

—— 1943년 일본 나라奈良에 있는 가시하라 신궁橿原神宮을 참배하고 나서 기념 촬영을 한 조선 교회 지도자들. 이들은 일제에 대한 충성을 과시하기 위해 수시로 일본에 건너가 신사에 참배하고 돌아왔다.

찰들이 전매특허 격으로 사용하던 아주 치명적인 고문이었다고 알려져 있습니다. 붙들어 눕혀 놓고 이 짓을 난폭하게 했다고 합니다. 거기서 계속 피가 흘러나왔고 통증이 너무 심해 면도날로 아랫배의 생살을 계속 도려내는 듯했답니다. 이런 고문을 당하고 나면 소변볼 때마다 그 통증을 견디지 못해 온 방을 헤매고 변소 통을 잡고 울었다고 했습니다.

그러나 이런 상황 속에서도 이들은 옥중에서 빠짐없이 예배를 드리며 신앙생활을 이어 갔다. 주일 오후마다 이들에게 설교한 사람이 있었는데, 그가 바로 주기철 목사였다고 한다.

후일 주기철 목사는 그 당시의 고통을 이렇게 회고했다.

하나님의 붙드심과 여러 성도의 기도가 없었다면 내가 어떻게 그 어려운 지옥의 형벌을 이겨 낼 수가 있었겠소? 그러나 그보다 더 견디기 어려웠던 일은 나의 사랑하는 동지가 한 사람씩 한 사람씩 혹은 죽어서 혹은 미쳐서 혹은 항복하고 내 곁을 떠나 유치장을 나서는데, 나만 홀로 남아 있어야 하는 외로움이었소. 그것은 정말 지옥의 고통이었소.

# 5종목의
# 나의 기원

일본 경찰은 닥치는 대로 사람을 잡아들여 고문을 가했지만 이렇다 할 혐의를 밝혀내지 못했다. 결국 1938년 12월 피의자들이 검찰에 넘어가면서 대구구치소로 옮겨졌다. 유재기 목사만 재판에 회부되었고, 다른 사람들은 모두 석방되었다. 그러나 일제가 이들을 호락호락 내보낸 것은 아니었다. 조건이 따랐다. 그것은 신사참배였다. 신사참배를 하겠다는 서약서를 쓴 사람은 풀어 줬지만 이를 거부한 사람들은 나갈 수가 없었다. 마지막까지 남아 있던 사람은 평양에서 잡혀간 주기철, 이유택, 송영길 목사였다.

일제는 이 세 사람을 조건부로 가석방했다. 이들은 대구 서문교회의 전신인 신정교회 김정오 장로 집에 머물고 있었다. 그는 주기철 목사와 먼 사돈지간이었다. 경찰은 사흘 동안 시간을 줄 테니 이들이 신사참배에 응하도록 설득하라고 김정오 장로에게 요구했다. 김정오 장로는 자신의 집에 세 사람을 데려다 놓고 그만 승복하고 시련을 끝내라고 간곡하게 권면했다. 하지만 주기철 목사 일행은 자신들을 설득하는 목사와 장로들을 통렬하게 꾸짖으며 신사참배를 완강히 거절하였고, 다시 구치소로 가기 위해 경찰서를 스스로 찾아 들어갔다.

이때 마침 경성에서 열린 마지막 평결을 보고 돌아온 경찰 고위 간부는 분을 삭이지 못하며 화를 낸 다음 포기한 듯 그냥 나가도 좋

일제는 1940년 9월 장로교 총회를 해산하고 일본기독교 조선장로교단을 출범시켰다.
조선장로교단은 전승축하회, 무운장구기도회, 국방헌금 모금 등에 앞장서며 일제에 협력했다.
사진은 1944년 전북교구연맹 목사들이 근로봉사를 하고 있는 장면이다.

다고 말했다. 주기철 목사는 소식을 듣고 대구에 내려와 있던 오정
모 집사와 함께 평양으로 돌아왔다. 그날은 1939년 1월 29일 주일
이었다. 새벽부터 평양역 플랫폼에는 주기철 목사 일행을 맞이하려
는 인파로 붐비고 있었다. 교인들은 검은색 두루마기 차림의 주기
철 목사가 나타나자 일제히 찬송가를 부르기 시작했다.

안식년 휴가를 마치고 돌아와 주기철 목사가 없는 동안 산정현
교회 강단을 지키고 있던 편하설 선교사는 조선 교회 상황에 관해
1939년 2월에 쓴 선교 보고서를 통해 대구에서 평양으로 다시 돌아
온 주기철 목사 일행의 도착 광경을 감격 어린 눈길로 상세히 기록
해 두었다.

이들은 뜨거운 환영을 받았는데, 많은 교인이 역까지 마중을 나가 이들을

맞이했습니다. 이들은 모두 소속 교회 주일 예배에 참석했지만 회중들에게 간단한 인사말만 하였고, 예배 인도는 할 수 없었습니다.

이덕주 전前 감신대 교수는 이를 근거로 당일은 물론이고 이후로도 주기철 목사가 공개적으로 설교하기 어려웠을 거라고 주장했지만 주광조 장로를 비롯한 다른 연구자들은 이날 주기철 목사가 평양에 도착하자마자 옷도 갈아입지 않은 채 곧바로 산정현교회 예배당으로 들어가 예배를 인도하면서 마태복음 5장 11-12절과 로마서 8장 18절, 31-39절을 본문으로 그 유명한 '5종목의 나의 기원'이라는 설교를 했다고 증언한다.

저는 감옥에 있으면서 특별히 다섯 가지 종목을 들어 기도하는 시간이 많았습니다.

첫 번째는 "죽음의 권세를 이기게 하여 주시옵서"라는 기도입니다. 저는 바야흐로 죽음에 직면해 있습니다. 저의 목숨을 빼앗으려는 검은 손은 시시각각으로 닥쳐오고 있습니다. 무릇 생명이 있는 만물이 다 죽음 앞에서 탄식하며, 무릇 숨 쉬는 인생은 다 죽음 앞에서 떨고 슬퍼합니다. 사망의 권세는 마귀가 사람을 위협하는 최대의 무기인가 합니다. 죽음이 두려워 의를 버리며, 죽음을 면하려고 믿음을 버린 사람이 얼마나 많습니까? 주님은 저를 위하여 십자가에 달리셨습니다. 머리에 가시관, 두 손과 두 발이 쇠못에 찢어져 최후의 피 한 방울까지 쏟으셨습니다. 주님 저를 위하여 죽으셨거늘 제가 어찌 죽음이 무서워 주님을 모르는 체 하오리까? 이 주 목사가 죽는다고 슬퍼하지 마십시오. 저는 제 주님밖에 다른 신 앞에서 무릎을 꿇고는 살 수 없습니다. 더럽게 사는 것보다 차라리 죽고 또 죽어 주님 향한 정절을 지키려 합니다. 저에게는 일사각오가 있을 뿐입니다.

두 번째는 "장기간의 고난을 견디게 하여 주시옵소서" 하는 기도입니다. 단번에 받는 고난은 이길 수 있으나 오래 끄는 장기간의 고난은 참기 어렵습니다. 칼로 베고 불로 지지는 형벌이라도 한두 번에 죽어진다면 그래도 견딜 수 있으나 한 달, 두 달, 1년, 10년 계속하는 고난은 견디기 어렵습니다. 그것도 절대 면할 수 없는 형벌이라면 할 수 없이 당하지만 한 걸음만 양보하면 무서운 고통을 면하고 도리어 상을 준다는 데 많은 사람이 넘어갑니다.

하물며 나 같이 연약한 약졸이 어떻게 장기간의 고난을 견디어 배기겠습니까? 주님도 십자가에 직면하사 그 받으실 고난을 인하여 겟세마네 동산에서 피땀 흘려 기도하시고 십자가상에서 그 혹독한 고통을 이기셨습니다. 그러므로 처음에는 우리가 십자가를 지지만 나중에는 주님의 십자가가 우리를 지어 줍니다. 십자가! 십자가! 내 주의 십자가만 바라보고 나아갑니다. "현재의 고난은 장차 우리에게 나타날 영광과 족히 비교할 수 없도다"(롬 8:18).

세 번째 기도는 "노모와 처자와 교우를 주님께 부탁합니다"입니다. 제게는 칠십이 넘은 어머님이 계시고, 병든 아내가 있고, 어린 자식들이 있습니다. 남의 아들로의 의무도 지중하고, 남의 가장, 남의 아비 된 책임도 무겁습니다. 자식을 아끼지 않는 부모가 어디 있으며, 부모를 생각하지 않는 자식이 어디 있겠습니까? 어머님을 봉양한다고 하나님의 계명을 범할 수는 없습니다. 오! 당신 어머님을 요한에게 부탁하신 주님께 제 어머님도 부탁합니다. 제 아내는 병약한 사람으로 일생을 제게 바쳤거늘 저는 남편 된 의무를 못합니다. 병약한 아내를 버려두고 잡혀 다니는 이 내 마음 또한 애처롭습니다. 병든 제 아내도 주님께 부탁하고 불초 이 내 몸은 주님의 눈물 자취를 따라가렵니다. 아버지로서 자식을 키우고 가르칠 의무를 다하지 못하고, 우는 어린 것을 뒤에 두고 잡혀 다니는 마음 또한 애처롭기 끝없습니다. 연약한 제자들을 뒤에 두시고 골고다로 향하신 주님께 저의 자식을 부탁합니다.
제게는 주님께서 맡기신 양 떼, 나의 사랑하는 교우가 있습니다. 그런데 저는 저들 제 양떼를 뒤에 두고 다시 돌아오지 못할 길을 떠나지 않을 수 없습니다. 험한 세태 악한 세상에 이리떼 중에 제 양을 두고 안 갈 수 없습니다. 맡기나이다. 제 양들을 대목자장 되신 예수님 손에 맡기나이다. 저들이 사망의 음침한 골짜기를 지날 때 주님 지켜 주옵소서. 저는 마지막으로 이 산정현 강단을 떠나지 않을 수 없습니다. 주님의 피 자취를 따라가려 합니다.
네 번째 기도는 "의에 살고 의에 죽게 하여 주시옵소서"입니다. 사람이 이 세상에 태어나 사람으로서 마땅히 행하여야 할 의가 있습니다. 나라의 신민이 되어서는 충절의 의가 있고, 여자가 되어서는 정절의 의가 있고, 그리스도인이 되어서는 그리스도인으로서의 의가 있습니다. 못합니다. 못합니다. 그리스도의 신부는 다른 신에게 정절을 잃어버리지 못합니다. 나의 사랑하는 교우 여러분, 의에 죽고 의에 사십시다. 예수로 죽고 예수로 사십시다.
마지막 다섯 번째는 "내 영혼을 주님께 부탁합니다"라는 기도입니다. 십자가를 붙잡고 쓰러질 때 제 영혼을 받으시옵소서. 옥중에서나 사형장에서나 제 목숨 끊어질 때 제 영혼을 받으시옵소서. 아버지의 집은 저의 집, 아버지의 나라는 저의 고향이로소이다. 더러운 땅을 밟던 제 발을 씻어서 저로 하여금 하늘나라 황금 길에 걷게 하옵시고, 죄악 세상에서 부대끼던 저를 깨끗하게 하사 영광의 존전에 서게 하옵소서. 내 영혼을 주님께 부탁하나이다.


　대략의 내용은 이러했다. 피를 토하는 설교였다. 예배당 안에는 평양 시내 경찰서 고등계 형사들과 다른 교회 교인들까지 2천여 명이 넘는 사람들로 꽉 차 있었다. 유언처럼 외치는 그의 설교에 청중들은 흐느꼈고 예배당 안은 시종일관 눈물바다를 이루었다고 한다.

# 서쪽 하늘
# 붉은 노을


산정현교회 성도들은 여러 차례의 검속과 잔혹한 고문 속에서도 흔들리지 않고 대쪽같이 꼿꼿한 주기철 목사를 보면서 큰 위안을 받았다. 이미 노회와 총회까지 신사참배를 결의하고 많은 목사들이 평양신사에 나가 절을 하면서 신도들에게 신사참배를 강요하고 있는 마당에 주기철 목사마저 꺾여 버린다면 자신들은 그야말로 길 잃은 양 같은 신세가 될 게 뻔했기 때문이다. 주기철 목사 역시 자신이 교회를 비운 사이에도 변함없이 신앙의 절개를 지키며 한결같은 생활을 유지하고 있는 성도들을 보면서 감격했다.

그러나 주기철 목사와 산정현교회가 신사참배 반대의 강력한 중심축이 되면서 일사각오의 결의를 다지고 있는 동안 조선 교회와 대다수의 목회자들은 일제의 집요하면서도 잔인무도한 압력을 견디지 못하고 하나둘 무너져 갔다. 그들은 교회를 지킨다는 명분을 내세웠지만 결국 그들이 지켜 낸 것은 자신들의 안위뿐이었다. 주기철 목사와 뜻을 같이했던 동료들은 시간이 지나면서 변절, 도피, 혹은 침묵, 이 세 갈래 길로 뿔뿔이 흩어졌다. 〈신앙생활信仰生活〉 발행인이었던 김인서의 말대로 "싸움은 남았는데 친구는 떠나간" 상황이었다.

하지만 예수 그리스도는 주기철을 부모 없는 자식처럼 고독하게 내버려 두지 않았다. 엘리야가 자신을 죽이려는 이세벨을 피해

광야로 도망가 무서워 떨며 하나님께 차라리 죽여 달라고 애원하면서 오직 나만 남았다고 탄식했을 때 하나님은 그에게 바알에게 무릎 꿇지 않고 바알에게 입 맞추지 않은 사람 7천 명을 남겨 두겠다고 말씀하셨다. 엘리야는 외롭지 않았다. 그의 등 뒤에는 7천 명이나 되는 믿음의 동지들이 있었다. 주기철에게도 하나님이 예비하신 7천 명의 믿음의 동지들이 있었다. 그들이 바로 산정현교회 성도들이었다.

산정현교회 출신인 할렐루야교회 김상복 원로목사는 당시 예배를 생생하게 기억했다.

"몇 번 어른 예배에 참석한 일이 있었어요. 그래서 어머니 옆에 앉아 멀리 주 목사님을 바라보면서 예배를 드렸는데…… 다들 찬송을 대단히 열심히 불렀어요. '환난과 핍박 중에도 성도는 신앙 지켰네', '내 주는 강한 성이요 방패와 병기되시니' 이런 찬송들이었어요. 한 번 부르고 그치는 게 아니라 다섯 번, 열 번을 계속했어요. 어른들이 그렇게 황홀경 속에 찬송하는 모습을 쳐다보면서 어릴 때 뭔지도 모르고 따라 하고 그런 적이 있어요."

안이숙은 자서전 《죽으면 죽으리라》에서 산정현교회와 주기철 목사를 이렇게 묘사했다. 그녀는 보성여학교 교사를 그만두고 평양으로 와서 신사참배 반대운동을 전개하고 있었다.

이 많은 대중은 기침 소리 하나 내지 않고 엄숙하고 조용하게 모두 고개를 숙이고 준비 기도를 드리며 예배 시작을 기다리는 것이었다. 강대에 주 목사 혼자만 있고 다른 사회자가 없는 것은 이 좌석에 형사들이 많이 와서 지키는 고로 다른 이들을 아끼는 마음으로 형사들에게 내주지 않도록 주 목사 자기가 혼자서 다 맡아 주장을 하는 사연인 것 같았다. 11시 정각이 되자 주 목사는 의자에서 일어나서 강대에 나섰다. 왜 그런지 그는 예수님이 다시 오셔서 그 자리에 서신 것 같은 큰 감동을 일으키며 섰는 것이 그렇게도 신비스러웠다.

…… 울면 대개 목이 메는 법인데, 모두 울며 눈물을 흘리는데도 불러지는 찬송 소리는 우리 심령을 흔들고 늘 떠나가는 것 같이 우렁차고 경건스러우며 교회가 떠나 하늘로 올라갈 것 같이 큰 진동을 일으켰다. '아, 이것이 교회다!' 하고 감탄했다.

…… 이처럼 진지하고 박력을 가진 설교에 나는 황홀해지며 내 심부를 꿰뚫는 것 같은 영력이 막 쏟아져 들어왔다. 그리고 나를 극도로 긴장을 시키면서 온 신경을 예민케 하고 흥분케 했다. 그는 자기도 흥분케 했다. 그는 자기도 흥분이 되어서 주먹으로 꽝 하고 강대를 쳤다. 동시에 벼락같은 웅장한 소리로, "이같이 거룩하신 하나님을 우상이 무서워서 배반하는 행동을 하자는 모독배들은 모두 이 자리에서 떠나가라" 하고 고함을 질렀다. "하나님의 이름을 부르는 것조차 가증스럽고 있을 수 없는 모독이다" 하고 또 고함을 쳤다.

1939년 10월에 개최된 평양노회는 일제의 계획대로 총회나 노회의 결의를 무시하고 신사참배를 거부하는 목회자를 강단에 세우지 말 것을 지시했다. 주기철 목사는 이 지시를 단호히 거부했다. 그러자 경찰은 예배당 안에까지 들어와 그가 설교하지 못하도록 압력을 가했다. 산정현교회 주일 예배 때 있었던 일을 김인서가 목격하고 자신의 책《주기철 목사의 순교사와 설교집》에 다음과 같이 기록하였다.

어느 주일에 일본 경찰대는 또 산정재 예배당을 포위하고 주 목사에게 "오늘부터 설교하지 마라" 엄명한즉 주 목사는 "나는 설교권을 하나님께 받은 것이니 하나님이 하지 말라 하시면 그만둘 것이오. 내 설교권은 경찰서에서 받은 것이 아닌 즉 경찰서에서 하지 말라고 할 수는 없소". 경찰관이 "금지함에도 불구하고 설교하면 체포하겠소". 주 목사. "설교하는 것은 내 할 일이오. 체포하는 것은 경관이 할 일이오. 나는 내 할 일을 하겠소". 경찰관. "대일본제국 경찰관의 명령에 불복하는가?" 하고 노호함에 대하여 주 목사는 "일본의 헌법은 예배 자유를 허락한 것이오. 당신들은 지금 예배 방해요, 헌법 위반이오". 단판의 말을 끊고 강단에 올라서는 주 목사의 기세는 무어라고 형용할 수 없이 엄엄숙숙 비장하였다.

평양신사. 조선 교회의 마지막 보루였던 평양 교회 목사들마저 신사참배에 앞장서면서 조선 교회 성도들은 길을 잃고 헤매는 목자 없는 양 같은 신세가 되고 말았다.

이날 설교가 산정현교회에서의 마지막 설교였다. 이 일이 있고 나서 며칠 뒤 주기철 목사는 평양경찰서로 연행되었다. 1939년 10월 중순으로 세 번째 검속이었다. 이때부터 일제는 주기철 목사에게 악랄한 고문을 가하기 시작한다. 회유와 협박을 포기한 그들에게 남은 카드는 주기철 목사의 허약한 육신을 갈기갈기 찢고 무너뜨리는 것뿐이었다. 상처를 내지 않으면서도 고통의 강도를 높이는 지능적인 고문은 인간의 상상을 초월하는 것이었다.

주기철 목사는 밤새 고통으로 신음하면서 주님의 고난을 연상했다. 이 무렵 그는 '영문 밖의 길'이라는 가사를 만들어 루마니아 작곡가 이바노비치의 '다뉴브 강의 잔물결' 곡조에 맞춰 부르곤 했다. 죽음을 각오한 그의 비장한 심정이 잘 드러나 있는 노래로 예전에는 교회에서 자주 불렀지만, 요즘은 좀처럼 듣기 힘든 찬송이 되었다. 게다가 찬송가가 자주 개편되면서 가사도 조금 바뀌고 곡조마저 달라져 전과 같은 애절함이 많이 퇴색된 느낌이다.

서쪽 하늘 붉은 노을 영문 밖에 비치누나.
연약하온 두 어깨에 십자가를 생각하니
머리에는 가시관 몸에는 붉은 옷
힘없이 걸어가신 영문 밖의 길이라네.

한 발자욱 두 발자욱 걸어가신 자욱마다
뜨거운 눈물 붉은 피 가득하게 고였구나.
간악한 유대 병정 포악한 로마 병정
걸음마다 자욱마다 가진 포악 지셨구나.

눈물 없이 못 가는 길 피 없이 못 가는 길
영문 밖의 좁은 길이 골고다의 길이라네.
영생 복락 얻으려면 이 길만을 걸어야 해.
배고파도 올라가고 죽더라도 올라가세.

아픈 다리 싸매 주고 저는 다리 고쳐 주사
보지 못한 눈을 열어 영생 길을 보여 주니.
칠전팔기 할지라도 제 십자가 바로 지고
골고다의 높은 고개 나도 가게 하옵소서.

십자가의 고개턱이 제 아무리 어려워도
주님 가신 길이오니 내가 어찌 못 가오랴.
주님 제자 베드로는 거꾸로도 갔사오니
고생이라 못 가오며 죽음이라 못 가오리.

# 평양노회의 목사직 파면과
# 산정현교회 폐쇄

아버지가 세 번째 구속되던 날 아침이었습니다. 조반상을 받고 막 첫 숟가락을 입에 넣었을 때, 형사들이 안방으로 들어오면서 "주 목사, 그 밥 먹을 자격이 없어! 당신이 먹을 밥은 우리가 준비해 놨으니 가서 맛 좀 보라고!" 하면서 소리쳤습니다. 아버지는 한참을 꼼짝도 하지 않고 앉아 계시다가 늘 기도하던 동쪽 마루방으로 피해 가서 가운데 기둥을 붙잡고 바들바들 떨며 울면서 기도하셨습니다. "하나님 아버지, 저는 더 이상 이 육체적 고통을 이겨 낼 수가 없습니다. 저를 빨리 당신의 나라로 데려가 주십시오!" 하는 기도였습니다. 어머니가 다가와 아버지를 뒤에서 포옹하다시피 감싸 안고는 같이 울며 기도하셨습니다.

그러고는 "목사님, 이렇게 연약한 모습을 교인들에게 보여 주려 하십니까? 온 교인들이 목사님만 바라보고 있는데, 목사님이 이러시면 어떻게 합니까?"라고 말씀하셨습니다. 그날 아침 두 분의 애처로운 모습은 지금까지도 잊히지 않는 생생한 아픔으로 남아 있습니다. 이미 몇 차례 모진 고문을 당하셨던 아버지로서는 다시 잡혀가서 그 무서운 육체적 고통을 감내한다는 게 두렵고 겁나는 일이었을 것입니다. 그래서 이 육신의 고통을 피하게 해달라고 기둥을 부둥켜안고 떨며 하나님께 매달릴 수밖에 없었던 겁니다. 일본 경찰의 모진 고문과 위협 앞에서 아버지는 두려움을 감추지 못하셨던 범인에 불과했지만, 기도를 마친 후에는 아무 일도 없었다는 듯 다시 조용한 모습으로 일본 경찰의 뒤를 따라 나가셨습니다.

주광조 장로는 그날의 기억을 떠올리며 눈시울을 붉혔다. 어린 그의 눈에 비친 아버지는 강철 같은 의지를 가진 투사도, 물불을 가리지 않고 돌진하는 전사도 아니었다. 연약한 한 인간일 뿐이었다. 그러면서도 그가 자신에게 주어진 십자가를 마다하지 않았던 것은 오직 예수 그리스도를 향한 뜨거운 사랑 때문이었다. 그 사랑이 그를 소명의 길로 이끈 것이다.

주기철 목사가 없는 산정현교회를 지켜 나간 것은 성도들이었다. 당회는 편하설 선교사에게 설교를 부탁했고, 주기철 목사의 열렬한 지지자였던 그는 일제의 온갖 위협에도 불구하고 당당하게 강단을 사수하였다. 성도들은 산정현 강단에 신사참배에 찬성하거나 한 번이라도 신사에 절을 한 적이 있는 사람은 절대 세우지 않으려 무진 노력을 다했다. 일본 경찰은 모두 신사참배를 하고, 신사에 참배하지 않은 자를 강단에 세우지 말며, 즉시 신사에 참배한 목사를 청빙하지 않으면 교회를 폐쇄하겠다는 최후통첩을 보냈다. 그러나 방계성 전도사, 오윤선 장로, 유계준 장로, 정재명 집사 등이 이끄는 당회와 제직회는 요지부동이었다.

1939년 12월 19일, 평양 남문밖교회에서 평양노회 임시노회가 소집되었다. 형사들이 교회 안팎을 둘러싼 가운데 노회는 일제가 짜놓은 각본대로 움직였다. 안건은 주기철 목사를 파면하는 것과 신사참배를 하는 목사를 산정현교회 목사로 파견시키는 것이었다. 이에 편하설 선교사가 강력하게 항의했으나 경찰에 의해 끌려 나가고 말았다. 노회장 최지화 목사는 총회장의 경고문을 무시했다는 이유로 장로교회 권징 조례 19조에 의거하여 주기철 목사의 파면을

방계성 전도사와 오재길 학생, 주기철 목사. 방계성은 초량교회 시절부터 주기철 목사와 함께했으며
장로, 전도사를 거쳐 목사가 되어 해방 후 공산당의 손에 순교하였다. 많은 사람들이
주기철과 방계성의 관계를 바울과 디모데의 관계로 기억할 정도로 두 사람은 막역한 사이였다.

선포한 다음 이인식 목사를 새로운 당회장으로 임명하였다. 대다수
노회원이 침묵하는 속에서 벽지도교회 우성옥 목사만이 반대 의사
를 표했으나 이내 경찰에 연행되었다.

1940년 3월 19일부터 22일까지 개최된 평양노회 제38회 정기
노회에서는 국민정신총동원연맹 평양노회지맹을 결성하여 일본의
시책에 더욱 충성할 것을 결의하였다. 그런 다음 노회는 산정현교
회 문제에 관한 전권을 가진 특별위원회를 구성하였다. 이들은 장
운경, 김선환, 심익현, 박응률, 차종식, 이용직, 김취성, 변경환 등으
로 공개적으로 신사참배를 찬성하고 경찰에 아부해 온 대표적인 인
물들이었다. 이들이 이인식 목사를 인정하지 않는 당회와 제직회를
대신해서 산정현교회를 공식 접수하는 임무를 맡게 된 것이다. 노
회는 편하설 선교사에게 산정현교회와의 관계를 끊으라는 통고를

問題의 牧師는 罷免코
'神社參拜'를 實現키로
平壤山亭峴教會事件段落

突進해온 '精動'機關

土地改良事業의
重要를 强調

주기철 목사의 파면 기사가 실린 1939년 12월 20일자 <매일신보>.
'문제의 목사는 파면코 신사참배를 실현키로'라는 제목으로
산정현교회의 신사참배 거부 사건을 보도했다.

보낸 다음 전권위원들을 산정현교회로 보냈다. 경찰의 철통같은 호위를 받으며 이들은 산정현교회 예배당으로 향했다.

1940년 3월 24일, 이날은 부활주일이었다. 소식을 들은 성도들은 일전을 각오하며 전날부터 예배를 준비했다. 편하설 선교사는 11시가 되자 설교를 하기 위해 들어가려다 경찰의 제지를 당했다. 최지화, 장운경, 이인식 목사 등이 예배당으로 들어갔다. 예배당 안에서는 찬송 소리가 울려 퍼지고 있었다. 앞에서 찬송을 인도하고 있던 사람은 양재연 집사였다. 이들의 찬송은 그칠 줄을 몰랐다. 전권위원들은 자신들의 전권을 행사할 수 없었다. 경찰들이 나서서 찬송을 주도하는 인물들을 골라내 13명을 평양경찰서로 끌고 가 취조하였다. 이날 800여 명의 성도들이 진이 빠지도록 합창한 찬송은 204장 '내 주는 강한 성이요'였다.

"어떻게 연행을 했냐 하면 형사들이 강대 옆 정면에 서서 누가 찬송을 강하게 부르나 쳐다보다가 열성적으로 찬송을 부르는 사람이 있으면 집어내서 데리고 간 거예요. 하여간 끝날 줄을 모르고 교인들이 계속해서 목이 터져라 찬송가만 불렀어요."

방계성 전도사의 둘째 사위인 오재길 장로는 그날의 예배 분위기를 이렇게 설명했다. 결국 전권위원들은 예배를 포기할 수밖에 없었다. 경찰은 성도들이 찬송가를 그치지 않자 회중 가운데 뛰어들어 교인들을 몽둥이로 마구 구타했다. 예배당은 찬송 소리와 비명 등이 뒤섞여 아수라장이 되고 말았다. 이날 연행된 사람 중에는 오정모 집사도 포함되어 있었다.

경찰이 성도들을 예배당 밖으로 쫓아내자 전권위원들은 문을 봉하고 경고문을 써 붙였다.

'금번 형편에 의하여 당분간 산정현교회 집회를 정지함.'

오후에는 전권위원 중 한 사람이 경찰의 호위 속에 나타나 교회의 온갖 열쇠를 수거한 후 문을 전부 굳게 잠가 버렸다. 그런 다음 노회 전권위원회 명의로 당분간 모든 집회를 중단한다는 통지문을 출입문에 붙이고 돌아갔다. 이로써 산정현교회 예배당은 폐쇄되고 말았다.

2주 후에는 전권위원들이 몰려가 주기철 목사 가족을 교회 사택에서 추방하였다.

목사와 형사들이 갑자기 우리 집으로 쳐들어왔다. 그때는 아버지도 어머니도 감옥에 계시고 집에는 나와 바로 위의 형, 할머니 셋밖에 없었다. 한 목사가 주머니에서 쪽지를 꺼내 읽고는 우리에게 건네주었다. "주기철 목사가 산정현교회에서 파면당해 이제 목사가 아니니 목사관에 있을 자격도 없고, 평양노회에서 이 목사관을 장로회신학교 교수 사택으로 전용하기로 했으니 오늘 당장 나가 달라"는 목사관 전도 명령서였다. 할머니는 문고리를 붙잡고 "하나님이 주신 집인데, 주 목사가 와서 같이 가자고 하기 전에는 절대 나갈 수 없다"라며 버티셨다. 그러자 어떤 사람이 할머니를 번쩍 안아다 대문 밖에 내팽개쳤다. 그리고 우리를 강제로 내쫓았다. 그런 다음 자기들이 가져온 손수레 두 개에 짐을 싣고 10분 정도 거리에 있는 어느 기생집 단칸방으로 우리를 데리고 갔다. 이들은 목사관을 완전히 폐쇄해버렸다.

어린 주광조는 졸지에 봉변을 당한 채 살던 집에서 내쫓기고 말았다. 낯선 단칸방에서 을씨년스러운 밤을 보내야 했지만 그나마 형과 할머니가 곁에 있는 게 유일한 위안이었다.

# 골목길에서의
# 마지막 설교

주기철 목사를 검속하고 노회를 시켜 목사직에서 파면한 뒤 산정현교회까지 폐쇄함으로써 일제는 신사참배 반대운동의 불씨를 완전히 꺼뜨려 버렸다고 생각했다. 하지만 본격적인 영적 전쟁은 그때부터였다. 평신도들의 저항과 투쟁 의지는 꺾일 줄 몰랐다. 이들은 지하교회 형태로 점조직을 짜서 비밀리에 모여 예배를 드렸으며, 서로 긴밀하게 정보를 주고받았다. 채정민 목사, 방계성 전도사, 이인재 전도사 등의 집을 돌며 주일 예배를 드렸고, 구역을 나눠 백인숙 전도사와 오정모 집사가 심방을 하면서 예배당 없는 교회를 이끌어 갔다.

그들은 한 치의 오류도 없이 공개적인 방법으로 진리의 증인으로서 신앙의 자유를 얻기 위하여 투쟁하는 모습을 보여 주었습니다. 그들은 하나님께 대한 충성을 포기하느니 새로 지어 아름다운 예배당 건물을 포기하기로 하였습니다. 이들에게 영광이 있기를.

편하설 선교사는 1940년 3월 26일에 쓴 평양의 최근 사건에 관한 선교 보고서에서 성도들의 눈물겨운 저항의 모습을 이렇게 기록해 두었다. 산정현교회의 폐쇄와 성도들의 신사참배 거부운동에 관한 소식이 신문을 통해 보도되면서 전국 각지에서 의병들이 모여들

듯 신사참배 반대운동을 지지하는 기독교인들이 평양으로 몰려들었다. 아울러 평안북도의 이기선, 경상남도의 한상동, 주남선, 전라남도의 손양원, 함경남도의 이계실, 만주 지역의 박의흠, 김형락 등이 신사참배 반대운동을 주도하면서 그 열기를 전국적으로 확산시키기 위해 주력하였다. 이들은 신사참배에 반대하는 새로운 노회를 건설하고자 했다.

이런 와중인 1940년 4월 20일경 일제는 주기철 목사를 석방하였다.

> 이제 산정현교회 예배당은 폐쇄되었고, 당신은 목사직에서도 파면되어 설강단이 없어졌으니 제 아무리 떠들어대 봤자 별 수 없는 것 아닌가? 특별히 당신만은 신사참배를 하지 않아도 좋다. 단, 앞으로 다른 사람들에게 그것이 죄라고 선동하지 말고 가만히 있기만 한다면 당신은 가족과 더불어 남쪽 고향에 가서 편안하게 살 수 있게 될 것이다.

주광조 장로의 증언에 따르면 경찰은 이런 달콤한 말로 주기철 목사를 꼬드겼다. 그러나 진리를 수호하는 파수꾼이자 불의에 항거하는 믿음의 용사는 잠시도 침묵하거나 뒤로 물러설 수 없었다. 그에게 서야 할 강단이 따로 있는 게 아니었다. 그가 있는 곳이 바로 그가 서야 할 강단이었다. 만신창이가 되어 풀려난 주기철 목사는 산정현교회 사택이 아닌 육로리 기생집 단칸방으로 돌아왔다. 그 집은 평양경찰서 형사부장의 첩으로 살던 기생 소유의 집이었다. 그는 어머니 얼굴을 보자 곧바로 땅바닥에 엎드려 대성통곡을 했다. 가족 모두 부둥켜안고 목 놓아 울었다.

1940년 4월 22일 장별리에 있는 채정민 목사 집에서 주기철 목사를 위로하기 위한 모임이 있었다. 신사참배 반대운동을 주도하고 있던 지도자들의 회합이었다. 이들은 각 지역별 신사참배 반대운동의 상황을 점검한 다음 앞으로의 일을 논의하였다. 이때 한상동 목사가 신사참배를 거부한 교회와 성도들을 중심으로 새로운 노회를 조직하자는 의견을 제시했다. 일제와 타협한 지금의 노회로는 신사참배 반대운동을 효과적으로 추진해 나가기 어렵다는 이유에서였다. 그의 말을 듣고 난 주기철 목사는 새로운 노회 조직에 제동을 걸었다.

그는 새로운 노회를 즉시 재건하는 것은 시기상조의 감이 있다고 말했다. 주기철 목사는 신사참배 반대가 우상숭배에 대항하는 순수한 신앙적 발로에서의 저항이어야지 정치적 목적을 띤 운동으로 변질되거나 교회 분열로 이어져서는 안 된다고 생각하고 있었다. 서로 생각과 노선이 조금 다르더라도 이런 본질적인 부분에서 일치를 이루어 조선 교회가 연합해서 일제에 대항해야 한다는 그의 신념은 그가 순교할 때까지 변함이 없었다. 이날 모임 후 각 지역으로 흩어진 지도자들은 신사참배 반대운동을 더 적극적으로 주도해 나갔다.

일제는 조선 교회의 마지막 저항을 완전히 무력화시키기 위해 신사참배 반대운동 지도자들을 일제히 검속하기 시작했다. 더불어 일제가 장악한 조선 교회 총회나 노회에 협조하지 않고 뒤에서 신사참배 반대운동을 돕고 있던 서양 선교사들을 추방하였다. 1940년 10월 10일 미국 총영사 마쉬G. Marsh는 "극동 아시아 지역의 미국인들은 가급적 빠른 시일 내에 미국으로 귀국하도록 조치하라"는

—— 편하설 선교사 가족. 장대현교회에서 네 번째로 분립되어 평양성 제4교회로 불렸던 산정현교회는 편하설 선교사의 헌신과 기도와 눈물로 세워진 교회라 해도 과언이 아니다.

—— 일제 말 조선을 떠나기 직전의 선교사들. 219명의 선교사와 자녀들이 1940년 11월 16일 마리포사 S. S. Mariposa 호를 타고 정들었던 조선을 떠나 미국 샌프란시스코로 향했다. 이로써 조선 교회와 성도들은 고립무원의 신세가 되고 말았다.

미 국무부의 지시를 각 선교부에 통보하였다. 이에 따라 미국, 영국, 캐나다, 호주 선교부에서는 조선에서 철수할 것을 결정했다. 마침내 1940년 11월 16일, 대부분의 선교사들은 특별 수송선을 타고 조선을 떠나 미국으로 향했다.

주기철 목사는 1940년 9월 20일에 실시된 일제 검속 때 다시 체포되어 평양경찰서에 수감되었다. 네 번째 검속이자 다시는 살아서 돌아올 수 없는 최후의 길이기도 했다.

구속되기 직전 아버지는 당신의 어머니에게 작별할 시간을 달라고 했다. 아버지는 몸져누워 계신 할머니 앞에서 큰절을 올렸다. "어머님! 하나님께 어머님을 부탁하였습니다." 아버지의 마지막 고별인사는 이 한마디뿐이었다. 그리고 할머니 손을 붙잡고 기도하셨다. "하나님, 불효한 이 자식은 제 어머님을 봉양치 못합니다. 오, 주님! 제 어머님을 주님께 부탁합니다. 불효한 자식의 봉양보다 자비하신 주님의 보호하심이 더 나을 줄 믿고 내 어머님을 주님께 부탁하옵고, 이 몸은 주님이 주신 십자가를 메고 주님의 발자취를 따라가겠습니다."

막내아들 광조가 본 연행 직전 아버지의 모습이었다. 그날 아침 우연히 찾아왔던 산정현교회 성도 20여 명은 주기철 목사가 잡혀가는 광경을 눈물로 지켜봐야만 했다. 주기철 목사는 집 앞 골목길에서 즉석으로 예배를 드렸다. 찬송가 333장을 불렀다. 주기철 목사가 즐겨 부르던 '저 높은 곳을 향하여'였다. 그는 성경 말씀을 읽었다. 아모스 8장 11-13절이었다.

주 여호와께서 가라사대 보라 날이 이를찌라. 내가 기근을 땅에 보내리니 양식이 없어 주림이 아니며 물이 없어 갈함이 아니요 여호와의 말씀을 듣지 못한 기갈이라. 사람이 이 바다에서 저 바다까지, 북에서 동까지 비틀거리며 여호와의 말씀을 구하려고 달려 왕래하되 얻지 못하리니 그날에 아름다운 처녀와 젊은 남자가 다 갈하여 피곤하리라(개역한글).

스무 명 남짓한 성도들 앞에서 그는 생애 마지막이 될 설교를 이어 갔다. 경기도 용인시 양지면 추계리에 있는 한국기독교순교자기념관 입구 옆쪽에는 이날 주기철 목사가 행한 설교가 한국 교회와 후손들을 향한 피 끓는 외침인 듯 커다란 돌판 위에 또렷이 새겨져 있다.

주님을 위하여 오는 고난을 내가 피하였다가 이다음 내 무슨 낯으로 주님을 대하오리까? 주님을 위하여 이제 당하는 수옥囚獄을 내가 피하였다가 이다음 주님이 너는 내 이름과 평안과 즐거움을 다 받아 누리고 고난의 잔은 어찌하고 왔느냐고 물으시면 나는 무슨 말로 대답하랴! 주님을 위하여 오는 십자가를 내가 이제 피하였다가 이다음 주님이 너는 내가 준 유일한 유산인 고난의 십자가를 어찌하고 왔느냐고 물으시면 나는 무슨 말로 대답하랴!

평양 하늘은 맑고 가을 햇살은 따사로웠지만 사람들의 눈시울은 붉게 물들어 있었다.

# 도망자가 되어
# 뿔뿔이 흩어진 형들

주기철 목사는 어린 아들들에게 각각 별명을 붙여 주었다. 큰아들 영진은 루터, 둘째아들 영만은 어거스틴, 셋째아들 영해는 사무엘, 막내 광조는 다윗이었다. 아버지로서 아이들의 특징이나 성격 등을 파악해서 붙인 별명이겠지만, 자식들에 대한 기대와 희망을 반영한 것이기도 했다. 놀랍게도 네 아들들은 아버지가 지어 준 별명에 걸맞은 인생길을 걸어가게 된다. 이 또한 주기철 목사의 기도에 대한 하나님의 응답이었다.

영진은 독일의 종교개혁자 루터처럼 강직한 목회자로 살다가 아버지 뒤를 따라 순교자가 되었으며, 영만은 어머니의 기대를 뿌리치고 방황하다가 회심한 후 위대한 신학자가 된 어거스틴 같이 어머니에게 반항하면서 고뇌하는 삶을 이어 갔고, 영해는 한 시대와 한 시대를 연결하는 역할을 하면서 어질고 순전한 인생을 살다 간 사무엘처럼 착하고 순박하게 살면서 목회자 집안의 계보를 이었으며, 광조는 한낱 양치기에서 이스라엘 왕이 되어 영화를 누렸던 다윗 같이 고난을 이긴 뒤 복을 누리며 아버지 이름을 빛나게 하는 존재가 되었다.

스스로 고백했던 것처럼 아버지로서 주기철 목사는 자식들을 살뜰히 건사할 수 없었다. 특히 평양 산정현교회로 부임한 이후에는 신사참배 반대투쟁의 선봉에 서면서 1938년부터 1944년까지 무려 7년 동안이나 경찰서와 형무소에서 살다시피 했기에 그럴 만한 시간도 여력도 없었다. 오정모 집사 또한 마찬가지였다. 남편이 감옥에 가 있을 때마다 거의 매일 교회에 나가 철야기도와 금식기도에 매달렸으며, 면회를 다니고, 시어머니를 봉양하며, 성도들 집에 심방을 다니면서 교회 일을 추스르느라 눈코 뜰 새가 없었다.

아들들의 삶은 비참했다. 주기철 목사에 대한 일제의 감시와 탄압이 심해지면서 영진과 영만은 어머니의 권유에 따라 집을 떠나 여기저기 떠돌며 살아야 했다. 경찰의 눈을 피해 도망 다니며 먹고 자는 걸 혼자 힘으로 해결해야 했으니 그 고생이야 이루 말할 수가 없었을 것이다. 영해는 다니던 학교에서 퇴학을 당한 후 광조와 함께 집에 머물고 있었다. 광조는 아예 학교 문턱에도 가보질 못했다. 주기철 목사의 아들이었기 때문이다. 보다 못한 오정모 집사는 영해와 광조를 정식 학교가 아닌 사설학원에 보내 공부할 수 있도록 했다.

첫 번째 갔던 학원에서 1년 반 정도를 공부했는데, 말이 학원이지 큰 강당에 칸막이를 설치해 가지고 1학년부터 6학년까지 전부 수용해서 한쪽에서는 음악, 한쪽에서는 산수, 한쪽에서는 국어, 이런 식으로 공부를 했으니 옆 반 소리가 다 들리고 아주 시끄러운 그런 학원이었어요. 도저히 이건 뭐 학원도 아니다 해서 어머님이 두 번째로 신흥학원이라는 곳에 보내 주셨어요. 그래도 이 학원은 한 교실에 한 학년 그렇게 여섯 반으로 되어 있었습니다.

주광조는 그나마 형과 함께 학원이라도 다닐 수 있게 되어 기뻤

다. 그러던 어느 날이었다. 여느 때처럼 형을 따라 학원에 갔더니 선생님이 학생들을 전부 운동장에 모이라고 한 뒤 다음 주 월요일부터 동방요배를 하게 되었다고 알려 주었다. 차렷 자세로 서서 구령에 맞춰 일본 천황이 사는 동쪽을 향해 절을 하는 거였다. 선생님은 연습을 하겠다며 학생들을 전부 동쪽으로 향하게 한 다음 "사이께레!(最敬礼, 허리를 많이 굽혀서 하는 가장 공손한 경례)" 하고 소리쳤다. 그러자 학생들이 일제히 동쪽을 향해 90도로 절을 했다. 너무 급작스레 당한 일이라 광조는 미처 생각할 겨를도 없이 일단 아이들을 따라 절을 했다.

집으로 가는 길에 광조는 아무래도 미심쩍어 형 영해에게 이에 관해 물었다.

"형, 아까 했던 동방요배라는 거 말이야. 그거 그냥 해도 괜찮은 걸까?"

"글쎄…… 신사참배는 절대로 하면 안 되지만 동방요배는 해도 되는 것 아닌가? 신사참배는 신한테 하는 거지만 동방요배는 사람인 일본 천황한테 하는 거니까 말이야."

"그런가?"

"그렇지만 일본 천황도 나쁘긴 매한가지니까 하면 안 될 것 같기도 하고…… 이거 좀 헷갈리는데? 그럼 이따가 집에 가서 어머니께 여쭤보고 하라고 하시는 대로 하자."

"그래. 그게 좋겠다."

영해와 광조는 그날 어머니께 동방요배를 해도 되는지 안 되는

HONG SUNG SA, LTD

**50**

 1974-2024

지 물었다. 오정모 집사는 잠잠히 듣고만 있을 뿐 기대했던 명확한 답변을 하지 않았다. 광조는 어머니가 동방요배가 뭔지 잘 몰라서 판단을 하지 못하는 것이라고 생각했다. 하지만 평양 정의여학교를 나와 마산 의신여학교 교사까지 지낸 그녀가 당시 그걸 몰라서 대답을 하지 않았을 리 만무하다. 그녀는 끼니도 마음껏 먹지 못하면서 남들처럼 제대로 된 학교도 갈 수 없는 아이들이 이 일로 그나마 학원조차 다니지 못하게 될까 염려했던 것이다. 차마 단호하게 하지 말라는 말을 할 수가 없었던 그녀는 마지못해 너희들이 양심에 따라 알아서 하라고만 말해 주었다.

"어머니가 양심에 따라서 하라고 하셨지만 아무래도 동방요배는 하면 안 될 것 같다. 일본 신한테 절하는 거나 일본 천황한테 절하는 거나 결국 똑같은 거야. 일본 천황이 자기가 신이라고 했으니까 결국 신한테 절하는 거란 말이지. 그러니까 우리 이거 하지 말자."
"알았어. 형 생각이 그렇다면 나도 안 할게."

영해와 광조는 양심에 따라 동방요배를 하지 않기로 결정했다. 월요일이 되었다. 아침에 학생들이 전부 운동장에 모였다. 선생님의 "사이께레!"라는 구호가 들려왔다. 광조는 고개를 뻣뻣이 세우고 홀로 서 있었다. 주변을 휘 둘러보니 6학년 쪽에 또 한 사람이 절을 하지 않고 똑바로 서 있었다. 형 영해였다. 이들을 보고 학원 원장이 달려와 화를 냈다. 영해와 광조는 교무실로 끌려갔다. 노발대발하는 원장에게 다른 선생님들이 저 아이들은 주기철 목사의 아들들이라고 넌지시 알려 주었다. 그 무렵 주기철 목사는 평양에서 모르는 사람이 없을 정도로 널리 알려진 인물이었다. 원장은 내일 어머니를 모시고 오라며 이들을 돌려보냈다.

다음 날 영해와 광조는 어머니와 함께 학원에 갔다. 오정모 집사는 아무 말 없이 교무실에 들어가 두 아들에게 선생님들께 인사를 드리라고 했다. 영해와 광조는 모든 선생님께 인사를 드리고 나서 원장에게도 인사를 했다. 그러자 어머니가 나서서 원장에게 말했다.

"원장님 입장이 곤란할 것 같으니 우리 아이들을 다 자퇴시키겠습니다. 우리 아이들은 절대로 동방요배를 하지 않을 겁니다. 하지만 언젠가 오늘 원장님의 이 처사가 얼마나 부끄러운 일이며, 우리 아이들의 이 모습이 얼마나 자랑스러운 것인지를 깨닫는 날이 올 겁니다."

그날로 영해와 광조는 신흥학원을 자퇴했다. 쫓겨난 게 아니었다. 스스로 다니기를 거부한 것이다. 학교와 학원마다 신사참배와 동방요배를 강요했기에 이들이 다닐 수 있는 학교나 학원은 어디에도 없었다. 영해는 열다섯 살 되던 해에 혼자서 부산으로 내려갔다. 그때부터 집에는 네 아들 중 광조만 남게 되었다. 학원마저 다닐 수 없게 된 광조가 비로소 제대로 된 학교에 들어가 공부할 수 있게 된 것은 해방이 되고 나서의 일이었다.

# 경찰서 면회실에서 마주한
# 아버지의 밥그릇


주기철 목사가 목사직에서 파면되었음에도 불구하고 산정현교회 장로들은 계속해서 오정모 집사에게 목사 월급을 가져다주었다. 그러자 발끈한 일본 경찰은 조만식 장로를 비롯해 장로들을 불러 엄중히 경고를 보냈다. 주기철은 더 이상 산정현교회 목사가 아니니 월급을 주지 말라는 것이었다. 주광조 장로의 증언에 의하면 조만식 장로가 일어나 그들에게 이렇게 말했다고 한다.

우리 조선 사람은 윤리와 도덕이 있어 스승의 부모님이나 처자들이 굶고 있는 것을 보지 못합니다. 그것은 정치적이든 경제적이든 모든 것을 떠나서 인간적으로 할 수 없는 것입니다. 우리는 당신들이 뭐라고 하든 주기철 목사님 가족을 위해 월급을 계속 지급할 겁니다.

하지만 일본 경찰의 감시와 통제가 워낙 심해 예배당이 폐쇄된 이후 산정현교회 당회에서 오정모 집사에게 경제적 지원을 계속하는 일이 쉽지 않게 되었다. 게다가 전쟁이 막바지에 이르자 얼마 되지 않는 쌀 배급마저 끊겨 버렸다. 배고픔의 고통은 정말 대단한 것이었다. 한번은 영해와 광조가 배고픔을 견디지 못해 평양 목장 안에 있는 큰 창고에 들어가 소를 먹이기 위해 쌓아 놓은 볏단을 털어 밥공기로 쌀 8부가량을 모아 어머니께 갖다 드렸다.

죽을 쑤어 먹으니 한 끼 식사로 충분했다. 그런데 이 일이 교회 집사들 사이에 알려졌다. 성도들은 이른 새벽 일본 형사들의 감시가 소홀한 틈을 타 곡식을 넣은 작은 주머니를 담장 안으로 던지고 달아나곤 했다. 보리나 수수가 대부분이었지만 가끔 쌀도 있었다. 광조의 일과는 아침 일찍 일어나 마당에서 이 주머니를 줍는 일로 시작되었다. 오정모 집사는 그걸로 죽을 끓여 할머니와 아들들을 먹이면서 감격 어린 표정으로 말했다.

이건 하나님이 주신 만나야. 이스라엘 백성들이 40년 동안 광야에서 생활할 때 하나님께서 매일 아침 하늘에서 만나를 내려 주셨지. 백성들은 그걸 주워 먹으며 40년을 살았단다. 우리가 먹는 이 죽도 바로 하나님께서 하늘에서 내려 주신 일용할 양식 만나인 거야.

할렐루야교회 김상복 원로목사의 증언도 이와 같은 사실을 뒷받침해 주었다.

"가족들이 교회 사택에서 쫓겨나고, 주 목사님은 감옥에 들어가 계실 때, 그분들이 정말 생활이 어려웠다고 그래요. 일본 경찰들이 늘 감시하니까 교인들이 마음 놓고 가서 도와줄 수도 없는 데다 쌀 배급도 끊겼으니 오죽했겠어요. 그때 제 어머니께서 쌀을 작은 주머니에 싸서 품에 넣어 가지고 그 집 옆을 지나가는 척하면서 몰래 담벼락 위로 그걸 집어던지고 오곤 했다고 그러시더라고요. 제 형님들은 신발도 가져다주곤 했다는 이야기를 들었어요."

오정모 집사는 심방을 많이 다녔다. 심방을 가면 성도들이 음식을 대접하곤 했는데, 그럴 때마다 그녀는 할머니와 어린 자식들이 눈에 밟혀 먹을 수가 없었다. 우물쭈물하는 그녀를 보고 눈치를 챈 성도들이 이것저것 먹을 걸 싸주기도 했다. 그녀가 저녁 무렵 집에 들어가면 어린 광조는 어머니 손에 들린 보따리를 처다보며 반색을 했다. 보따리 안에 든 음식이 그날 저녁 양식이었기 때문이다. 그녀가 빈손으로 들어갈 때면 실망이 이만저만 아니었다.

어머니로부터 다른 사람들에게 아버지가 없어서 배고파하는 모습을 보여서는 안 된다는 말씀을 들었기에 배가 고프면 요를 뒤집어쓰고 울기도 참 많이 울었습니다. 어느 날은 요를 뒤집어쓴 채 울고 있는데, 어머니가 어떻게 아셨는지 요를 걷으시고는 저를 껴안고 한참을 같이 우셨습니다. 어머니의 친정은 평양에서 70리쯤 떨어진 작은 마을에 있었습니다. 가끔 그곳에 가면 둘째삼촌이 불쌍한 마음에 밤이면 부엌문을 가마니로 가려 불이 밖으로 새 나가지 않게 한 다음 귀한 찹쌀을 찧어 떡을 해주시기도 하고, 보리나 강냉이를 보따리에 담아 주시기도 했습니다. 몸이 약한 어머니가 그걸 머리에 이고 오셨습니다. 버스를 타고 오노라면 검문소가 있었습니다. 거기서 곡식을 빼앗기기도 했기 때문에 어머니는 그 전에 내려 그 무거운 것을 이고 산 넘고 강을 건너오셨습니다. 배를 곯고 있는 할머니나 아이들을 생각하면 가지고는 가야겠는데, 너무 힘이 드니까 보따리를 내려놓고 우시기도 했습니다.

처녀 몸으로 아들만 넷인 데다 시어머니까지 계신 집으로 시집와서 남편 옥바라지를 하며 갖은 고생을 감내해야 했던 오정모 집사의 속내를 누가 다 헤아릴 수 있었겠는가. 사람들은 수시로 자식들을 굶기고 엄하게만 대하는 그녀를 두고 계모라 저렇다며 수군거리기도 했다. 그녀에게 가장 심하게 반항한 건 둘째 영만이었다. 그는 평소 마음껏 먹지도 못하는 동생들에게 금식기도를 강요하는 어머니가 못마땅해 거칠게 대들기 일쑤였고, 집을 나가 떠돌아다닐 때는 가끔씩 먹을 것을 사 가지고 돌아오곤 했다. 굶주린 동생들을 먹이기 위해서였다.

어느 추운 겨울날 영만이 집에 들렀다 굶고 있는 동생들을 보고는 집에 있던 스케이트를 가지고 나가 그걸 팔아서 찐빵을 사 가지고 왔다. 동생들은 내일부터 금식기도를 해야 하니 먹을 수가 없다며 정신없이 찐빵을 주워 먹었다. 영만은 동생들이 나중에 먹을 수 있도록 남은 찐빵을 마당 건너에 있는 변소 지붕 안쪽에 몰래 숨겨 두고는 배고플 때 먹으라고 당부하고 갔다. 생쌀을 집어 먹을까 봐 어머니는 아이들 손닿는 곳에 쌀 한 톨 남겨 두지 않았기 때문이다. 광조는 어머니가 시키는 대로 금식기도를 하면서 배가 고파 견딜 수 없게 되면 슬그머니 밖으로 나와 변소 안에서 꽁꽁 언 찐빵을 쥐가 갉아 먹듯 조금씩 갉아 먹고 들어갔다고 한다. 춥고 서러운 것보다는 뭔가를 먹을 수 있다는 게 더없이 행복한 순간이었다.


평양경찰서로 면회를 갈 때면 오정모 집사는 무슨 수로 준비했는지 주기철 목사에게 대접하기 위해 음식을 준비해 갔다. 한 달에 두세 번 정도 면회가 허락되었는데, 그때마다 광조는 오정모 집사에게 떼를 써 면회를 따라가곤 했다. 경찰서에 가면 이따금 형사들이 "야, 배고프지?" 하면서 소금 주먹밥을 주기도 했기 때문에 광조는 면회가 더욱 기다려지곤 했다.

면회실에 들어가면 오정모 집사는 남편을 위해 정성껏 준비한 음식을 펼쳐 놓았다. 악랄한 고문에 그렇지 않아도 허약한 주기철 목사의 몸은 말이 아니었기에 그녀는 따뜻한 밥 한 숟가락 기름진 반찬 한 점이라도 더 먹이려고 애를 태웠다. 그런 어머니 마음을 알 리 없는 어린 광조는 아버지 입으로 들어가는 음식을 뚫어져라 쳐다보고 있었다. 아내 마음을 생각하면 가져온 음식을 맛있게 먹어야 옳았지만, 주기철 목사는 자신을 쳐다보는 광조의 아련한 눈길을 외면할 수 없었다. 그는 숟가락을 내려놓고 음식을 광조 앞으로 가져다주었다. 그러면 광조는 허겁지겁 아버지가 남긴 음식을 먹느라 정신이 없었다.

면회를 갈 때마다 주기철 목사는 여러 가지 핑계를 대며 막내를 위해 음식을 남겼고, 광조는 기다렸다는 듯 제 차지가 된 음식 그릇을 비워 냈으며, 오정모 집사는 안타까운 마음에 광조에게 눈치를 주기 바빴다. 광조도 어머니의 살벌한 눈치를 알아챘지만 주린 배를 채우는 게 먼저였다. 좁은 면회실에서 거친 음식을 사이에 두고 아버지와 아들은 그렇게 못 다한 정을 나누었다. 그나마 그런 정이라도 나눌 시간이 그들에겐 얼마 남아 있지 않았다.

## 눈앞에서 목도한
## 아버지에 대한 처참한 고문

1941년 7월 25일, 연일 찌는 듯한 더위가 이어지고 있었다. 이 날 오정모 집사는 평양경찰서로부터 생각지도 않은 연락을 받았다. 시어머니를 모시고 면회를 오라는 거였다. 그녀는 의아한 표정을 지었다. 그전까지는 어머니가 너무 연로해서 혹시 충격을 받으실까 절대 면회를 시켜 주지 않았기 때문이다. 그런데 그날만큼은 면회를 와도 좋다는 것이었다. 오정모 집사는 웬일인가 싶기는 했지만 여하튼 좋은 일이니 어머니를 모시고 평양경찰서로 향했다. 막내 광조도 기대에 부푼 할머니 손을 붙잡고 함께 길을 나섰다.

평양경찰서 3층으로 올라가자 형사부장인 유 부장이라는 사람이 반갑게 인사를 건넸다.

"어서 오십시오. 할머니 모시고 잘 왔습니다. 오늘은 제가 모처럼 좋은 소식을 하나 전해 드리겠습니다. 저희들이 주기철 목사님을 석방하기로 결의했습니다. 그러니 모시고 나가도록 하십시오. 조금 있다가 택시를 불러 드릴 테니까 차에 태워서 모시고 가면 됩니다."

오정모 집사는 자신의 귀를 의심했다. 어머니 조재선 여사와 광조도 깜짝 놀랐다. 이들은 서로 손을 붙잡고 기쁨을 나누었다. 광조는 그래서 할머니를 모시고 오라고 했구나 생각했다. 조재선 여사와 오정모 집사는 유 부장에게 고개를 숙여 가며 거듭 감사를 표했다.

그러나 기쁨도 잠시, 유 부장이 오정모 집사를 향해 계속해서 말을 이어 갔다.

"우리가 이렇게 석방을 시켜 드리는 고마운 그 뜻을 아시겠죠? 그렇다면 지금 택시를 불러줄 테니까 성의 표시로 주 목사님 모시고 가다가 차를 잠깐 세우고, 목사님이 수고스럽게 차에서 내리거나 걷고 할 필요도 없이 차 안에 앉으신 채 창문만 열고, 북쪽에 바라다 보이는 평양신사를 향해서 그저 고맙다는 표시로 고개만 한 번 숙이고 돌아가시면 됩니다."

오정모 집사의 안색이 하얗게 변했다. 생각하고 말고 할 것도 없는 단호한 대답이었다.

"그런 조건이라면 모시고 나갈 수가 없습니다. 그냥 돌아가도록 하겠습니다."

유 부장은 당황한 듯 다시 한번 애절하게 호소했다.

"아니, 아무도 보는 사람이 없지 않습니까? 택시 안에는 가족들만 앉아 있는데, 그저 형식적으로 고개만 한 번 끄덕 숙이면 되는 것을 못하겠다는 겁니까? 참 답답하시네요."

실랑이가 이어졌지만 말이 통할 리 없었다. 유 부장은 설득을 포기한 것 같았다. 이들은 세 사람을 면회실이 아닌 지하실로 데리고 갔다. 세 사람은 시키는 대로 시멘트 바닥 위에 그대로 앉아 있었다. 지하실은 투명 유리를 사이에 두고 두 개의 방으로 나눠져 있었다. 잠시 뒤 형사들이 맞은편 방으로 주기철 목사를 데리고 들어왔다. 어머니를 발견한 주기철 목사는 깜짝 놀라는 표정이었다. 그는 살며시 웃음을 지은 후 어머니를 향해 큰절을 올렸다.

그때 갑자기 7~8명쯤 되는 형사들이 나타나더니 주기철 목사를 공중에 매달아 놓고 그네를 뛰듯 발길로 차면서 대롱대롱하는 그를 고문용 흉기로 인정사정없이 두들겨 패기 시작했다. 매질이 스무 번 정도 이어지자 주기철 목사는 공중에 매달린 채 기절해 버렸다. 아들 얼굴을 보고 안도하던 조재선 여사는 충격적인 장면에 이미 혼절해 쓰러진 상태였다. 오정모 집사는 차마 볼 수 없어 두 눈을 꼭 감고 '주여', '주여', 외치며 기도에 전념할 뿐이었다.

형사들이 끈을 풀어 주기철 목사를 바닥에 뉘어 놓고 찬물을 몇 바가지 끼얹었다. 주기철 목사가 신음을 내뱉으며 깨어났다. 그들은 주기철 목사를 끌어다가 방 안에 있던 작은 책상 위에 눕히고 그

주기철 목사가 일제의 모진 고문 끝에 순교했던 평양형무소.
감방 안에서도 전혀 흐트러짐이 없었던 그는 모든 수감자로부터 존경을 받는 의인이었다.

의 목을 뒤로 젖힌 뒤 책상을 가족들이 볼 수 있게끔 끌어다 붙였다. 자세히 쳐다보라는 뜻인 것 같았다. 형사 한 사람이 노란 주전자에 물을 가득 담아 가지고 와서 뚜껑을 열고 안에다 새빨간 고춧가루를 탔다. 그러더니 주전자 꼭지를 주기철 목사의 입에 대고 들이붓기 시작했다. 주기철 목사는 처음에 고개를 내저으며 가늘게 저항했지만 손은 묶여져 있고, 얼굴은 젖은 무명 수건으로 덮여 있었기 때문에 입을 크게 벌릴 수밖에 없었다. 주전자에 담긴 고춧가루 물은 그의 입으로 사정없이 쏟아져 들어갔다. 얼마 후 주기철 목사의 배가 잔뜩 부풀어 올랐다. 견디다 못한 그는 두 번째로 기절했다.

형사들은 아무렇지도 않은 듯 킬킬거리며 웃고 있었다. 이윽고 한 사람이 주기철 목사의 배 위에 자그마한 걸상을 하나 놓더니 올라가 앉았다. 그러고는 주기철 목사의 배를 힘껏 짓눌렀다. 주기철 목사의 입과 코에서 붉은 고춧가루 물이 토해져 나왔다. 부풀어 올랐던 배가 가라앉자 그들은 주기철 목사를 일으켜 세워 맞은편 방에 있는 가족들을 바라보게 했다. 그는 제대로 앉아 있을 수가 없어 자꾸만 옆으로 쓰러졌다. 형사가 그를 뒤에서 받쳐 앞을 바라보게 했다. 조금 지나자 가족들이 있는 방으로 형사 두 사람이 들어왔다. 그때까지 오정모 집사는 기도에만 열중하고 있었다. 형사들은 그녀를 끌고 가 남편과 아들이 보는 앞에서 고문을 자행했다. 그들은 "왜 빨리 남편을 집에 데려갈 생각은 하지 않고 여기서 주여, 주여, 하고 있느냐?"며 오정모 집사에게 "남편 말아먹을 년!"이라는 욕을 내뱉었다.

여자에 대한 고문이 어떤 고문인지 구체적으로 설명은 할 수 없지만……
아무튼 평생을 통해서 제가 가장 큰 충격을 받았던 그런 고문이었습니다.

어머니는 그저 주여, 주여, 하면서 그 고문을 다 받아 내셨습니다. 아버지는 고문당하는 어머니를 쳐다보다가 두 눈을 질끈 감은 채 묵묵히 기도만 하셨습니다. 그 당시 제 나이 아홉 살 때인데, 고문당하는 어머니를 구해 줘야겠다는 생각이 간절했습니다. 그래서 자리를 박차고 일어나려 했지만 다리에 기운이 다 빠져서 도무지 일어설 수가 없었습니다. 겨우 일어섰다가 주저앉아 버리고, 또 주저앉아 버리기를 반복했습니다. 결국은 제가 그냥 주저앉은 채 하염없이 눈물을 흘리면서 아버지를 쳐다보았습니다. 이럴 때는 역시 아버지가 어머니를 구해 줘야 하지 않겠느냐는 눈빛이었습니다. 그런데 아버지는 끝끝내 묵묵부답이었습니다. 그대로 눈을 감은 채 기도만 하고 계셨습니다. 아버지로서도 달리 어떻게 해볼 도리가 없는 상황인 걸 뻔히 알면서도 저는 어머니를 구해 주지 못하는 아버지가 미워서 견딜 수가 없었습니다. 제 평생 아버지에 대한 미움의 감정이 생겨났던 것이 아마도 그때가 처음이자 마지막이 아니었나 생각합니다.

가족끼리 처참한 고문 장면을 보게 함으로써 견딜 수 없는 고통을 안겨 줘 주기철 목사의 항복을 받아내려는 술책이었으나 주기철 목사와 가족들은 참담한 고난을 잘 극복해 나갔다. 하지만 너무 큰 충격을 받은 조재선 여사는 열흘 이상 식음을 전폐한 채 자리에 누워 있어야만 했다. 겨우 일어난 뒤에는 틈만 나면 밖으로 뛰쳐나가 지나가는 행인들을 붙잡고 "내 아들 우리 주 목사를 살려놓으라!"고 마구 소리를 지르곤 했다. 광조는 눈앞에서 아버지 어머니가 무참히 고문당하는 걸 목격한 다음 심한 불안과 공포에 시달리며 한동안 실어증을 앓아야 했다. 한참을 덜덜 떨어야만 겨우 한 마디를 내뱉을 수 있었다.

# 아버지께 마지막으로
# 올려 드린 큰절

주기철 목사가 평양경찰서 유치장에 수감되어 있을 때 맞은편 감방에는 《죽으면 죽으리라》의 저자 안이숙이 있었다. 그녀는 1939년 3월 24일 박관준 장로와 그의 아들 박영창과 함께 일본 제국의회에 들어가 종교단체법과 신사참배 강요를 규탄하는 유인물을 살포하는 거사를 치른 후 체포되어 국내에서 1개월 동안 옥고를 치렀다. 그런 다음 석방되어 평양에 머물면서 신사참배 반대운동을 벌이던 중 1940년 5월 다시 체포당해 평양경찰서에 수감되어 있었다. 두 사람은 감방 안에서 서로 마주 보며 수화로 많은 대화를 나누었다고 한다.

"목사님, 목사님은 이 유치장에서 내어 보내 드린다면 무엇을 제일 먼저 하시고저 하시는가요?" 그는 일초의 주저함도 없이 손을 번쩍 공중으로 들더니 "강대에 올라가서 하나님이 살아 계신 것과 그가 어떻게 복과 화를 가지시고 우리에게 군림하시는 것과 예수님의 사랑의 구원을 힘껏 외치며 가슴이 시원하도록 설교를 하고 싶습니다." 나는 그의 손이 돌아가는 대로 그 뜻을 읽으면서 그 뜻이 이루어지기를 그 얼마나 원했던가. 그는 내게 반문했다. "안 선생이 자유가 되면 무엇을 제일 먼저 하고 싶으신가요?" 나도 서슴지 않고 손을 들어서 쓰기를 "큰 교회의 강단에 올라가서 수많은 성도들 앞에 높고 아름다운 음성으로 하나님의 사랑 예수님의 희생을 한번 힘껏 노래하고 싶어요." 나는 내 손으로 그에게 또 물었다. "목사님, 그다음에는 무엇을 하고 싶으신가요?" 그는 손을 들고 조금 생각하더니 "아내와 가족을 위로하고 싶습니다." 나는 그의 중심을 참 잘 알았다.

오랜 수감생활에서 오는 고통 중에 가장 처연한 괴로움은 배가 고픈 것이었다. 매일 생사의 가파른 경계선을 오가게 만드는 굶주림의 극한은 차라리 죽음보다 더한 절망이었다. 두 사람은 이런 절박한 이야기를 많이 나누었다. 지극히 인간적인, 너무도 진솔한 대화였다. 계속해서 《죽으면 죽으리라》에 소개된 내용이다.

어떤 날은 또 손가락으로 이런 회화를 한 일이 있다. "목사님 몹시 배고프시지요?" 그는 솔직하게 "명상 중에도 아닌 게 아니라 갖가지 음식이 눈에 선하게 보여서 나 자신이 부끄러워집니다." 나는 그 말을 듣고 눈물이 나왔다. 그래서 "목사님! 염려 마세요. 명상 중에 보이는 음식들은 시험으로 나타나는 것이 아니고 그런 것들을 이제 앞으로 잡수신다는 것을 주님이 가르쳐 주시는 것일 거예요." …… "목사님 무엇이 제일 잡수고 싶으신가요?" 그는 손을 번쩍 들더니 "쑥갓! 파란 쑥갓을 소고기로 어떻게 요리를 하는지는 몰라도 쑥갓 물에 쟁긴 것을 슬적슬적 집어 먹으면서 국물도 훌훌 마시면 그것은 참 진미고, 나는 본래부터 그것을 좋아했지요." 나는 그런 것을 먹어 본 일이 없어서 고개를 기웃했다.

검찰 조사가 시작되면서 피의자들은 평양경찰서에서 평양형무소로 이감되었다. 이에 따라 주기철 목사도 1941년 8월 25일 평양형무소로 옮겨 가게 된다. 이 무렵 장남 영진은 일본 도쿄에 있는 루터신학교에서 신학을 공부하고 있었다. 그러던 중 신사참배 반대로 졸업을 앞두고 퇴학을 당하는 일이 벌어졌다. 다시 일치신학교에 편입했으나 거기서도 같은 일이 반복되면서 학교에 다닐 수 없게 되었다. 하는 수 없이 그는 귀국길에 오른다. 그 후 염전과 탄광 등을 오가며 세월을 보내다가 지친 몸을 이끌고 평양 상수리 집으로 돌아왔다.

1941년 9월, 영진은 평양형무소를 찾아가 아버지를 면회한다. 이들의 만남은 3년 만이었다. 그는 아버지의 고난에 동참하지 못하고 긴박한 사태를 외면한 채 일본으로 피난 가서 조용히 지내 온 것을 아버지 앞에서 자책하였다. 그리고 이제부터 아버지와 같이 일사각오로 투쟁하겠다는 자신의 결의를 밝혔다. 이때 주기철 목사는 영진에게 섣불리 나서지 말고 근신하며 때를 기다리라고 타이른다. 영진은 아버지의 깊은 뜻을 충분히 이해하면서도 젊은 신학도로서 조용히 숨어 살기에는 자신이 너무 비겁해 보였다. 옥중에서 시달리는 아버지를 직접 대면하게 되자 믿음의 절개를 저버린 다른 선배 교역자들에 대한 울분이 치솟았다.

아버지를 면회하고 돌아온 그는 평양경찰서에 연행되어 20일 동안이나 조사를 받고 풀려났다. 오정모 집사는 영진을 보호하기 위해 평양을 떠나라고 말하며 이렇게 당부한다.

너까지 나설 것 없다. 아버지께서 이미 조선 교회를 대표해서 싸우고 계시니까 너는 차라리 은신하여 신앙을 지키는 동시에 훗날에 일어날 환난을 대비하는 것이 좋을 것이다.

1944년에 접어들면서 주기철 목사의 건강은 눈에 띄게 나빠졌다. 그는 자신의 때가 얼마 남지 않았음을 직감했다. 2월에 오정모 집사가 면회를 가자 주기철 목사는 막내아들이 보고 싶다고 말했다. 경찰서와 달리 형무소에서는 미성년자의 면회가 허용되지 않았기에 광조 얼굴을 본 지가 3년이 다 되어 갔던 것이다. 그동안 겨우 왕복 엽서를 통해서만 안부를 주고받을 뿐이었다. 그는 오정모 집사에게 다음 면회 때 꼭 광조를 데려오라며 신신당부를 했다.

1944년 3월 31일, 계절상으로는 봄이었지만 굉장히 으스스한 날씨였다. 오정모 집사는 남편의 당부대로 광조를 데리고 면회를 나섰다. 광조는 어쩐 일로 나까지 데려갈까 의아했지만 몇 년 만에 아버지를 직접 만나게 될 걸 생각하니 가슴이 두근거렸다. 아침 9시에 집을 나섰는데, 오후 4시가 다 돼서야 면회가 이루어졌다. 그동안 아무것도 먹지 않아 광조는 몹시 배가 고팠다. 오정모 집사는 주기철 목사에게 광조를 보여 주기 위해 꾀를 짜냈다.

광조를 면회실 안으로 데리고 들어갈 수가 없으니 면회실 문밖에 세워 둔 후 문을 활짝 열고 천천히 들어가면 주기철 목사가 밖에 있는 광조 얼굴을 볼 수 있으리라 생각한 것이다. 이는 2월 면회 때 이미 남편과 약속을 해놓은 일이었다. 그녀는 광조에게도 똑같이 일러두었다. 드디어 면회가 허용되자 오정모 집사는 면회실 문을 활짝 열고 안으로 느리게 걸어 들어갔다. 광조는 면회실 안쪽을 들여다봤다. 멀리 푸른 죄수복을 입고 머리를 박박 깎은 채 웃고 있는 아버지가 보였다. 광조는 얼떨결에 차렷 자세로 고개를 숙여 절을 했다.

내가 3년 가까이 아버지께 큰절을 하지 못했으니 오늘 큰절을 올려야겠다.

90도로 절을 한 뒤 고개를 들어 보니 철문이 닫혀 있었다. 그가 머리를 숙이는 순간 안쪽에서 "뭐야, 문 닫아!"라고 외치는 간수의 목소리가 들려왔다. 그때 문이 닫힌 것이다. 아버지의 얼굴을 본 게 약 3초가량이었다. 이것이 지상에서의 마지막 만남이었다.

우리 집에는 아버지 사진이 여러 장 있습니다. 양복을 입고 찍은 사진, 한복을 입고 찍은 사진, 저와 함께 찍은 사진…… 그런데 눈만 감으면 떠오르는 아버지 모습은 그런 잘 찍은 사진 속 모습이 아니라, 평양형무소 면회실 문 앞에 서서 마지막으로 본 초췌하기 이를 데 없는 아버지 모습입니다. 푸른 죄수복을 입고 머리를 박박 깎은 채 저를 보고 환하게 웃으시던, 불과 몇 초 동안 순식간에 쳐다봤던 그 얼굴을 한시도 잊을 수가 없습니다.

생전에 주광조 장로는 아버지, 하면 그때의 얼굴이 떠오른다는 말을 자주 하곤 했다.

# 돌박산에 흐드러지게 핀
# 진달래꽃


"오, 주여! 속히 우리를 하늘나라로 데려가 주시옵소서!"

1944년 봄, 평양형무소에 수감된 옥중성도들의 피맺힌 절규는 밤낮으로 이어지고 있었다. 언제 끝날지 모르는 고통의 시간 속에서 죽음은 절망의 끝이 아니라 희망의 시작이었다. 주기철 목사는 4월 13일 병감으로 옮겨졌다. 오정모 집사는 즉시 면회를 신청해 4월 21일 주기철 목사를 만나게 되었다. 주기철 목사는 간수의 등에 업힌 채 면회실로 들어섰다. 면회를 지켜보던 형무소장이 그에게 병보석으로 입원할 것을 권했지만 그는 이를 거절하였다.

"당신은 꼭, 꼭 승리하셔야 합니다. 결단코 살아서는 이 붉은 문 밖을 나올 수 없습니다."
"그렇소. 내 살아서 이 붉은 벽돌문 밖을 나갈 것을 기대하지 않소. 나를 위해서 기도해 주시오. 내 오래지 않아 주님 나라에 갈 거요. 내 어머니와 어린 자식을 당신한테 부탁하오. 내 하나님 나라에 가서 산정현교회와 조선 교회를 위해서 기도하겠소. 내 이 죽음이 한 알의 썩은 밀알이 되어서 조선 교회를 구해 주기를 바랄 뿐이오."

주기철 목사와 오정모 집사는 이런 이야기를 나누었다. 감옥 안에서 병들어 죽어 가는 남편을 바라보는 아내의 가슴이 오죽했겠는가. 노모와 어린 네 아들 그리고 사랑하는 아내를 밖에 두고 차디찬 감옥 안에서 홀로 죽음의 길을 걸어가야 하는 남편의 억장 또한 얼마나 무너져 내렸겠는가. 두 사람은 인정에 끌리지 않으려 필사적으로 이를 악물었다.

주기철 목사가 다시 간수의 등에 업혀 면회실을 나가려 했다. 사랑하는 남편의 얼굴을 마지막으로 대면하는 순간이었다. 오정모 집사의 두 뺨에 하염없이 눈물이 흘러내렸다.

"마지막으로…… 부탁하실…… 말씀이 없으신가요?"
"…… 여보, 따뜻한…… 숭늉 한 사발이 먹고 싶소."

그는 아내를 향해 손을 흔들며 나지막한 목소리로 이 한마디를 남기고 돌아섰다.

오정모 집사는 유계준 장로를 찾아가 남편을 면회한 사실을 알리며, 오늘을 넘기기 어려울 것 같다는 이야기를 전했다. 그런 다음 산정현교회 성도들에게 연락해 집에서 철야기도를 하도록 당부했다. 그녀도 집으로 돌아와 어머니와 광조를 데리고 밤새 기도에 열중했다.

바로 그날, 1944년 4월 21일 금요일 밤 9시경 주기철 목사는 평양형무소 병감에서 고요한 중에 하나님의 부르심을 받았다. 그의 나이 47세였다. 이튿날 오정모 집사는 다시 형무소를 찾았다. 그리고 간수를 통해 주기철 목사가 숨을 거두었다는 사실을 전해 들었다. 형무소 측은 24시간 후에라야 시체를 내어 줄 수 있다고 했다.

그녀는 "내일이 안식일이라 시신을 모셔 갈 수 없으니 오늘 중으로 모셔 가게 해달라"고 호소하여 승낙을 받아 냈다.

오정모 집사는 형무소에서 나오자마자 유계준 장로에게 달려갔다. 유계준 장로의 아들이자 산정현교회 청년회장이었던 유기선은 그녀를 만난 순간을 이렇게 기억하고 있었다.

"감옥에서 주기철 목사님이 옥사하셨다는 소식이 들려왔을 때였어요. 오정모 집사가 우리 집으로 와서 '장로님 계십니까?' 그러더라고요. 그때 보니까 참 눈물을 흘리며 말을 하면서도 한편으로는 웃으면서…… '승리하셨습니다! 장로님, 승리하셨습니다! 우리 목사님 돌아가셨습니다. 승리하셨습니다!' 눈물을 흘리면서, 그 안 나오는 웃음을 보이면서, 주기철 목사님이 감옥에서 돌아가셨다는 이야기를 오정모 집사가 우리 집에 와서 처음 말씀하셨어요."

유계준 장로는 즉시 오윤선 장로에게 달려가 사후 대책을 의논했다. 오정모 집사는 유기선과 함께 손수레를 준비해서 형무소 북문으로 갔다. 오후 6시 해질 무렵 쪽문이 열리면서 주기철 목사의 시신이 나타났다. 유기선은 인부와 함께 밀감 상자 나무로 급히 만든 관에 시신을 모신 후 손수레를 끌고 평양고보 정문 앞에 있는 주기철 목사 자택으로 운구하였다.

어머니 조재선 여사는 맨발로 뛰어나와 관을 붙잡고 울음을 터뜨렸다.

"내 목사야! 내 목사야! 니 어찌 이렇게 됐노?"

오정모 집사는 울지 않았다. 그녀는 입관 예배를 드리기 전에 형무소에서 입었던 남편의 옷을 벗기고 탈지면에 알코올을 묻혀 온몸을 씻긴 후 수의를 갈아입혔다. 열두 살 소년 광조는 방 안에서 아버지 발목을 붙들고 울었다. 그때 광조는 아버지의 발을 보게 되었다.

갑자기 아버지의 신체를 한번 보고 싶었다. 발이 보고 싶어서 푸른 수의를 걷어 올렸더니 발톱이 전부 뭉개져 있었다. 그 순간 내 뒤에 서 있는 산정현교회 성도들이 아버지의 일그러진 발을 보는 게 부끄럽고 창피하다는 생각이 들었다. 나는 재빨리 푸른 수의로 아버지 발을 감싼 뒤 손으로 꽉 움켜잡았다. 어머니께서 위에서부터 몸을 다 씻기고 발까지 내려와 나더러 손을 치우라고 하셨다. "어머니, 아버지 발이 이상해서 사람들에게 보여 주고 싶지 않아요." 이 말을 하고 싶었지만 입 밖으로 나오지가 않았다. 내가 말도 없이 고개만 흔들면서 아버지 발목을 붙잡고 있자 어머니께서 내 손을 확 치우셨다. 아버지 발이 고스란히 드러났다. 제 형체를 알아볼 수 없을 정도로 뭉개진 채 검게 썩어 들어가던 아버지의 발. 어머니는 황급히 아버지의 발을 가리셨다. 그러더니 내 얼굴을 쳐다보셨다. 어머니는 다른 사람이 보지 못하게 발을 씻긴 후 흰 버선을 신기셨다. 내 마음을 이해하신 것 같았다.

수의를 다 입힌 후 입관하려 하자 조재선 여사가 통곡을 했다. 뒤에 있던 성도들이 일제히 참았던 울음을 내뱉었다. 오정모 집사가 조용히 일어나 비장한 얼굴로 말했다.

"여러분, 지금은 울 때가 아닙니다. 지금은 기도할 때입니다. 주

—— 주기철 목사의 장례식. 그의 순교는 변절의 길을 걷던 조선 교회에 남겨진 마지막 불씨이자
  희망이었지만 매일 새벽 아버지를 살려 달라고 울부짖던 어린 아들 주광조에게는 청천벽력 같은
  절망이요 씻을 수 없는 상처였다.

목사님은 나약해서, 힘이 모자라서, 무식해서 죽은 것이 아닙니다. 당연히 말해야 할 때 벙어리가 될 수 없어서, 당연히 가야 할 길을 도망치거나 피하고 싶지 않아서, 그리고 당연히 죽어야 할 시간에 살아남을 수 없어서 죽었을 뿐입니다. 그리스도와 함께 십자가를 지는 자만이 그리스도와 더불어 영광을 나눌 수 있습니다."

일본 경찰은 주기철 목사의 장례식을 저지하려 했지만, 조만식, 오윤선, 유계준 장로 등과 성도들은 오일장으로 장례식을 강행했다. 장례위원들을 모두 구속하겠다고 엄포를 놓았음에도 이들을 막을 수는 없었다. 4월 25일 오전 평양제2고등보통학교 교문 앞 공터에서 500여 명이 넘는 조문객이 참여한 가운데 장례식이 치러졌다. 영결 예배 후 주기철 목사의 시신은 그의 유언대로 평양 북쪽에 있는 돌박산 공동묘지에 안장되었다. 화창한 봄날이었다. 돌박산 곳곳에는 그가 흘리고 간 순교의 피와 땀인 양 진달래꽃이 흐드러지게 피어 있었다.

# 주기철 목사 순교기념비

朱基徹 牧師 殉教記念碑

(경남 출신)

1897. 11. 25 ~ 1944. 4. 21

의를 위하여 핍박을 받은 자는 복이 있나니
천국이 저희 것임이라 (마 5:10)

3

순교자 주기철 목사의

아들이라는 꼬리표

창원 호주선교사묘원 안에 세워진 주기철 목사 순교 기념비. 경남은 해방 전까지 호주 선교사
78명이 파송되어 활동한 곳이다. 이 중 순직한 선교사들의 산재한 묘를 2009년 이곳으로
옮겨 와 호주선교사묘원을 조성했다. 이듬해에는 신사참배 반대운동의 선봉에 섰던 경남의
숭고한 역사를 보존하기 위해 묘원 앞쪽에 경남선교120주년기념관을 건립했다.

# 아버지의 투쟁과 승리가 삶의 목적이었던
## 어머니 오정모

일제의 계속되는 압박에도 끝까지 평양에 남아 교회와 성도들을 돕다가 1941년 8월에야 조선을 떠난 곽안련 선교사는 미국에 도착한 직후인 1941년 10월 1일 다음과 같은 글을 남겼다. 이덕주 전 감신대 교수의 《사랑의 순교자 주기철 목사 연구》에 번역 소개된 글이다.

모든 목사들이 후스가 되지 못한 것은 참으로 안타까운 일입니다. 하지만 전체 교인의 반 이상이 신앙 생활한 지 10년도 안 되는 상황에서 지나친 것을 요구하는 것은 무리라는 점도 인정해야 합니다. 후스 같은 인물들이 다수를 점하기까지는 시간이 더 필요합니다. 그런데 후스 같은 인물들이 있습니다. 세계 모든 기독교인들은 평양에 있는 언덕 위에 평양에서 가장 큰 교회 중의 하나, 아름다운 벽돌 예배당의 주기철 목사라는 이름을 기억해야만 합니다. 그는 지난 5년간 거의 모든 시간을 감옥 안에서 보냈는데, 수도 셀 수 없을 만큼 매를 맞았음에도 교황 앞에 선 루터처럼 견고하여 흔들리지 않고 있습니다. 그의 나이 어린 아내 역시 그의 확고한 동지가 되어 여러 차례 감옥을 들락날락하였습니다. 경찰은 노회를 앞세워 그의 목사직을 파면시키는 불법을 저질렀습니다. 노모와 어린 자식들로 구성된 그의 가족은 사택에서 추방되었습니다. 일본에 있는 학교에 다니던 그의 아들은 수업을 계속할 수 없는 처지가 되었습니다. 그런데도 그는 절을 하지 않을 것입니다.

영적 스승이었던 주기철 목사의 부음을 접한 안이숙은 참담한 심정을 가누지 못했다.

아! 그는 그 얼마나 이 고생을 겪고라도 나가서 다시 강대에 서서 하나님이 하나님이신 것을 증거 하기를 원했을까? 그리고 가정을 그 얼마나 그리워했을까? 그는 한창 일할 나이였다. 마치 권위를 갖추고 경험과 자신이 서신 분이었다. 그런데 악마는 그를 찔렀다. 나는 세례 요한의 죽음을 생각하고, 이것은 20세기 세례 요한의 죽음이라고 외치고 싶었다.

장례식 때도 네 아들은 한자리에 모이지 못했다. 맏아들 영진은 황해도 해안 어장에서 일하고 있다가 4월 22일 입관 예배 후 장례식장에 도착했으며, 부산 애린원에 있던 셋째아들 영해는 4월 25일 발인 직전에야 겨우 올 수 있었다. 둘째아들 영만은 일본에 머물고 있었기 때문에 끝내 아버지 영전을 지킬 수 없었다. 막내 광조는 공부를 단념하고 동서치과의원에서 급사로 일하고 있었다. 그래서 막내아들 혼자 아버지 마지막 가시는 길을 온전히 지켜 드릴 수 있었다. 상주인 영진은 하관 예배를 마치고 산에서 내려오던 중 경찰의 체포를 염려한 오정모 집사의 권유로 집에 들르지도 못한 채 또다시 도피 길에 올라야만 했다.

주기철 목사의 아내 오정모 집사는 예수 그리스도의 십자가를 함께 지고 갔던 구레네 시몬과 같은 인물이었다. 그녀는 주기철 목사가 투옥되어 있을 때 단 하루도 따뜻한 방에서 잠을 자지 않았다. 예배당이 폐쇄되기 전에는 강대상 바로 아래서 밤이 새도록 무릎을 꿇고 기도했으며, 예배당이 폐쇄된 후에는 골방에서 방석도 없이 기도로 밤을 지새웠다. 그녀는 주기철 목사만큼이나 기도의 용사였다. 광조는 어머니가 언제 주무시는지, 언제 일어나시는지 통 알 수가 없었다. 어머니가 기도하는 모습을 보고 잠이 들었는데, 잠에서 깨어나 보니 여전히 기도하고 계셨기 때문이다. 기도는 그녀를 지탱해 주는 유일한 힘이었다. 그녀의 기도 제목 중 가장 중요한 것은 주기철 목사의 순전한 투쟁과 승리였다. 그것만이 그녀의 삶의 목적이었고, 살아가는 이유였으며, 조선 교회가 되살아날 수 있는 유일한 길이었다.

"오정모 사모는 철저하게 자기 남편이 희생의 제물로 바쳐지기를 기도했던 사람이었어요. 조금도 아까운 것 없이, 마땅히 드려져야 된다고 생각하고 있었죠. 혹시라도 실수할까 봐 그야말로 전전긍긍했던 분이었어요."

옆에서 오랫동안 지켜본 오재길 장로의 눈에 비친 그녀는 또 다른 의미의 순교자였다. 산정현교회 성도이자 방계성 장로의 조카딸인 방귀녀 권사도 같은 이야기를 한 적이 있었다.

"주 목사님은 감옥에 순교하려고 들어간 거니까…… 도리어 나올까 봐 걱정을 했었어요."

연세대 연합신학대학원장을 지낸 민경배 전 백석대 석좌교수
는 자신의 저서《순교자 주기철 목사》에서 오정모를 이렇게 평했다.

주기철의 위대한 신앙 투쟁에 그의 부인의 결단과 격려는 실로 결정적 역
할을 한 것이 사실이다. 지아비의 죽음을 기다리는 여인이 누가 있으리오.
하지만 그 부인 오정모는 주기철을 순교로 이끌고 간 이 세상에 단 하나의
반려자였다.

이렇게 강철 같은 믿음을 가지고 있던 오정모 집사였지만 그녀
또한 한 남자의 사랑받는 아내였다. 주광조 장로는 당시 어머니가
눈물 흘리는 광경을 딱 세 차례 목격했다고 한다.

할머니와 저에게 주 목사의 순교는 영광이요 자랑이니 결코 울어서는 안
된다고, 오히려 기뻐해야 한다고 야단치듯 훈계하시던 어머니. 산정현교

평양 돌박산에 있는 주기철 목사와 오정모 집사의 묘소. 왼쪽이 주기철 목사,
오른쪽이 오정모 집사의 무덤이다. 가운데 청년들은 산정현교회 성도들로 추정된다.

회 성도들에게도 결코 목사님의 죽음을 슬퍼하지 말라고 역설하시던 어머니. 그 어머니께서 꼭 세 번 소리 내어 우셨습니다.

첫 번째는 발인하던 날, 부산에서 셋째형님이 도착했을 때입니다. 어머니는 먼 길을 허겁지겁 달려온 아들에게 마지막으로 아버지 얼굴을 보여 주기 위해 관 뚜껑을 열고 영해 형님을 인도하셨습니다. 관 속에 놓인 아버지 얼굴을 다시 보면서 어머니는 그동안 참아 왔던 눈물을 왈칵 쏟아 내셨습니다. 긴긴 세월 모질게 견뎌 온 눈물이기에 얼마나 애절하게 우시던지 온 성도들이 따라 우느라 마을 전체에 그 곡성이 진동할 정도였습니다.

두 번째는 돌박산 공동묘지에 아버지 시신을 안장하고 나서입니다. 저는 졸지에 아버지를 잃고 고아가 된 심정으로 산 중턱 바위틈에서 혼자 서럽게 울고 있었습니다. 하관 예배를 드리던 중에 무리를 빠져나왔던 것입니다. 그런데 어머니가 다가와 울고 있는 저를 꼭 끌어안아 주셨습니다. 평소 엄격하셨던 어머니였기에 그날 저를 껴안아 주시던 따뜻한 마음이 더 진하게 전달되었습니다. 저는 비로소 어머니의 깊은 사랑을 알게 되었습니다.

세 번째는 아버지 장례를 마친 후 옷장을 정리할 때였습니다. 어머니는 옷장 속에 있는 함지를 꺼내 그 안에 든 밤을 제게 먹으라고 내놓으셨습니다. 아버지는 생선회와 밤을 유난히 좋아하셨습니다. 그래서 해마다 가을이면 햇밤을 모아 두었다가 아버지 면회하러 갈 때 가지고 가곤 하셨습니다. 그러나 더 이상 밤을 보관할 필요가 없게 된 것입니다. 어머니는 또 한 번 우셨습니다. 그때 제가 본 어머니는 가냘프고 여린 한 여인이었습니다.

# 한마음으로 신앙의 정절을 지켜 낸
## 산정현교회

주기철 목사가 끝까지 신앙의 절개를 지키고 승리할 수 있었던 데에는 산정현교회 성도들의 눈물겨운 헌신과 희생이 뒷받침되었다. 그들은 일제의 끈질긴 협박과 탄압 속에서도 "신사를 참배한 사람이 강단에 서는 것을 절대 허용하지 않는다"라는 원칙을 지켜 나갔다. 이는 점차 다른 지역으로 확산되어 신사참배 반대운동의 기본 원칙이 되었다. 성도들은 주기철 목사가 검속되어 잡혀갈 때마다 새벽기도, 철야기도, 금식기도를 이어 가며 신앙의 각오를 다지곤 했다. 형편이 닿는 대로 주기철 목사 가족들을 돌보는 일에도 자진해서 앞장섰다.

아버지와 어머니에 대한 성도들의 사랑은 대단한 것이었습니다. 우리 집은 밤낮으로 일본 경찰에 의해 감시를 당하고 있었습니다. 그러다 보니 여자 성도들이 집 주변에 몰래 숨어 있다가 경찰이 잠시 틈만 보이면 재빨리 우리 집으로 들어와 어머니 손을 붙잡고 울면서 밤새도록 예배를 드렸습니다. 잠잘 시간도 주지 않고 이어지는 예배가 어린 저에게는 참기 어려운 고통이었습니다. 여자 성도들과 어머니가 함께 드리는 예배는 쉬는 날이 없었습니다. 감옥에 갇힌 아버지를 위해 기도하고 나면 이번에는 다른 분들이 들어오셔서 문이 닫혀 버린 교회를 위해 기도하셨습니다. 그렇게 예배와 기도는 끊임없이 반복되었습니다.

학교나 학원에 갈 수 없었던 광조는 집에 있으면서 수시로 어머니를 찾아오는 성도들과 함께 기도와 예배에 동참해야 했다. 어린 아이로서는 견디기 힘든 시간이었을 것이다.

당시 산정현교회에는 민족 지도자로 추앙받던 조만식 장로를 비롯해서 그분과 더불어 호형호제하던 오윤선 장로, 마산 문창교회로 주기철 목사를 청빙하기 위해 조만식 장로와 함께 내려갔던 김동원 장로, 신사참배 반대운동에 끝까지 앞장서다가 6·25전쟁 때 순교한 유계준 장로, 부산 초량교회 시절부터 인연을 맺은 뒤 주기철 목사 뒤를 이어 목회자의 길을 걷다가 역시 6·25전쟁 때 순교한 방계성 장로 등 내로라하는 인물들이 당회에 포진해 있었다. 이들은 모진 환난 속에서도 흔들리지 않고 주기철 목사를 도와 교회를 지켜 나갔다.

몇몇 장로와 집사들은 1년에 네댓 번씩 정기적으로 주기철 목사의 집을 방문하였다. 조만식 장로는 그때마다 조재선 여사에게 큰절을 올렸다. 늘 자신들이 목사를 잘못 모셔서 이렇게 고생을 시킨다며 송구스러워했다. 그들은 나이로 따지면 주기철 목사보다 10여 년 이상 연상이었다. 학문적으로나 사회적 지위로도 주기철 목사보다 나은 위치에 있었다. 그렇지만 그들은 주기철 목사가 신사참배 반대의 깃발을 높이 들어 올렸을 때 한마음으로 이에 순종하면서 우상숭배를 강요하는 일제에 결연히 맞서 싸웠던 것이다. 이것이 바로 대부분의 조선 교회가 쓰러져 갈 때 산정현교회만이 신앙의 정절을 지켜 낼 수 있었던 비결이다.

그분들이 방문하는 날이면 나는 잠을 설쳤다. 왜냐하면 그분들은 항상 먹

을 것을 가지고 오셨기 때문이다. 내가 열 살 때였을까…… 경창리에 있는 단
칸방에 살고 있을 때였다. 방 한쪽 구석엔 재봉틀 받침이 있었는데, 나는 그것
을 책상 삼아 공부를 하곤 했다. 책상 앞 벽에는 다섯 사람의 사진이 나란히 걸
려 있었다. 사진을 갖게 된 경위는 잘 기억이 나지 않지만, 어쨌든 그 사진 속
주인공들은 독립투사였던 이승만, 안창호, 김구, 그리고 대한제국 고종황제
와 아버지 주기철 목사였다. 일본 경찰들이 자주 와서 안방을 기웃거리다가
사진을 보고는 나에게 "야, 너 이 사진들 걸어 놓으면 너도 네 아버지처럼 감
옥에 들어갈 거야!"라며 엄포를 놓았다. 하지만 사진을 떼거나 찢는 등의 횡포
는 부리지 않았다. 으레 그런 집이거니 했던 모양이다. 그러다가 조만식 장로
님이 오셔서 사진을 보고 "누가 붙여 놓은 거냐?"고 물으셨다. 내가 그런 거라
고 말씀드렸더니 "이런 사진을 붙여 놓으면 위험한데 괜찮겠냐?"고 하셨다.
그러고는 내 머리를 쓰다듬으며 "그 아비에 그 자식이로구먼!" 하면서 웃으셨
다. 어머니도 곁에서 "경찰도 보더니 그냥 두고 갔어요"라며 한마디 거드셨다.

주기철 목사 가족과 산정현교회 성도들 사이가 얼마나 친밀했
었는지를 단편적으로 알 수 있다. 이런 목자와 양의 관계였기에 묵
묵히 한 시대의 십자가를 질 수 있었던 것이다. 목사는 감옥에 들어
가 있었고 예배당 문은 굳게 닫혀 있었지만, 성도의 기도와 교제는
꺼지지 않고 활활 타오르고 있었다. 특히 여자 성도들의 신앙과 열
정은 뜨겁기 그지없었다.
　산정현교회와 가까운 곳에 있는 신현교회 이유택 목사도 신사
참배를 하지 않아 감옥에 갇히게 되었다. 그는 완강히 저항하다가
혹독한 고문을 받았다. 그러던 중 그의 양어머니가 면회를 갔다. 양
어머니는 그를 끈질기게 설득해서 결국은 신사참배를 하게 만들었

다. 이 소식을 전해 들은 산정현교회 집사들이 풀려난 이유택 목사를 찾아가 면박을 주었다고 한다.

"목사님, 베드로를 생각하고 다시 들어가십시오!"

이런 교인들이다 보니 모여서 예배를 드릴 때마다 형사들에게 검속되기 일쑤였다. 경찰서에 끌려가 조사를 받고 취조당하는 일이 힘들고 괴로웠을 텐데도 풀려나기만 하면 다시 모여 예배를 드렸다. 산정현교회 출신인 이재은 집사는 여자 성도들의 끝없는 투쟁을 이렇게 설명했다.

"여자 집사들은 대개가 과부였다. 그래서 목숨 하나 있는 것 아깝지 않게 신앙을 위해 내버릴 각오를 하고 있었다. 항간에는 '산정현교회 집사들은 모두 과부들이라서 꿈쩍도 하지 않을 거다. 경찰이 아무리 신사참배를 강요해도 먹히지 않을 거다'라는 말이 있었다."

18세기와 19세기 천주교 박해의 역사를 다루고 있는 김훈의 소설 《흑산》에는 많은 순교자와 배교자가 등장하는데, 이 중 가장 가슴을 저리게 만드는 건 과부 오동희의 기도다.

주여, 매 맞아 죽은 우리 아비의 육신을 우리 아들이 거두옵니다. 주여, 당신이 십자가에서 죽었을 때 당신의 주검을 거두신 모친의 마음이 어떠했으리까. 하오니 주여, 우리를 매 맞지 않게 하옵소서. 우리를 매 맞아 죽지 않게 하옵소서. 주여, 우리를 굶어 죽지 않게 하소서. 주여, 우리 어미 아비 자식이 한데 모여 살게 하소서. 주여, 겁 많은 우리를 주님의 나라로 부르지 마시고 우리들의 마을에 주님의 나라를 세우소서. 주여, 우리 죄를 묻지 마시옵고 다만 사하여 주소서. 주여, 우리를 불쌍히 여기소서.

과부들의 기도는 신학자나 성직자들의 기도와 달랐다. 뼛속까지 울리는 처절하고 진솔한 백성들의 신음이었다. 산정현교회 과부들의 기도가 이러했을 것이다. 그들은 주기철 목사가 감옥에 있을 때면 먹지도 자지도 않고 예배당이나 집에 모여 밤새 울며 기도에 매달렸다. 주님은 과부를 제일 불쌍히 여기셨고 그들의 기도를 들어주셨다. 구한말과 일제강점기에 가장 비천한 처지에 있었던 과부들은 혹은 전도부인으로 혹은 기도의 용사로 조선 교회에 든든한 초석을 놓았다. 주기철 목사의 온전한 순교 역시 이들이 드린 기도의 응답이었다. 오정모 집사까지 합류하게 된 과부들의 기도는 질경이처럼 강인하고 끈질기게 이어졌다.

조선 교회를 든든히 지켜 온 건 여성이었다. 신앙 열정이 남달랐던 여성들은 사경회나 기도회만 열리면 구름처럼 모여들었다.

## 해방 때까지 이어진 유랑생활과
## 열세 번의 이사

　주기철 목사가 투옥되어 있던 긴 세월 동안 가족들의 삶은 말할 수 없이 혹독했다. 그러나 식구들은 이를 내색하지 않았다. 오정모 집사는 면회를 가서도 남편에게 힘들고 어려운 이야기를 일절 하지 않았다. 교회도, 어머니도, 아이들도 다 평안하니 안심하라고만 말해 주었다. 예배당이 폐쇄되고 교회 사택에서 쫓겨난 이래 해방이 되기까지 가족들은 무려 열세 번이나 거처를 옮겨 다녀야 했다. 일본 경찰의 철저한 감시와 통제를 받는 이들 가족에게 누구도 방을 빌려 주려 하지 않았기 때문이다. 어렵사리 세를 얻어 들어가더라도 집주인들은 서슬 퍼런 일제의 눈치를 보아야 했고, 얼마 가지 않아 방을 비워 달라고 요구했다.

　그런 와중에 오정모 집사는 아버지를 위해 함께 기도해야 한다며 어린 아들들에게 툭하면 금식기도를 시켰다. 주일은 당연히 금식하는 날이었고, 3일씩 연달아 금식기도를 시키는 때도 많았다. 그녀는 겨울에 불도 때지 않은 방에 들어가 20여 일 동안이나 금식기도를 한 일도 있었다. 아버지가 감옥에서 고생하고 계신데, 우리가 어떻게 따뜻한 방에서 더운밥에 맛있는 반찬을 먹을 수가 있겠느냐며 간소한 생활을 요구했고, 틈나는 대로 성경을 읽도록 했다. 당시 영해는 성경을 아홉 번이나 읽었고, 광조는 수십 번도 더 읽었다고 한다.

그녀는 새벽 4시에 일어나 기도한 다음, 5시면 가족들을 다 깨워 한 시간 동안 기도하게 했다. 시간을 채우지 못하면 날벼락이 떨어졌다. 이렇게 하다 보니 습관이 되어 "예수 그리스도의 이름으로 기도합니다. 아멘!"하고 고개를 들면 정확히 한 시간이 지나 있었다는 것이다. 그녀는 자식을 치마폭에 품어 주는 어머니라기보다 학생을 가르치는 선생님처럼 엄한 규율로 훈계하였다. 이는 아버지 없이 자라는 아이들이 연약해지지 않도록 하기 위함이었으며, 주기철 목사의 아들이라는 데 대해 강한 신앙적 자부심을 갖게 하기 위함이었다.

그토록 힘겹게 살아가던 시절, 광조에게는 세 가지 기도 제목이 있었다고 한다.

첫 번째는 아버지를 살려 달라는 기도였다. 그때는 먹을 것이 없어서 두세 끼를 그냥 굶든가 아니면 저녁때 죽을 먹는 게 고작이었다. 그렇게 허기진 배를 끌어안고 쪼그려 자다가 새벽부터 일어나 통성으로 기도하고, 성경을 읽어야 하는 게 얼마나 힘들었는지 모른다. 하지만 나는 아버지가 구속되고 나서부터 그 일을 하루도 빠짐없이 했다. 이유는 간단했다. 어떻게 해서든 하나님께 아버지를 살려 달라고 애걸해야 했기 때문이다. 달리 다른 말을 붙일 내용도 없었기에 오직 "아버지를 살려주세요" 하는 기도만 되뇔 뿐이었다. 벽을 향해 무릎 꿇고 앉아 작은 주먹을 움켜쥔 채 기도하고 또 기도하기를 반복했다.

두 번째는 배부르게 먹고 싶다는 하소연에 가까운 기도였다. 어머니는 아침마다 묽은 죽을 쑤어 큰 그릇에 가득 담아 주면서 세 끼로 나눠 먹으라고 하셨다. 건더기도 없는 묽은 죽을 세 차례로 나눠 먹는 일은 쉽지 않았다. 한 번에 다 먹어도 시원치 않은 양이었다. 하지만 그랬다간 온종일 굶어야 했다. 한 번은 도저히 참지 못하고 내 몫의 죽을 한꺼번에 다 마셔 버리고는 점심때 할머니가 죽 드시는 모습을 멍하니 바라보고 있었다. 어린 손자를 측은히 보신 할머니는 어머니 몰래 상에 있는 죽 그릇을 내 앞으로 밀어 주셨다.

때마침 어머니가 들어오셨다. 어머니는 "네 죽은 혼자 다 먹고 할머니 드시는 죽을 빼앗아 먹으면 어쩌느냐"며 호통을 치셨다. 할머니는 "배고파 그런 걸 나무라지 말라"며 나를 감싸 주셨다. 그래도 죽이라도 먹는 날이면 괜찮았다. 양식이 없어서 그런 것이지만, 어머니는 한 달에도 몇 번씩이나 3일 금식기도를 시키셨다. 그런 날은 몸을 제대로 가눌 수가 없었다. 그런데도 한마디 반항을 할 수가 없었다. 아버지를 위해서 기도하자는데 이를 거부할 수가 없던 것이었다. 그 시절 나는 배가 터지게 밥 한번 먹어 보는 게 소원이었다.

세 번째는 공부할 수 있게 해달라는 기도였다. 친구들이 다 학교로 향하고 있는데, 썰렁한 동네에 혼자 남아 아이들의 뒷모습을 바라봐야 하는 건 정말 비참한 일이었다. 아버지가 처음으로 구속되면서 형님들은 다니던 학교에서 모두 퇴학을 당했다. 그런 형편이다 보니 나는 학교 운동장 한 번을 밟아 보지 못했다. 당시 산정현교회 사찰로 일하던 할아버지가 계셨다. 사찰이란 보수를 받고 예배당 청소와 관리 등을 맡아 하는 사람을 가리킨다. 그분의 손자 중에 내 또래 친구가 있었다. 교회 사찰인 할아버지 손자는 학교를 가는데, 목사 아들인 나는 학교에 갈 수 없다는 생각에 닭똥 같은 눈물을 흘린 적이 한두 번이 아니었다.

어머니가 원장 선생님을 찾아가 신흥학원을 그만두게 되던 날, 어머니와 형님 손을 잡고 나란히 걸어 나오면서 한편으로는 뿌듯했지만, 한편으로는 그나마 학원마저 다니지 못하게 되었다는 생각에 눈물이 주르륵 흘러내렸다. 나는 공부에 대한 갈증을 씻기 위해 동서치과의원에 급사로 들어가 마룻바닥을 닦고 잔심부름을 하면서 헌책방에서 책을 빌려 거리를 오가는 시간에 읽으면서 다녔다. 그러나 내 학업에 대한 갈망을 해결하기에는 역부족이었다. 나는 새벽마다 기도했다. "하나님! 학교 가서 공부하고 싶어요. 다른 애들처럼 말이에요."

주기철 목사의 순교가 조선 교회와 산정현교회, 그리고 오정모 집사에게는 승리의 기쁨이었지만 홀로 남겨진 아들 주광조에게는 하늘이 무너지고 땅이 꺼지는 슬픔과 절망이었다.

열두 살 어린 소년의 마음에는 아버지의 순교가 별로 자랑스럽지 않았다. 마지막 면회 때 몇 초 동안 바라봤던 아버지는 푸른 죄수복 차림에 삭발한 채 깡마르게 여윈 모습이었다. 그리고 나서 3주 후 아버지는 사과 궤짝으로 만든 허름한 관에 누워 싸늘한 시신으로 나타나셨다. 울면서 아버지 곁으로 다가간 소년의 손에 잡힌 발은 상처투성이였고, 발톱은 다 뽑혀서 흔적도 없었다. 그 모양이 왜 그렇게 보기 흉했던지……. 순간, 어머니의 엄한 명령 때문에 지켜 왔던 기나긴 새벽기도와 금식기도, 그리고 아버지만 살아서 나오시면 뭔가 나아지겠지 했던 막연한 기대가 허무하게 사라져 버렸다. 남은 건 슬픔과 분노뿐이었다.

장례식 날 아침, 나는 혼자 변소 안에 들어가 하늘을 향해 주먹질하면서 "아버지는 바보야! 못난이야!"라고 소리쳤다. 비록 감옥에 있어 체온을 느끼지 못하고, 몸을 만질 수는 없다 해도 아버지가 붉은 담장 너머에 살아

평양 산정현교회 제직원들. 앞줄 왼쪽부터 조만식 장로, 김동원 장로,
박정익 장로, 주기철 목사, 유계준 장로, 김봉순 장로, 오윤선 장로, 김찬두 장로.
산정현교회 제직 중에는 조선 교회를 대표하는 지도자들이 많았다.

숨 쉬고 있다는 것만으로 내게는 큰 위로와 의지가 되었었다. 그런데 아버
지를 돌박산 공동묘지에 묻고 돌아와 보니 형님들은 다시 뿔뿔이 도망을
가 버렸고, 어머니마저 경찰에 붙들려가 집에는 할머니와 나만 남게 되었
다. 그날 밤 불기 없는 차가운 방에서 말없이 눈물만 흘리고 있는 할머니의
주름진 얼굴을 쳐다보며 나는 "하나님이 다 뭐야! 나는 절대로 목사가 되
지 않을 거야!" 하면서 울부짖었다.

소년 광조에게 있어 아버지의 처참한 죽음은 자신의 간절한 기
도에 대한 하나님의 차가운 거절을 의미했다. 그는 하나님을 원망

했고, 아버지를 원망했다. 그깟 말 한마디면 가족 모두 편히 살 수 있었을 텐데, 당신 또한 모진 고문을 당하지 않아도 됐을 텐데, 할머니가 매일 밤 그렇게 흐느끼지 않아도 됐을 텐데, 형님들이 다니던 학교에서 쫓겨나 이리저리 도망 다니지 않아도 됐을 텐데, 남들처럼 그냥 물 흐르듯 쉽게 흘러갔더라면 우리 네 형제가 하늘 아래 고아처럼 세상을 떠돌며 고생하지 않아도 됐을 텐데, 왜 아버지는 우리에게 이런 형벌 같은 고단한 삶을 남겨 주고 떠나신 걸까? 그의 질문과 방황은 끝없이 이어지고 있었다.

## 나를 위해서
## 기념을 하지 말라


1945년 8월 15일, 마침내 해방이 되었다. 일본이 패망한 것이다. 새로운 세상이 왔다. 수많은 사람들이 거리로 쏟아져 나왔다. 이틀 뒤인 8월 17일 금요일 오전 9시에는 평양형무소 정문이 활짝 열렸다. 이기선, 방계성, 오윤선, 한상동, 주남선, 손명복, 고흥봉, 김화춘, 서정환, 이인재, 최덕지, 조수옥, 안이숙, 박신근 등 신사참배를 반대하다 감옥에 갇혔던 성도들이 일제히 풀려났다. 성도들은 찬송을 부르고 눈물을 흘리며 이들을 환영했고, 평양 시내는 감격과 흥분의 도가니에 빠져들었다. 안이숙은 그날의 감동을 이렇게 기록했다.

> 옥문은 크게 활짝 열리고 우리는 문밖으로 나왔다. 누가 주선해서 예비했는지 인력거가 수십 대 준비되어 있었다. 성도들을 모두 인력거에 태우고 수천의 무리는 찬송을 부르며 행진했다. 어두운 평양성엔 찬송 소리가 우렁차게 불려져서 진동을 하고 장사진을 친 예수인들은 줄을 서서 따라온다. 모두 숨어 있었던 기독교인들은 산에서 굴에서 또 비밀히 숨어 신앙을 지키던 가난한 집에서 순교도들의 가족들과 친척들은 대성통곡을 하며 또 어떤 이들은 환성을 지르며 수없이 수없이 모여들었다.

출옥한 성도들은 신양리에 있는 주기철 목사 자택을 방문하여 인사를 드린 후 다음 날인 18일 오전 11시에 한상동 목사 집 뜰에서

1천여 명이 참석한 가운데 해방 감사 및 출옥 성도 환영예배를 드렸다. 오정모 집사를 비롯한 많은 교인들이 감격에 겨워 행사장으로 향했다. 하지만 조재선 여사는 한사코 집에 있겠다며 고집을 부렸다. 아들이 죽고 없는 판에 잔치에 참여하는 것은 어미 된 도리가 아니라는 게 이유였다. 광조의 심정도 이와 다르지 않았다. 그가 맞이한 해방은 기쁨보다는 슬픔이, 환희보다는 외로움이 가득한 순간이었다.

식장에 들어서는 순간, 행사장을 가득 메운 인파 속에서 나는 동정과 연민이 뒤섞인 무수한 시선을 의식해야만 했다. 어머니와 나는 한쪽 나무 아래 자리를 잡았다. 앞에서는 출옥 성도의 자녀들이 행복이 가득한 표정으로 찬송을 부르고 있었고, 민족 해방과 조국 광복으로 인한 기쁨과 환희가 온 성도들의 얼굴에 넘쳐나는 가슴 벅찬 예배였다.

그러나 나무 그늘 밑에 쪼그리고 앉아 있는 열세 살의 나는 그런 즐거운 잔치 분위기가 이어지는 게 너무나 마음이 아팠다. 지금은 이 세상 그 어느 곳에서도 찾아볼 수 없는 아버지를 생각하니 밀물처럼 가슴 한구석이 저려 왔다. 모두 얼싸안고 춤추며 좋아하는 무리 속에서 나는 그 어느 때보다 절절한 슬픔과 외로움에 온몸을 떨어야 했다.

1년 반만 더 살아 계셨더라면 이 환희와 영광의 날을 맞이하실 수 있었을 텐데, 왜 하나님은 아버지를 실컷 고생만 하게 하다가 그리도 일찍 하늘나라로 데려가셨을까? 어머니는 하나님께서는 꼭 기도를 응답해 주실 거라고 했는데, 이게 어찌 된 일인가? 하나님은 귀머거리신가? 아니면 벙어리신가? 왜 하나님은 이 어린 가슴에 대못을 박으신 걸까?

8월 19일, 해방 후 처음으로 맞이한 주일에 5년 동안이나 닫혀 있던 산정현교회 예배당 양쪽 문이 시원스럽게 열렸다. 해방을 경축하는 이날 예배에는 출옥 성도들은 물론 산정현 강단을 그리워했던 수많은 교인이 구름처럼 몰려들었다. 오정모 집사 옆에는 주기철 목사의 장남인 주영진 전도사도 앉아 있었다. 한상동 목사가 인도한 이 감격스러운 예배는 시종일관 눈물바다를 이루었다. 복구된 산정현교회 당회는 한상동 목사를 주기철 목사 뒤를 이을 담임목사로 청빙했으며, 방계성 전도사와 주영진 전도사를 전임 교역자로 시무하도록 결정하였다. 산정현교회에는 이전과 같은 뜨거운 은혜와 사랑이 매일 같이 차고 넘쳤다.

한상동 목사가 부임을 하고 교회가 정상적으로 복구되면서 당회는 물론 교인들 사이에서도 사택에서 쫓겨나 셋방을 전전해야 했던 주기철 목사 가족들에게 적절한 예우를 해야 한다는 이야기가 자연스럽게 흘러나왔다. 이에 당회와 제직회에서는 가족들이 살 집을 마련해 주고, 땅을 사 줘서 생계를 유지할 수 있도록 하자는 안이 만장일치로 통과되었다. 당회와 제직회는 이런 사실을 오정모 집사에게 전달했으나 그녀는 완강하게 이를 거절하였다.

마음은 정말 감사합니다. 그러나 그 같은 교회의 사랑을 받을 수가 없습니다. 첫째는 물질을 의지하면 신앙이 약해지는 까닭이요, 둘째는 그 돈을 제가 받는다면 저는 남편을 팔아먹은 여인이 되기 때문이며, 셋째는 제 아비를 팔아서 그 혜택을 받아 자라는 자식들은 병신과 같은 정신 상태가 될 것이 분명하기 때문입니다. 저는 절대로 받을 수가 없습니다.

장로와 집사들의 거듭되는 요청에도 불구하고 그녀의 고집은

꺾이지 않았다. 하는 수 없이 당회와 제직회는 자신들이 결정한 사항을 철회할 수밖에 없었다. 오정모 집사는 절대 주기철 목사의 이름을 팔아 혜택을 보거나 출세를 하거나 잘살아 보려는 생각을 가져서는 안 된다는 확고한 신념을 가지고 있었고, 이를 네 아들에게도 누누이 강조하였다.

비록 오정모 집사의 완강한 태도로 인해 가족들을 합당하게 예우하는 일은 수포로 돌아갔지만 주기철 목사의 순교 신앙과 정신을 기리는 일만은 반드시 해야 하지 않겠느냐는 것이 대다수 교인들의 의견이었다. 이에 따라 당회와 제직회에서는 주기철 목사의 순교 기념비와 동상을 교회 정문 앞에 세우고, 그를 추모하는 기념관을 설립해 후세에 길이 기념하게 하자는 안을 만장일치로 결의하였다. 이때도 오정모 집사가 나서서 이를 결사반대하였다.

해방 후 평양형무소에서 풀려난 출옥 성도들.
뒷줄 왼쪽부터 조수옥, 주남선, 한상동, 이인재, 고흥봉, 손명복,
앞줄 왼쪽부터 최덕지, 이기선, 방계성, 김화준, 오윤선, 서정환.

일제의 오랜 수탈로 다들 형편이 어려운데, 이런 용도로 돈을 쓰는 것은 교회에 손해가 되는 일입니다. 주기철 목사님은 우상숭배에 반대하다가 돌아가셨습니다. 그런데 교회에 그분의 기념비와 동상을 세운다면 교인들 중에 그 앞에서 절을 하고, 꽃을 놓아 드리고, 우상처럼 섬기고자 하는 이들이 생길 겁니다. 이는 옳지 않을뿐더러 주기철 목사님을 오히려 욕되게 하는 일입니다. 주일날 예배를 드리러 오는 교인들이 교회에 들어서면서 오직 하나님만 생각해야지 정문에서 동상이나 기념비를 보고 주기철 목사님을 먼저 생각한다면 이는 주기철 목사님이 스스로 우상이 되어 교인들 마음을 흐리게 하는 일이 됩니다. 주기철 목사님을 기념하는 일은 각자 마음으로 하면 되는 일입니다. 그러니까 저는 절대 반대입니다.

이번에도 교회는 그녀의 고집을 꺾을 수가 없었다. 어쩔 수 없이 당회와 제직회는 결정을 번복하였다. 그 대신 돌박산 공동묘지에 있는 주기철 목사의 묘소 앞에 자그마한 순교 기념비를 세우게 되었다. '기독교인 주기철 목사 순교 기념비'라고 쓰인 비석 위에는 빨간 십자가를 그려 넣었고, 뒤에는 가족들의 이름을, 좌우편에는 성경 구절과 약력을 기록해 두었다.

방귀녀 권사의 증언은 주기철 목사 부부의 평소 생각과 소신을 잘 알 수 있게 해준다.

"주기철 목사님은 자기가 이제 곧 세상을 떠날 텐데, 세상을 떠난 후에는 산의 어느 골짜기든지 주기철이라는 이름을 하나도 넣지 말고, 나를 위해서 추도식도 하지 말고, 나를 위해서 기념을 하나도 하지 말라고 그러셨거든요."

# 손양원 전도사와
# 주기철 목사

손양원은 1935년 4월 5일 평양 장로회신학교에 입학했다. 평양 산정현교회에서 목회하던 주기철 목사는 손양원과 긴밀한 교분을 나누었다. 일제의 탄압으로 장로회신학교가 폐쇄된 이후 1939년 7월 14일 손양원은 애양원교회 전도사로 부임한다. 그 뒤 한 사람은 북쪽에서 한 사람은 남쪽에서 신사참배 반대운동을 주도해 나갔다. 1940년 9월 25일 손양원 전도사는 신사참배 거부로 여수경찰서에 검속되어 옥고를 치르며 종신형을 선고받기에 이른다.

손양원 전도사가 감방에서 언제 나올지 기약할 수 없게 되자 그의 다섯 남매는 살아남기 위해 뿔뿔이 흩어지게 된다. 이때 맏딸인 동희와 동생 동장은 부산 구포에 있는 고아원인 애린원에 보내진다. 거기서 동희는 주기철 목사의 큰아들 영진과 셋째아들 영해를 만났다. 신사참배를 거부하며 일제에 맞서 싸우던 대표적인 두 순교자의 자녀들이 국토의 남쪽 끝에 있는 한 초라한 고아원에서 만나게 되었다는 사실은 참으로 많은 것을 시사해 준다.

옥중에서 주기철 목사의 순교 소식을 접한 손양원 전도사는 부인 정양순에게 편지를 써 보냈다. 손양원정신문화계승사업회에서 2016년에 간행한 《손양원의 옥중서신》에 나오는 1944년 5월 8일자 편지의 일부다.

나를 유독 사랑하시던 주기 형님의 부음을 듣는 나로서는 천지가 황혼하고 수족이 경전하나이다. 노모님과 아주머니께 조문과 위안을 간절히 부탁하나이다. 그런데 병명은 무엇이며 별세는 자택인지요, 큰댁인지요. 알리워 주소서.

일제의 서신 검열이 삼엄하던 때라 그는 주기철을 '주기'로, 형무소를 '큰댁'으로 쓴 것이다. 해방 후 갇혀 있던 성도들이 자유의 몸이 되었다. 손양원 전도사도 감방에서 풀려나 애린원을 찾았다. 동희와 동장은 아버지를 다시 만나 얼싸안고 기쁨의 눈물을 흘렸다. 하지만 그 순간, 홀로 쓰디쓴 눈물을 삼키며 시린 가슴을 달래는 사람이 있었다. 주영해였다. 손동희 권사는 자신이 쓴 책 《나의 아버지 손양원 목사》에서 당시 상황을 이렇게 서술했다.

얼마 지나지 않아 아버지 앞에 가쁜 숨을 몰아쉬며 달려온 영해 오빠는 "목사님!" 하고 한 마디 불러 놓고는 더 말을 잇지 못한 채 아버지를 꽉 끌어안고 울음을 터뜨렸다. 설움에 북받친 영해 오빠는 주위의 시선도 아랑곳하지 않고 엉엉 목 놓아 울었다.
"제가 주기철 목사님 아들 주영해입니다. 흐윽 흐으윽."
"아, 네가 바로 감옥에서 순교하신 주기철 목사님의 아들이란 말이냐? 내가 가장 존경하던 주기철 형님 아들을 보니 마치 기철 형님을 본 듯하구나."
아버지 역시 그렇게 말을 해놓고 나서 그 불쌍한 아들을 어떻게 위로해야 좋을지 막막하기만 한지 더 말을 잇지 못하고 그저 서로 안고 흐느끼기만 할 뿐이었다. 아버지보다 다섯 살 위인 주기철 목사님을 아버지는 평소에 형님이라고 부르면서 존경해 왔다. 아버지는 영해 오빠를 만나자 주 목사님 생각에 눈시울을 적시는 것이었다.

주영해는 손양원 전도사의 품에서 벗어나 갑자기 도끼를 찾아 들고 고아원 밖으로 뛰쳐나갔다. 사람들이 깜짝 놀라 뒤를 쫓았다. 그는 공원 쪽을 향해 달려갔다. 그 공원에는 일본인들이 세워 둔 가미다나가 있었다. 가미다나神棚는 가정이나 사무실 등에서 신을 모시기 위해 만들어 둔 선반 또는 제물상을 가리킨다. 주영해는 도끼를 들어 그 우상을 단번에 부숴 버렸다. 그런 다음 어디론가 사라져 버렸다. 분하고 원통한 마음을 그렇게 풀어냈던 것이다.

생각해 보면 영해 오빠는 우리 가족과 참으로 깊은 인연을 맺은 사이였다. 두 오빠가 부산 통 공장에서 일할 때에도 함께 일했다. 그 시절에 영해 오빠에게는 우리 집이 이 세상에 단 하나뿐인 마음의 안식처였다. 우리 가족과 고락을 함께하며 어둡고 험한 세월을 같이 건너온 오빠다. 주기철 목사님의 순교 소식을 가장 먼저 우리 집에 울분과 함께 전하기도 했던 오빠다. 한날 우리 가정 예배 후 영해 오빠가 오더니 "사모님, 아버지가 오늘 감옥에서 순교하셨어요." 하며 흐느낀다. 이 말에 놀란 우리 가족들 모두 눈물의 바다를 이루었고 그때 눈물범벅이 된 영해 오빠의 얼굴은 아직도 기억에 생생하다.

어린 시절 손동희는 주영해와 순교자의 자식으로서 숱한 동병상련의 아픔을 나눈 바 있다. 한편 공산군의 총탄에 순교하기 얼마 전인 1950년 6월 손양원 목사는 김인서의 책《주기철 목사의 순교사와 설교집》출간을 앞두고 그에게 다음과 같은 서문을 써 주었다.

주기철 목사님은 하나님께서 우리나라에 보내셨던 하나님의 사람이요, 우리 앞에 세우셨던 의인이십니다. 저는 이 어른에게 직접 신앙 감화를 받은 사람 중 한 사람 된 것을 감사합니다. 일찍이 주 목사님은 경남성경학교 선생이셨고 나는 학생이었는데, 목사님의 로마서 강의 시간은 언제나 은혜의 부흥회였고, 간절한 정서와 열렬한 사명감, 즉 '신앙의 정서, 소명감의 열렬'은 당시의 일대 표어였습니다. 저에게 부탁하시되 "우리나라는 작은 나라이나 종교의 위대한 인물이 날 터이니 자네는 성자들의 전기를 많이 읽어 그 사람 되기를 준비하라"고 말씀하시더니 목사님 자신이 바로 그 사람이었습니다.

목사님이 평양 산정현교회에 계시고, 제가 평양 신학교에서 배울 때에도 목사님께 가까이 배울 기회가 많았습니다. 당시에 간증하시되, "신사참배 문제 이후로 설교할 때에 우상 죄를 공격하지 않으면 마음이 괴로워 견딜 수 없다"고 말씀하시던 것을 생각하면 목사님은 싸움을 위하여 싸운 것이 아니라 견딜 수 없는 신앙의 불길이 당신 마음속에서 불타올랐던 것입니다. 한번은 한상동 목사와 저를 향하여 "나는 북에서 싸울 터이니 제군들은 남에서 싸우라"고 백만 군중에 돌격하는 장군처럼 지령하던 그때를 생각하면 목사님은 의의 싸움에 참용사이셨습니다. 언젠가 많은 청중에게 "오늘 이 자리에 있는 사람들도 백 년 후에는 다 죽을 것이다. 그중에 가장 잘 죽은 사람은 누구인가?", "주를 높이다가 죽은 자가 복이 있으리라"(계시록 14:13), "예수님을 위하여 목숨을 버린 자가 가장 잘 죽은 사람인 것이니라"라고 하신 예언을 이제 생각하건대 이는 당신의 결심이었고 또한 실천이었습니다.

이 몸 역시 수감 중에 목사님의 순교 소식을 듣고 울었습니다. 아! 갸륵하다, 우리 주 목사님의 죽음! 과연 예수님의 제단에 드린 제물이요 대한 교

—— 창원공원묘원 내 경남선교120주년기념관 뒤편에 조성된 호주선교사묘원. 경남 선교에 일생을 바쳤던
호주 선교사 여덟 명을 추모하는 공간이다. 그 옆에는 경남 출신 한국인 순교자들의 기념비가 세워져
있는데, 동향이었던 주기철 목사와 손양원 목사의 순교 기념비도 나란히 건립되어 있다.

회의 면류관입니다. 최후 승리하신 주 목사님은 이제는 하늘나라에 계시려니와 이 땅에 남아 있는 우리는 목사님의 말씀이 듣고 싶더니…….

경남 창원시 마산합포구 진동면 인곡리에 위치한 창원공원묘원에는 호주 선교사들에 의한 한국 선교 120주년을 기념해 2010년 10월 2일에 설립된 경남선교120주년기념관이 들어서 있다. 그 뒤편에 조성된 호주선교사묘원에는 경남 지역에 최초로 복음의 씨앗을 뿌린 선교사 덕배시Davies J. Henry를 비롯한 여덟 명의 묘와 비석이 세워져 있다. 그 사이로 창원 출신인 주기철 목사와 함안 출신인 손양원 목사의 순교 기념비가 자리하고 있다. 둘 다 경남노회에서 목사 안수를 받은 고향 사람이었다. 고요한 산 중에 남해를 바라보며 서 있는 두 순교자의 비석은 한국 교회가 걸어온 고난과 질곡의 역사를 웅변해 주고 있는 듯하다.

# 김일성이
# 보내온 선물

흩어졌던 네 형제가 다시 모인 건 해방이 되고 나서였다. 살아서 다시 만난 일이 눈물겨웠지만, 예전의 그 가족은 아니었다. 아버지는 옥중에서 돌아가셨고, 할머니는 이전보다 훨씬 늙으셨으며, 어머니는 오랜 옥바라지 끝에 지칠 대로 지쳐 기력이 많이 약해져 있었다. 오정모 집사가 외부의 도움을 일체 받지 않으려 했기 때문에 살림살이는 여전히 곤궁했다.

산정현교회에서 일하게 된 주영진 전도사는 아버지를 쏙 빼닮은 목회자였다. 성도들은 그의 설교가 너무 은혜롭고 감동적이어서 주기철 목사의 설교를 다시 듣는 것 같다며 감격스러워 했다. 하지만 오정모 집사는 주영진 전도사가 산정현교회의 교역자로 시무하는 걸 반가워하지 않았다. 그가 주기철 목사의 장남이라는 이유로 아버지의 후광을 입어 영광을 받고 영향력을 행사하는 걸 원치 않았던 까닭이다. 주영진 전도사도 이를 잘 알고 있었다.

1945년 12월 말, 주영진 전도사는 평양에서 40리쯤 떨어진 평양 대동군 김제면 외제리 장현교회 담임 교역자로 임지를 옮기게 된다. 긴재교회로 더 잘 알려진 장현교회는 해방 후 신사참배와 동방요배 등 일제강점기에 범했던 죄를 회개하고, 당시 시무했던 교역자를 권고 사면시킨 다음, 산정현교회 당회에 후임 목회자를 보내 줄 것을 청원하여 당회가 주영진 전도사를 파송하게 된 것이다.

오정모 집사의 중매로 평양연합기독병원 간호사 출신인 김덕성과 결혼한 그는 병약한 어머니를 생각해 여든이 넘은 할머니 조재선 여사를 모시고 갔다.

둘째아들 주영만은 일본 와세다 대학을 나와 서울에 있는 국립맹아학교에서 근무하다 이승만 정부의 도움으로 미국 유학을 다녀온 다음 정치에 몸을 담는다. 셋째아들 주영해 역시 부산 애린원에 있다가 경남중학교를 졸업한 뒤 국립맹아학교 교사를 거쳐 사회복지사업에 헌신했다. 결국 막내아들 주광조만 어머니와 함께 살면서 산정현교회에 출석하게 된다. 끝까지 아버지와 어머니 곁을 지킨 그에게는 그만큼의 시련과 고통이 따랐으나 부모님의 마지막 순간을 지켜보며 유언을 받들었던 그의 삶은 한편으로 선택받은 복된 삶이기도 했다.

전라남도와 제주도 사이에 추자도라는 섬이 있다. 참여연대 창립대표와 한국 월드비전 회장을 지냈던 오재식의 고향이다. 해방이 되자 그는 형이 살고 있는 평양으로 오게 된다. 형 오재길을 따라 자연스럽게 산정현교회를 나가게 된 오재식은 또래인 주광조와 둘도 없는 친구가 되었다. 두 사람은 함께 숭인중학교에 들어갔다. 그가 남긴 회고록《나에게 꽃으로 다가오는 현장》에 보면 이때 주광조는 오재식에게 공부를 가르쳐 주었다고 한다.

주광조가 숭덕국민학교에 다니고 있었는데, 주일학교 친구이기도 하고 학교 친구이기도 하니까 그는 나와 잘 어울려 다녔다. 주광조는 내가 학교를 제대로 다니지 못했음에도 중학교 시험을 쳐야 하는 것을 알고 나의 가정교사가 되어 주었다. 그는 나를 열심히 가르쳤다. 물론 나도 열심히 배우며 공부에 흥미를 붙였다. 그리하여 우리는 다음 해 3월, 우수한 성적으로 숭인중학교에 입학할 수 있었다. 입학시험에서 주광조는 전체 학생 중 1등, 나는 2등을 했다. 그 덕분에 주광조는 1반 반장을 하고, 나는 2반 반장이 되었다.

결과는 좋았으나 과정은 순탄치 않았다. 주광조는 평일에 면접시험을 치러 별일이 없었지만, 오재식은 주일에 면접시험을 치르게 된 것이다. 그는 교회에 가기 위해 면접시험에 참석하지 않았다. 아무에게도 말하지 않고 혼자서 결정한 일이었다. 그는 그게 당연하다고 생각했다. 산정현교회에서 그렇게 배웠기 때문이다. 다행히 다음 날 학교에 가서 선생님께 잘 이야기해 교장 선생님 면접을 통해 중학교에 입학할 수 있게 되었다. 천만다행이었다.

1946년 4월 21일 주기철 목사 순교 2주기 추모예배를 드린 후 기도회에 참석했던 평양연합기독병원의 한 간호사를 통해 오정모 집사는 자신이 유방암에 걸린 사실을 알게 되었다. 의료선교사로 일하다 병으로 먼저 세상을 떠난 남편을 기리기 위해 허을Rosetta S. Hall 선교사가 1897년 평양에 세운 최초의 근대식 병원이 기홀병원인데, 이 병원이 1923년 평양장로회병원과 통합되면서 평양연합기독병원으로 불리게 되었다. 이 병원에는 산정현교회 성도인 장기려 박사가 일하고 있었다. 한국의 슈바이처로 불렸던 그는 심혈을 기울여 오정모 집사의 왼쪽 유방을 절제하는 수술을 했다. 수술 시 왼쪽 액와정맥에 손상을 입었으나 무사히 봉합수술을 한 다음 2주일

만에 퇴원한 그녀는 집에서 요양을 하고 있었다.

이때 공산당 인민위원회 간부들이 찾아왔다. 해방 이후 소련의 지원을 등에 업고 북한에 공산정권을 수립하기 위한 계획을 진행해 나가던 김일성은 1946년 2월 9일 북조선임시인민위원회를 조직하였다. 그들은 11월 3일로 예정된 총선거를 앞두고 한편으로 기독교를 탄압하면서도, 한편으로 대중의 지지를 받는 주요 인사들을 회유하는 양면전략을 구사하고 있었다. 주기철 목사의 부인인 오정모 집사는 당연히 그들의 포섭 대상 중 한 명이었다.

"주 목사님은 일제와 맞서 싸운 위대한 혁명투사입니다. 그래서 우리 공화국의 김일성 장군님께서 주 목사님의 숭고한 항일 투쟁 정신에 감복해 이 하사품을 보내 주셨습니다."

그들은 보자기 하나를 내밀었다. 그 안에는 남산동의 적산가옥 문서와 강서군에 있는 논밭의 토지문서, 그리고 현금이 가득 담긴 상자가 들어 있었다. 오정모 집사 곁을 지키고 있던 광조는 깜짝 놀랐다. 집과 땅과 돈, 그것만 있으면 이제 호강하며 살 수 있겠다고 생각했다. 모든 고생이 끝나고, 앞으로 마음껏 공부도 할 수 있으리라는 기대에 가슴이 설렜다.

"받을 수 없습니다. 주 목사님은 혁명 투사가 아닙니다. 그분이 순교한 것은 오직 하나님의 영광을 위해서였습니다. 결코 사람에게 칭찬받거나 보상받기 위함이 아니었습니다."

오정모 집사의 태도는 달라지지 않았다. 인민위원회 간부들은 여러 차례 장군님의 성의를 거절하면 안 된다며 설득했지만 요지부동이었다. 결국 그들은 가져온 하사품을 다시 가지고 돌아갔다. 광조는 한순간에 허무하게 날아가 버린 꿈과 기대가 말할 수 없이 아쉬웠다.

'언제 돌아가실지 모르게 위독한 어머니…… 만약 어머니마저 갑자기 돌아가신다면, 이 험난한 세상에서 나 혼자 살아가기 위해서는 저 돈이, 저 재산이 꼭 필요한데……'

오정모 집사는 아들의 마음을 읽었는지 침상에 누운 채 정색하고 광조를 불러 앞에 앉힌 뒤 성경 말씀 한 구절을 찾아 읽도록 했다. 시편 37편 25절, 26절 말씀이었다.

내가 어려서부터 늙기까지 의인이 버림을 당하거나 그 자손이 걸식함을 보지 못하였도다. 저는 종일토록 은혜를 베풀고 꾸어주니 그 자손이 복을 받는도다(개역한글).

이 말씀 속에 아들 광조를 향한 어머니의 기대와 당부, 기도와 소망이 모두 담겨 있었다.

—— 산정현교회 예배당 앞에서 치러진 오정모 집사의 장례식.
맨 앞줄 왼쪽부터 주영진 전도사, 주광조, 그리고 주광조의 형수인 김덕성. 오직 믿음으로 한국 교회의
순결을 지켜 낸 오정모 집사는 한국 성도들의 표상이요, 목회자 부인들의 사표였다.

# 아버지 덕 볼 생각 말라던
# 어머니의 유언

오재식은 친구 어머니이자 교회 선생님이었던 오정모 집사를 이렇게 기억하고 있었다. 회고록《나에게 꽃으로 다가오는 현장》에 나오는 대목이다.

내가 산정현교회를 다닐 당시는 주기철 목사가 돌아가셔서 계시진 않았지만, 그분의 철저한 신앙생활이 그대로 유지되고 있을 때였다. …… 오정모 전도사는 산정현교회의 초등학교 아이들을 가르쳤는데, 굉장히 철저하고 무섭게 교육시키셨다. 이를테면 초등학생밖에 안 되는 어린아이들에게도 "안식일을 지켜야 된다", "주일날 밥하면 안 된다. 토요일에 해서 주일엔 찬밥을 먹어라. 금식하면 더 좋다", "주일날 돈 쓰면 안 된다", "토요일은 교회에 와서 금식기도, 철야기도 해라" 하시며 그런 규율들을 철저히 지키도록 지도하셨다. 또한 주일에는 밖에 나가서 한 사람이라도 전도하여 교회에 데리고 오도록 했다. 나도 산정현교회에 있는 2년 동안 노방전도를 여러 차례 한 기억이 있다. "아저씨, 아저씨", "왜 그래?", "저하고 교회 가셔요", "내가 바쁘다", "아뇨. 갔다가 가셔야 해요" 이를테면 이런 식이었다.

오정모 집사는 투병 중에도 자신이 해야 할 일을 미루지 않았다. 죽음이나 병마 따위를 겁낼 사람이 아니었다. 그러다가 수술받은 지 10개월 정도 지났을 무렵 암이 재발하였다. 이전보다 통증이 심해 위중한 상태였다. 장기려 박사는 엑스레이 촬영을 비롯한 여러 가지 치료를 권했으나 오정모 집사는 더 이상 치료받을 필요가 없다며 모두 거절하였다. 여집사들이 정성으로 간호를 했지만 그녀는 뼈와 가죽만 남은 상태가 되었다. 균이 온몸으로 퍼져 몸 여기저기에 혹 같은 게 나 있었고, 머리털은 전부 빠져 민머리처럼 변해 있었다.

1947년 1월 26일 주일 저녁, 그녀는 병수발을 들던 여집사들에게 괜찮으니 다들 돌아가라고 했다. 방 안에는 광조만 남아 있었다. 아침이 밝아오는 걸 느낀 그녀는 자리에서 일어나 가정예배를 드리자며 광조에게 예배를 인도하라고 시켰다. 광조는 어머니를 위해 기도하고 나서 데살로니가전서 말씀을 읽던 중 심상치 않은 느낌을 받았다. 어머니가 돌아가시려는 것 같았다. 편안한 얼굴이었다. 그는 어머니 눈을 감겨 드린 뒤 교회 사택으로 달려가 방계성 전도사 부인에게 이 사실을 알렸다. 광조의 얼굴은 눈물로 뒤범벅이 되어 있었다.

그날, 그녀는 44세의 젊은 나이에 하나님의 부르심을 받아 그토록 그리워하던 남편 주기철 목사가 있는 곳으로 떠났다. 북녘의 찬바람이 옷깃을 여미게 하는 추운 겨울 아침이었다. 그녀는 전날 장롱 열쇠를 조카에게 주며 자신의 옷을 가난한 이들에게 나눠 주라는 부탁까지 해놓았다. 싸늘히 식은 어머니 시신 앞에서 홀로 남겨진 광조는 망연자실할 뿐이었다. 친어머니가 돌아가셨을 때처럼 젖먹이는 아니었지만 아직은 어머니 사랑이 한없이 필요한 열다섯 살이었다. 하지만 안타깝게도 광조의 눈에는 좀처럼 눈물 마를 날이 없었다.

당일 오정모 집사의 장례 예배가 방계성 전도사의 인도로 산정현교회 예배당 정문 앞에서 거행되었다. 해방 전에 일제의 철저한 감시와 방해 속에 치러졌던 주기철 목사의 장례식 때와는 달리 해방 후 산정현교회가 복구되고 평양이 다시 옛 모습을 되찾아 가는 가운데 드려진 오정모 집사의 장례식에는 각계각층에서 온 수많은 조문객으로 인산인해를 이루었다. 특히 산정현교회 여성도들은 자기들이 가진 물질과 시간을 다 들여 정성껏 장례를 도왔다. 아들과 며느리를 모두 앞세운 조재선 여사의 오열은 장례식장을 울음바다로 만들고 말았다.

예배가 끝난 뒤 교회 청년들은 상여를 들쳐 메고 돌박산 공동묘지로 향했다. 3년 전 먼저 간 남편 주기철 목사가 잠들어 있는 묘 바로 옆에 오정모 집사의 묘가 나란히 조성되었다. 교인들은 힘들고 어려운 일이 있을 때마다 돌박산 공동묘지를 찾아 주기철 목사의 묘를 둘러보곤 했었다. 이제 그 옆에 오정모 집사까지 묻히게 되면서 돌박산 공동묘지는 박해와 고난을 순결한 신앙으로 이겨 낸 모든 믿음의 형제자매들이 위로와 힘을 얻는 성지가 되었다.

아버지가 순교하셨을 때, 자식들을 위해 남겨 둔 물질적 유산은 아무것도 없었다. 순교자의 후예라면 누구나 겪을 수밖에 없었던 배고픔과 원망과 좌절만이 남겨졌을 따름이다. 그로부터 3년 후 어머니마저 돌아가셨을 때, 그분으로부터 내가 물려받은 유산은 성경 속에서 뽑아 낸 말씀 한 구절이 전부였다. 그것이 바로 시편 37편 25절, 26절이었다.

주광조의 고백처럼 주기철 목사와 오정모 집사는 아들들에게

단 한 푼의 돈도, 단 한 평의 땅도, 단 한 채의 집도 물려주지 않았다. 오직 하나님의 말씀과 자신들이 삶으로 보여 준 순교 신앙과 정신을 유산으로 물려줬을 뿐이다. 의인의 자식은 하나님께서 그 삶을 책임져 주신다는 이 믿음의 유산이야말로 세상 그 어떤 것보다 큰 지상 최대의 유산인 셈이었다.

"순교자의 아들은 강해야 한다. 아버지의 숭고한 뜻을 벌써 잊은 거냐?"
"훗날 무슨 일이 있더라도 결코 네 아버지 덕 볼 생각은 하지 말아야 한다."

광조는 어머니가 남긴 말씀을 떠올렸다. 그것이 자신에게 남긴 유언이라고 생각했다. 하지만 어린 광조가 그것만으로 살아가기엔 해방 정국의 소용돌이가 너무 거칠고 험난했다.

어머니는 아버지 면회를 갈 때마다 밥그릇을 아주 뜨겁게 데운 다음 식지 않게 품에 안고 가셨습니다. 면회실에 도착해 아버지를 만나면 품에 안고 있던 더운밥을 꺼내 아버지 앞에 내놓으셨습니다. 그래서 어머니 가슴팍은 늘 벌겋게 데인 상태였습니다. 자신의 몸이 뜨거워 데일지언정 아버지께 더운밥을 드시게 할 수만 있다면 그걸 기쁨으로 받아들이셨던 분입니다. 한번은 면회를 가서 아버지께 장국밥을 시켜 드린 일이 있습니다. 어머니는 아버지가 먹기 좋게 식사하시는 동안 장국밥 바리를 손에 올려놓은 채 받치고 계셨습니다.
몸을 움직이는 게 힘들었던 아버지는 덕분에 편안하게 식사를 하셨습니다. 나중에 보니 어머니 손이 빨갛게 익어 있었습니다. 살갗이 벗겨질 정도였습니다. 그 지경이 되도록 어머니는 아무 말씀도 하지 않고 장국밥 바리를 들고 계셨던 겁니다. 이를 본 일본 경찰들은 '저렇게 독한 여자가 세상에 어디 있겠느냐'며 혀를 차는 사람도 있었고, "조선에는 주 목사 내외만이 참 신자다"라며 감탄을 금치 못하는 사람도 있었습니다. 어머니는 그런 분이셨습니다. 그걸 보고 자란 저로서는 어머니를 따르고 존경하지 않을 도리가 없었습니다.

이런 일도 있었습니다. 겨울에 면회를 가면 아버지는 어머니께 야단을 치셨습니다. 옷에 솜을 넣지 말라는 것이었습니다. 어머니는 아버지가 추우실까 봐 옷에 두툼한 솜을 넣었습니다. 하지만 아버지는 고문을 당하면 물과 피가 흘러 솜에 스며들어 얼기 때문에 상처가 닿을 때마다 고통이 이만저만 아니었던 것입니다. 그러나 어머니는 영하 25도를 오르내리는 혹독한 추위에 솜을 넣지 않은 옷을 지어 드리면 살이 얼어 썩어 들어갈 게 뻔했기에 옷에 솜을 넣지 않을 수 없었습니다. 그때마다 어머니는 저를 붙들고 하소연을 하셨습니다.


광조는 눈만 감으면 어머니 모습이 떠올랐다. 면회실에서 밥그릇을 자기 앞으로 밀어 주시던 아버지 얼굴이 아른거렸다. 그는 두 분의 육신을 돌박산에, 두 분의 사랑을 가슴에 묻고 세상으로 나가 홀로 설 것을 결심했다. 슬픔과 눈물의 땅, 평양을 떠나기로 한 것이다.

# 광복 이후의
# 한국 교회


　　광복 이후 한국 교회는 두 가지 커다란 도전에 직면하게 되었다. 하나는 북한에 들어선 공산정권이었고, 또 하나는 일제강점기 때 대부분의 교회 지도자들이 보여 준 신사참배 등 친일행위에 대한 철저한 청산과 새로운 시대에 걸맞은 교회 재건에 관한 문제였다. 기독교 신앙을 부정하고 교회를 탄압하는 공산정권에 맞서기 위해서는 한국 교회 전체가 신사참배를 통렬하게 회개하고 반성하는 합당한 절차를 거친 후에 용서와 화해의 토대 위에서 새로운 청사진을 세워 교회를 재건해야 했음에도 불구하고 현실은 전혀 그렇지를 못했다.

　　한국 교회에는 평양을 중심으로 두 가지의 움직임이 일고 있었다. 첫 번째는 끝까지 신사참배를 반대하며 신앙의 순수성을 지켰던 성도들과 감옥에서 온갖 고초를 겪다 풀려난 출옥 성도들에 의해 펼쳐진 교회개혁운동이다. 이들은 신사참배에 순응한 교계 지도자들과 기성교회를 정화한 뒤 새로운 교회를 세워야 한다고 주장했다. 다소 과격한 주장과 온건한 주장으로 나뉘긴 했지만 큰 틀에서 과거 청산 뒤 개혁 교회를 재건해야 한다는 입장이었다. 대중의 지지를 받기는 했으나 지도급 인사들은 교계에서 소수파 비주류에 속했다.

　　두 번째는 용서와 화해를 통해 기성교회를 계승 발전시켜야 한다는 입장으로 신사참배에 적극적으로 순응하며 일제에 협조하면서 교회를 지켜 온 사람들이 주장하는 내용이었다. 이들은 신사참배를 반대하다 옥중에서 고생한 사람들보다 교회를 사수하고 성도들을 인도하기 위해 어쩔 수 없이 일제에 굴복한 사람들의 수고가 더 높이 평가되어야 한다는 궤변을 늘어놓았다. 근본적으로 회개하고 물러날 뜻이 전혀 없는 사람들이었지만 총회와 노회를 장악하고 있었기에 대중들의 지지 여부와 관계없이 교계에서 다수파 주류를 차지하고 있었다.

양측은 서로 조금씩 양보하면서 대화와 타협을 통해 한국 교회가 다시 사는 길을 모색해야 했으나 개혁을 주장하는 사람들은 선민의식과 우월주의에 사로잡혀 기성교회를 정죄하는 데 거리낌이 없었고, 계승을 주장하는 사람들은 자신들의 과오를 철저히 회개하고 책임지려는 자세 없이 위기를 모면하고 기득권을 유지하는 데만 신경을 곤두세우고 있었다. 남북분단과 북한의 공산정권 수립, 그리고 6·25 전쟁이라는 민족사의 비극은 시시각각 다가오고 있었으나 한국 교회는 이 두 세력이 마주 달리는 열차처럼 충돌을 향해 내달리고 있었다.

산정현교회는 중립을 지키려 했지만 쉬운 일이 아니었다. 1945년 9월 20일경 산정현교회에 모인 출옥 성도들과 평양 교계 지도자들은 교회 재건을 위한 5개 원칙에 합의하였다.

1. 교회의 지도자(목사 및 장로)들은 모두 신사에 참배하였으니 권징의 길을 취하여 통회정화한 후 교역에 나아갈 것.
2. 권징은 자책 혹은 자숙의 방법으로 하되 목사는 최소한 2개월간 휴직하고 통회 자복할 것.
3. 목사와 장로의 휴직 중에는 집사나 혹은 평신도가 예배를 인도할 것.
4. 교회 재건의 기본원칙을 전한 각 노회 또는 지 교회에 전달하여 일제히 이

것을 실행케 할 것.

5. 교역자 양성을 위한 신학교를 복구 재건할 것.


　　이는 해방을 주신 하나님 앞에서 한국 교회가 거듭나기 위한 최소한의 도리라고 할 수 있었다. 이를 토대로 북한 교회 재건을 위해 1945년 11월 14일 선천 월곡동교회에서 평북노회 주최로 평북 6개 노회 퇴수회가 열렸다. 한국 교회를 대표하는 지도자들이 대거 참석한 이 모임에서 이기선 목사는 신사참배 반대로 옥고를 치른 경험을 이야기했고, 박형룡 목사는 해방 후 한국 교회의 재건을 위한 기본 원칙을 발표하였다. 하지만 1938년 조선예수교장로회 제27회 총회에서 신사참배 결의안을 불법 가결시킨 홍택기 목사는 이에 반발했다.


　　옥중에서 고생한 사람이나 교회를 지키기 위해 고생한 사람이나 그 고생은 마찬가지였고, 교회를 버리고 해외로 도피생활을 했거나 혹은 은퇴생활을 한 사람의 수고보다는 교회를 등에 지고 일제의 강제에 할 수 없이 굴한 사람의 수고가 더 높이 평가되어야 합니다.


　　그의 발언으로 양측이 첨예하게 맞부딪히면서 모임은 아수라장이 되고 말았다.

　　이런 와중에 김일성은 주일 선거를 기점으로 대대적인 기독교 탄압에 나섰다. 북녘의 교회들은 다시금 수난의 길을 걸어야 했다. 이북5도연합노회 소속 교회 지도자들이 뭉쳐 공산정권에 맞섰지만 역부족이었다. 김일성은 외삼촌 강양욱을 내세워 어용단체인 조선기독교도연맹을 만들어 주일 선거를 지지하며 북한 교회들을 회유하기 시

한국 개신교 선교 100주년을 기념해 서울 종로구 연지동에 세워진 순교자 기념탑 기단에서
떨어져 나가 한동안 방치되어 있던 비문. 아무도 돌보지 않는, 쩍쩍 갈라진 비석의 모습이 해방 이후
분열과 대립을 거듭해 온 한국 교회의 실상을 보여 주는 듯하다.

작했다. 1947년 여름까지 북한 교회 3분의 1이 조선기독교도연맹에
가입했다. 이즈음 북한의 심상치 않은 정세를 파악한 출옥 성도들과
남한 출신 성도들 대부분은 신앙의 자유를 찾아 남쪽으로 내려왔다.

산정현교회를 이끌던 한상동 목사는 1946년 3월 돌연 남쪽으
로 내려가 버렸다. 그 이유가 공산주의자들의 압력을 피하기 위해
서라고 알려졌었지만, 사실은 산정현교회의 평양노회 가입을 둘러
싸고 벌어진 교인들과의 대립 때문이었다. 해방 직후 재건된 평양
노회는 산정현교회에 노회 가입을 촉구했다. 그러나 진정한 참회와
자신들의 손으로 제명해 버린 주기철 목사에 대한 복권이 이루어지
지 않은 상태에서 평양노회에 다시 가입할 수는 없다는 게 대다수
교인들의 생각이었다. 이에 반해 한상동 목사는 평양노회 가입을
찬성하는 쪽이었다.

그 후 산정현교회는 이기선 목사와 방계성 전도사를 중심으로
안팎의 당면한 과제들을 해결해 나갔다. 그러다 오정모 집사가 세
상을 떠나자 잠복해 있던 문제들이 수면 위로 드러나면서 산정현
교회마저 분열되기 시작했다. 평양노회 가입 여부를 두고 교인들이

갈라지게 된 것이다. 게다가 정치에 참여한 조만식, 김동원 장로 등의 민족주의 계열과 교회는 정치적인 문제에 거리를 두고 순수한 신앙 노선을 걸어가야 한다는 방계성, 박정익 장로 등의 신앙주의 계열로 다시 나뉘게 되었다. 결국 산정현교회는 둘로 쪼개지는 비극을 맞이하고야 만다.

"신사참배를 한 사람들은 진짜로 회개를 했어야 하고, 신사참배를 반대했던 사람들은 더 겸손하고 온유했어야 해요. 그런데 신사참배를 했던 사람들은 '우리가 하고 싶어 한 거냐? 그냥 국민의례로 한 것이고, 죽지 못해 한 것이다. 교회를 지키기 위해 어쩔 수 없어 그랬다' 이런 논리를 폈어요. 이에 맞서 신사참배를 하지 않은 사람들은 '우리는 하나님 앞에서 신앙을 지켰다. 그러니까 너희들하고 같이 섞일 수 없다. 너희가 먼저 회개하면 그 다음 우리가 용서하겠다' 이러니 화해할 수가 없었어요. 사람이 참 연약하다, 우리가 다 죄인이다, 다윗이나 바울도 실수하지 않았느냐, 하면서 서로 감싸안았다면 얼마나 좋았겠어요. 해방 후에 개신교 교단 전체가 모여서 진정으로 회개하고 자숙한 다음 완전히 새롭게 시작했더라면 한국 교회는 많이 달라졌을 거예요. 하지만 그때는 교계에 그럴 만한 리더십이 없었어요."

당시 부산 초량교회에 출석했던 한국기독교100주년기념재단 상임이사 김경래 장로는 그 시절을 이렇게 회고했다. 그 무렵 초량교회에는 출옥 성도를 중심으로 박윤선, 박형룡 목사 등과 함께 고려신학교를 건립하여 이른바 고려파를 이끈 한상동 목사가 시무하고 있었다.

# 학도병으로
# 전쟁터에 나가다

오정모 집사가 세상을 떠난 후 광조는 산정현교회의 배려로 예전에 가족들이 함께 살던 교회 목사관 한 구석방에서 숙식을 해결했다. 그 방은 바로 위인 영해 형님과 같이 사용하던 공부방이었다. 밤에 홀로 방에 누워 있으면 가족들과 함께했던 여러 가지 추억들이 떠올라 견딜 수가 없었다. 그는 매일 밤 눈물을 참지 못해 베개 위에 수건을 걸쳐 놓고 잤다.

문득 주위를 둘러보았을 때 내 곁에는 팔순이 넘은 무력한 할머니 외에는 아무도 남아 있지 않음을 알게 되었다. 새벽 5시에 일어나 한 시간씩 해야 했던 새벽기도를 하지 않아도 됐고, 하루에 몇 번씩 드리던 예배마저 한 번도 드리지 않게 되었다. 아무도 내 활동을 간섭하지 않았다. 하지만 나는 아무런 기쁨도 감격도 없는 외로운 생활에 젖어 있었다. 하나님은 하늘에만 계실 뿐 나에게는 아무런 위로도 힘도 되지 않는다고 생각했다.

1947년 숭인중학교에 다니던 주광조는 3·1절 때 반탁운동과 반공 시위에 참여했다가 퇴학을 당하고 말았다. 그는 북한 공산정권 아래서는 자신의 꿈을 펼칠 수 없다는 사실을 깨닫고 서울로 내려가기로 작정했다. 5월 14일 그는 장현교회로 주영진 전도사를 찾아간다.

"형님, 이곳은 위험해요. 교역자들이 다 남쪽으로 내려가고 있으니 형님도 가셔야 해요."

"…… 아니야. 나는 여기 그대로 남을 거야. 다 평양을 떠나면 누가 아버님이 순교하신 이곳을 지키겠냐? 모든 목사들이 다 남쪽으로 내려간다고 해서 북쪽 교회를 이대로 버려둘 수는 없지 않겠니? 여기는 아버님이 지키시던 평양이야."

형님과의 대화는 이것이 마지막이었다. 그날은 마침 수요일이었다. 주영진 전도사는 수요예배를 드리면서 광조에게 찬송가 270장을 특송으로 불러 달라고 요청했다. '우리가 지금은 나그네 되어도'라는 찬송이었다. 그는 형수 김덕성의 풍금 반주에 맞춰 독창했고, 마지막 절은 성도들과 같이 합창했다. 아버지와 두 어머니를 모두 잃고 뿔뿔이 흩어져 나그네처럼 힘겹게 살아가는 네 형제의 처지를 생각하며 형님 앞에서 목메어 부른 찬송이었다.

다음 날 광조는 단신으로 사선을 넘었다. 할머니 조재선 여사는 막내 손자의 손을 붙잡고 버스 정류장까지 따라 나오며 하염없는 눈물을 흘렸다. 눈에 넣어도 아프지 않을 막내 손자였다. 언제 다시 만날 수 있을지 기약도 없는 이별이었다. 며느리가 두 돌도 되지 않은 광조를 남겨 두고 먼저 간 이후 빈 젖을 물려 가며 자식처럼 키운 손자였기에 그 애틋함은 이루 말할 수가 없었다. 할머니는 떨어지지 않는 손을 어렵사리 놓으며 이렇게 신신당부했다.

"광조야, 하나님이 너를 끝까지 지켜 주실 것이다. 내 열심히 기도하마. 걱정 말고 내려가거라."

남쪽행을 주선해 준 지인들의 도움으로 주광조는 5월 17일 무사히 서울에 도착했다. 올 때 돈 한 푼 없이 보따리 하나만 들고 내려왔는데, 그 안에는 어머니께서 유언으로 주신 말씀 시편 37편이 적혀 있는 성경책이 들어 있었다. 그는 편지 봉투에 적힌 주소를 보고 둘째형님을 찾아갔다. 국립맹아학교 재무관으로 있던 주영만은 종로구 효자동에 살고 있었다.

허을 선교사가 점자를 만들어 맹아와 농아들에 대한 교육을 실시하고 있을 때, 일본은 조선인에 대한 유화정책의 하나로 1913년 4월 1일 조선총독부에 고아와 장애인 교육을 담당하는 기관인 제생원濟生院을 설립하여 맹아들에게 일본의 6점 점자를 가르치기 시작했다. 최초의 관립 특수교육기관인 제생원 맹아부는 1931년 4월 서대문구 천연동에서 종로구 신교동으로 교사를 이전했으며, 광복과 함께 제생원 교사였던 윤백원, 전태환, 이종덕 등이 원생들을 넘겨받아 교육해 오던 중 1945년 10월에 이르러 국립맹아학교로 학교 이름을 바꾸었다.

당시 보건후생부의 관할로 6년제 초등교육을 실시하였으며, 초대 교장에는 윤백원이 취임하였다. 1947년 2월에 문교부 관할로 이관되면서부터 점차 학교로서의 기틀이 잡혔으며, 같은 해 9월에는 5년제 중등부가 개설되어 최초로 맹아 및 농아 학생들에게 중등교육을 실시하게 되었다. 6·25전쟁 때 제주도로 피난하였다가 이듬해에 부산에서 가교사를 설치하고 수업을 계속한 학교는 1952년 6월에 서울맹아학교로 교명을 변경하고, 1953년 8월에 서울 본교사로 환원하였다. 이후 1959년 4월, 서울맹아학교와 서울농아학교로 분리되었다.

—— 1947년도 국립맹아학교 중등과 제1회 입학 기념. 앞줄 가운데 앉은 여성이 미군정 당국에서 파견한
윌든Olive A. Whildin 고문관이고, 그 왼편에 앉은 남자가 주영만 재무관이다.
—— 1948년도 국립맹아학교 정문 풍경.

두뇌가 뛰어나고 정치에 관심이 많았던 주영만은 독실한 기독교인인 이승만 대통령으로부터 여러 모로 지원을 받았다고 전해진다. 대한민국 정부 수립 직후인 1948년 10월 23일자 〈경향신문〉에는 '주영만 씨 도미'라는 제목으로 다음과 같은 그의 기사가 실릴 정도였다.

> 헬렌 켈러 여사 환영준비위원회 이사장이며, 국립맹아학교에서 맹아 교육에 종사하고 있는 주영만 씨는 오는 11월 13일 미국의 맹아자 교육상황을 시찰하는 한편 조선의 맹아자 교육을 위한 재단을 설립하고저 도미하기로 되었다 한다.

주광조는 평양에서 숭인중학교를 다니다 왔기 때문에 서울중학교 2학년에 편입하게 되었다. 둘째형님과 함께 국립맹아학교 사택에 살면서 학교에 다닐 수 있게 되어 주광조의 삶은 이전 그 어느 때보다 편안했다. 그는 서울역 인근의 성남교회를 다니며 충실하게 학생회도 나가고 성가대에서 봉사도 했다. 당시는 고등학교가 따로 없었고 중학교가 6년제였다. 요즘으로 치면 고등학교 2학년에 해당하는 중학교 5학년이 되었을 때였다. 6·25전쟁이 터지고 말았다. 잠시 동안의 안락함은 여기서 끝이 났다. 서둘러 남쪽으로 피난을 가야 했다.

그는 7월 18일 이미 공산군이 점령하고 있던 서울을 가까스로 탈출했다. 어엿한 열여덟 살 청년이 된 주광조는 무사히 부산까지 내려가기 위해 한 가지 꾀를 짜냈다. 도중에 인민군에게 걸리면 여지없이 강제로 끌려갈 판이었기에 국립맹아학교에 있던 농아들을 데리고 농아 행세를 하며 피난을 간 것이다. 둘째형님 집에 살면서 수화를 배워 둔 데다 아버지의 고문 장면을 본 이후 실어증에 시달린 덕에 평소 말이 어눌했기에 누가 봐도 의심할 여지가 없었다. 그는 그렇게 일곱 명가량의 농아들을 이끌고 산 넘고 물 건너 피난을 갔다.

인민군들은 쌀을 쪄서 어깨에 메고 다녔다고 한다. 비상식량이었다. 전투가 벌어져 국군 비행기가 폭격을 가하면 주광조는 숨어서 지켜보고 있다가 잠잠해지고 난 뒤 부리나케 달려가 인민군 시체를 뒤져 찐쌀을 모아다 먹어 가며 연명했다는 것이다. 천신만고 끝에 그는 부산에 이르렀다. 서울에서 피난길에 오른 지 무려 한 달여 만이었다. 거기서 주광조는 서울중학교 선후배와 동기생들을 많이 만나게 된다. 그들은 공산군의 총칼로부터 조국을 구하기로 결의하고 학도병에 자원입대하였다. 서울중학교 출신 학도병 자원입대자는 모두 453명에 달했다.

그해 겨울은 유난히 추웠다. 전쟁이 일어나 온 국토가 폐허가 되었고, 온 천지가 피투성이와 추위와 굶주림으로 얼룩져 이 나라 이 겨레에게는 전혀 소망이 보이지 않는 그런 암담한 현실이 이어졌다. 사람들 사이에는 '될 대로 돼라'는 풍조가 만연해 있었다.

# 평양 장현교회에서 시무하던 큰형의 순교

1945년 12월 말, 주영진 전도사가 부임한 후 장현교회는 부흥을 거듭하며 영향력 있는 교회로 급성장했다. 그는 이미 오산학교 시절 시편을 통달하고, 루터 신학교 재학 시절에는 로마서와 요한복음을 동급생들에게 강의할 만큼 성경 실력이 뛰어났다. 아버지를 닮아서 대쪽같이 굳은 믿음을 소유하고 있었으며, 한번 옳다고 생각하면 굽힐 줄 모르는 성격이었다. 아버지와 마찬가지로 그 역시 말씀과 기도 중심의 신앙생활을 고수하던 목회자였다.

어느 날 주영진 전도사와 함께 기차를 타고 평양에서 신의주까지 동행했던 한 여자 성도는 열 시간 가까이 기차를 타고 가는 동안 그와 단 한 마디 대화도 나누지 못했다고 한다. 그는 기차에 오르자마자 눈을 감고 기도를 시작해서 신의주에 도착할 때까지 기도를 쉬지 않았다는 것이다. 그를 모시고 사경회를 한 경험이 있는 사람들은 하나같이 그가 '설교 시간 외에는 전부 기도만 했다'라고 증언할 정도였다. 자연히 그를 따르는 성도들이 늘어났다.

이때 그에게 시련이 찾아온다. 1946년 6월 어느 주일이었다. 강단에서 그가 열심히 설교를 하고 있던 중 갑자기 요란한 군홧발 소리가 들려왔다. 총을 멘 보안서 정치보위부 내무서원들이 예배당 안으로 들어와 "최병문, 최병문 빨리 나와!" 하고 소리쳤다. 장현교회 집사인 최병문은 장현인민학교 교원으로 일하고 있었는데, 공산당을 반대하는 강연을 했다는 혐의를 받고 있었다. 최병문을 체포한 그들은 "주영진, 주영진도 나와!" 하며 소리를 질렀다.

그들은 강단까지 올라가 주영진 전도사를 강제로 끌어내 20여 리 떨어진 대동군 금제면 원장리 분주소로 연행해 조서를 작성한 뒤 서평양 보안서로 압송하였다. 주영진 전도사를 구속한 이유는 예배당 안에 김일성과 스탈린의 사진을 붙이지 않았다는 것이었다. 북한 공산당은 공공건물이나 큰 건물에 두 사람의 사진을 붙이고, 이승만과 김구를 타도하자는 포스터를 부착하도록 했다. 그러나 주영진 전도사는 단호하게 이를 거부했던 것이다.

"교회는 하나님께 예배를 드리는 곳입니다. 또한 성도들이 하나님께 기도를 드리는 곳입니다. 따라서 사람을 우상화하여 숭배의 대상으로 삼을 수는 없습니다."

그러자 그들은 예배당 바깥 출입구 쪽에 직접 두 사람의 사진을 붙였는데, 주영진 전도사가 그것을 떼어 냈다고 해서 불경죄로 잡아간 것이다. 주영진 전도사가 공산군들에게 잡혀가자 성도들은 울며불며 그 뒤를 따랐다. 이때 그의 아내 김덕성이 나서서 성도들을 만류했다.

"울지 마십시오. 우는 것은 우리 성도들의 부끄러움입니다. 이럴 때일수록 예수님의 십자가를 생각하셔야 합니다. 주 전도사님을 위해서 열심히 기도만 해주십시오."

좌. 일본 도쿄 일치 신학교 재학 시절의 주영진 전도사와 박치순 목사.
그는 주기철 목사의 아들이라는 이유만으로 퇴학을 당했다.

우. 주영진 전도사는 아버지로부터 고난과 순교를 유산으로 물려받았으나
아브라함의 아들 이삭처럼 오직 순종으로 그 길을 걸어갔다.

마치 주기철 목사와 오정모 집사의 모습을 보는 것 같았다. 아들 며느리가 어쩌면 그렇게도 아버지 어머니를 닮았는지 놀라울 따름이었다. 두 사람이 구속된 뒤 장현교회 성도들은 매일 교회에서 철야를 하면서 주영진 전도사와 최병문 집사를 위한 기도를 이어갔다.

주영진 전도사는 30일 동안 구금되어 있으면서 갖은 고문을 다 당했다. 두 손을 책상 위에 올려놓고 몽치로 내려쳐 손톱이 뭉개지며 피투성이가 되었고, 물을 먹인 후 전기 고문을 하면서 희롱과 저주를 일삼기도 했다. 그때마다 주영진 전도사는 오직 믿음으로 이 시험을 이기게 해달라고 기도할 따름이었다. 그가 풀려난 다음 3개월쯤 지나서야 최병문 집사도 풀려났다. 하지만 그 일로 최병문 집사는 장현인민학교 교원직에서 파면을 당해야만 했다.

1946년 11월 3일, 북조선인민공화국 총선거일이 다가왔다. 그날은 주일이었다. 주영진 전도사는 주일에 투표하는 것을 반대했다. 예배당 안팎에 선거 벽보조차 붙이기를 거부했다. 하루는 평양 문화부 간부와 인민재판소 지청 검사와 보안서 형사들이 들이닥쳤다.

"우리 인민공화국은 종교의 자유가 있습니다. 그러나 인민공화국을 반대하는 종교는 용납될 수가 없습니다. 주 전도사는 왜 우리 공화국의 선거를 반대하는 겁니까?"

"나와 우리 교인들은 선거를 반대하는 것이 아닙니다. 주일을 범할 수 없어서 그러는 겁니다. 성경에는 주일을 거룩히 지키라는 말씀이 있습니다. 또한 하나님의 성전인 예배당 안에는 어떤 정치, 경제, 사회 문제든 세상적인 것은 붙일 수가 없습니다."

주영진 전도사는 주일 저녁이나 이튿날 새벽이라도 좋으니 투표하라는 저들의 회유와 협박을 끝까지 거절했다. 선거 당일, 온 동네가 투표하느라 떠들썩했지만 장현교회 성도들만은 금식하면서 예배를 드리고 기도만 할 뿐 투표하러 가는 사람이 없었다. 그날 이후 주영진 전도사는 항상 솜두루마기를 입고 다녔다. 공산군에 체포당할 준비를 했던 것이다. 이런 와중이던 1947년 봄, 주기철 목사의 장손이자 주영진 전도사의 아들인 주수현이 태어났다.

강양욱이 만든 조선기독교도연맹 가입마저 거부하면서 공산정권에 맞서는 주영진은 그들에게 눈엣가시였다. 6·25전쟁이 일어나기 전날 공산당은 주요 종교지도자들을 일제히 처단할 계획을 세웠다. 그들이 주영진 전도사를 체포하기 위해 교회로 들이닥쳤을 때 그는 신의주 지방으로 사경회를 인도하러 가고 없었다. 전쟁으로 모든 교통이 두절된 상태에서 주영진 전도사는 장현교회로 다시 돌아왔다. 할머니와 아내는 빨리 산으로 피하라고 다그쳤지만 죽음을 각오한 그는 산정현교회와 장현교회 강단을 지키겠다며 피신을 하지 않았다.

다음 날은 주일이었다. 오전 11시, 목사와 장로와 집사들이 다 잡혀간 산정현교회 예배당에서 돌연 종소리가 울려 퍼졌다. 주영진 전도사가 예배를 인도한 것이다. '죽을 준비를 갖춰라. 천국은 우리의 나라다.' 아버지가 신축한 예배당 강단 위에서 그가 남긴 마지막 설교였다. 그 다음 날인 7월 3일, 그는 아버지 주기철 목사가 일본 경찰에 끌려가듯 공산군에 체포되어 어디론가 끌려갔다. 맥아더 장군의 인천상륙작전으로 서울이 수복되고 국군과 유엔군이 평양을 탈환할 때까지의 기간 동안 공산군에 의해 총살을 당한 것으로 전해질 뿐이다.

"30일 이내에 돌아오지 못하면 하나님 앞에 간 줄로 알고 더 기다리지 마시오. 수현이와 딸아이를 잘 키워 주시오. 늘 기도하면서 믿음을 잘 지키다가 기쁨으로 천국에서 만나요."

연행되어 가면서 주영진 전도사가 아내 김덕성에게 남긴 마지막 말이었다.

곧이어 중공군의 개입으로 국군과 유엔군이 다시 후퇴를 할 때 김덕성은 장현교회 성도들과 함께 할머니와 아이들을 데리고 내려오던 중 대동강에 이르렀다. 이미 다리가 폭파되어 갈 길이 막히게 되자 할머니는 "기력이 없어 더는 못 가겠으니 내 걱정 말고 너희들만이라도 어서 내려가라"라고 했다. 그러나 김덕성은 차마 할머니를 두고 자신들만 갈 수 없어서 남쪽행을 포기하고 되돌아갔다고 한다. 군대에서 이 소식을 전해 들은 광조는 통곡했다.

외롭고 배고팠던 이 손자를 온갖 정성과 사랑으로 길러 주셨던 할머니. 아버지 뒤를 따르기 위해 끝까지 평양에 남아 순교자 아들의 명예를 지키고자 몸부림쳤던 큰형님. 할머니와 큰형님에게 무슨 죄가 있기에…… 오, 하나님! 당신은 너무도 가혹한 분이십니다.

# 4
# 저, 기도 안 하니까
# 자꾸 기도시키지 마십시오

국립서울현충원 독립유공자묘역에 있는 주기철 목사와 안갑수 여사의 합장묘.
주기철 목사가 평양 산정현교회에서 목회할 때 사용하던 성경책과 순교 직전 평양형무소에서
덮었던 담요, 그리고 마산 문창교회 재직 시 급작스레 세상을 떠난 안갑수 여사의 유해가 묻혀 있다.
종교개혁주일 즈음이면 붉은 단풍과 샛노란 금잔디의 어울림이 절정에 달한다.

# 연희대 경제학과에
# 진학

부산 피난 시절에 만난 서울중학교 동창들이 학도병으로 자원 입대하는 걸 본 주광조는 미3사단에 지원했다. 우연히 길에서 사병 모집 공고를 본 것이다. 전시 상황이라 워낙 급박했기 때문에 일본으로 건너가 잠깐 훈련을 받은 다음 바로 전장에 투입되었다. 인천 상륙작전 이후 미3사단은 함경남도 함흥까지 진격해 올라갔다. 그러다가 1·4후퇴 때 중공군에 밀려 다시 경주까지 철수하게 되었다. 경주에 있는 입실이라는 곳에서 그는 서울중학교 2학년 1반 단짝이었던 최영진을 만나게 된다. 미3사단은 경주 입실국민학교에 주둔해 있었고, 바로 옆 면사무소에는 학도의용군 부대가 있었다.

군에 입대한 날부터 같이 근무하던 선배가 한 명 있었다. 그도 목사의 아들이었다. 그래서 더 끌렸는지도 모른다. 이심전심으로 통하는 게 있다 보니 서로 의지하며 지내게 되었다. 그러던 어느 추운 겨울밤, 술에 만취해 막사로 돌아온 그가 울며불며 한참 신세타령을 하다가 카빈 소총을 들고 밖으로 나갔다. 주광조는 불길한 생각이 들어 곧바로 뒤따라 나갔다. 이때 고요한 밤하늘의 정적을 찢는 한 방의 총성이 울렸다. 그는 대학교 1학년을 다니다 입대한 사람이었다. 꽃다운 청춘이 그렇게 사라져 갔다. 주광조는 입실 근처에 있는 기아봉에 그를 묻으며 쓰디쓴 눈물을 흘렸다. 그의 청춘 또

미3사단 근무 시절의 주광조. 허무와 절망 속에 매일 술을 의지해 살아가던
방황과 혼돈의 시기였다. 시간이 흐를수록 몸도 마음도 지쳐만 갔다.

한 그렇게 허망한 나날들이었다.

그 뒤 미3사단은 다시 북으로 진격하기에 이른다. 이후 휴전이
될 때까지 미3사단은 서울 종암동에 있는 서울대 상과대 건물에 주
둔해 있었다. 그가 맡은 일은 전사자들 명단을 정리해서 보고하는
것이었다. 하루도 빠지지 않고 전쟁으로 죽어 나가는 사람들 통계
를 내는 업무는 여간 괴로운 일이 아니었다. 게다가 공산군에 끌려
가 순교한 큰형님이며, 평양에서 세상을 떠났을지도 모를 할머니와
형수, 조카들 생각을 하면 맨정신에 도저히 잠을 잘 수가 없을 지경
이었다. 부대 근처에는 밤이나 낮이나 거지들이 득시글득시글했고,
온통 판잣집과 술집 천지였다. 그는 술에 의지해 살아갈 수밖에 없
었던 당시 심정을 글로 기록해 두었다.

매일 아침 전선으로부터 전사보고서를 받아 이를 카드에 기록하고 정리하면서 느끼게 되는 허무함과 절망감은 너무도 컸다. 도무지 삶의 의미를 찾을 수가 없을 정도였다. 군대에 있으니 먹고 자는 것은 전혀 걱정이 없었지만 미군 부대 철조망 바깥에서 행여 뭘 좀 얻어먹을까 서성거리는 굶주린 동포들을 볼 때마다 가슴은 더욱 미어지는 것 같았다.

나라의 위기, 죽음의 불안, 겨레의 굶주림, 언제 끝날지 모르는 희망 없는 전쟁, 거기다가 외국 군인들의 멸시와 조롱…… 이 모든 것이 스무 살 안팎의 나로서는 견딜 수 없는 고통의 연속이었다. 이 모든 것을 잊게 해주는 건 알코올이 유일했다. '술통 속의 생쥐.' 이것이 내 생활의 전부였다. 하루 일과가 끝나면 으레 그렇듯 동네 주막을 찾아가 독한 술에 찌든 몸을 담근 채 마비된 정신으로 잔인한 현실을 잊어버리기 위해 몸부림쳤다.

그즈음 최영진을 다시 만났다. 그는 학도의용군에 있다가 1951년 4월 공군에 지원해서 공군특무대에 복무하고 있었는데, 그 부대가 서울 안국동에 있었다. 주광조가 있는 미3사단이나 최영진이 있는 공군특무대나 좀 여유가 있는 곳이어서 그랬는지 주일만 되면 외출을 할 수가 있었다. 두 사람은 광화문우체국에서 만나 길 건너에 있는 팔진원이라는 중국집에 가서 종일 술도 마시고 요리도 먹어 가며 이야기꽃을 피우곤 했다. 오전 10시에 만나서 오후 5시가 되도록 쉬지 않고 떠들어 대는 게 당시로서는 살아가는 유일한 낙이었다. 그럴수록 몸은 점점 쇠약해졌고, 마음은 강퍅하고 황폐해졌다. 어디에도 출구가 보이지 않았다.

지루한 전쟁이 멈췄다. 휴전이 된 것이다. 남과 북이 아무것도 얻은 게 없는 상처뿐인 전쟁이었다. 주광조는 그로부터 1년 6개월

이 더 지난 1954년 12월에 제대를 했다. 4년 3개월의 기나긴 군대 생활이었다. 그때부터 그는 공부에 매진해 이듬해 봄, 연희대학교 상경대학 경제학과에 입학했다. 아버지가 잔인한 고문 끝에 형무소에서 순교한 것을 목격한 다음 그는 절대 목사가 되지 않기로 결심한 바 있었다. 그러니 일반 대학에 들어간 것은 당연한 일이었다. 그 중에서도 연희대 경제학과에 들어간 것은 아버지로부터 받은 영향이 컸다.

주기철 목사는 비록 한 학기 남짓 다니다 말았지만 청운의 뜻을 품고 1916년 조선예수교대학 상과에 입학했었다. 그 학교가 1917년에는 연희전문학교로, 해방 후인 1946년에는 연희대학교로 교명이 바뀌었다. 그 뒤 1957년에는 세브란스의과대학과 통합되면서 연세대학교가 된 것이다. 주광조가 입학한 학교는 연세대학교 상경대학의 전신으로 아버지가 다니던 학교였다. 그는 그렇게라도 아버지가 못 이룬 꿈을 대신 이루어 드리고 싶었는지도 모른다.

대학생이 된 주광조는 이태원에 있는 미8군 쓰레기장에서 일했다. 미국에서 귀국한 주영만은 대양기업사라는 회사를 운영하고 있었다. 미8군 쓰레기를 모아 분류해서 되파는 일로 영어를 잘하고 수완도 좋았던 그가 미군을 상대로 따낸 일이었다. 주광조는 형님 사업체에서 일했다. 형님 집이 학교에서 멀어 숙식은 동대문 근처의 친구 집에서 해결하면서 새벽 4시에 일어나 이태원까지 걸어 다녔다. 그 시간에는 버스가 다니지 않았기 때문이다. 새벽 5시에 도착해 두 시간 정도 일한 다음 학교에 가는 생활을 반복했다. 정직하고 꼼꼼했던 그는 맡은 일을 빈틈없이 해냈다. 숙식을 해결한 곳은 서울중학교 친구인 이대용의 집이었다. 이대용이 서울대 공대를 거쳐 미국 유학길에 오른 후에도 그의 어머니는 주광조를 친아들처럼 돌봐 주었다. 주광조는 이대용의 모친을 자신의 어머니인 양 평생 감사하는 마음을 가지고 살았다. 이대용은 매사추세츠공과대학교를 졸업한 다음 미국에 정착해 살고 있었다.

대학 입학금은 주영만이 내주었다. 하지만 군대까지 갔다 온 성인이 언제까지 형님 신세만 지고 살 수는 없었다. 틈틈이 영어 실력을 활용할 수 있는 아르바이트를 했다. 미3사단에 근무하면서 익힌 영어가 많은 도움이 되었다. 그러나 그것만 가지고는 부족했다. 주광조는 고심 끝에 부산에 있는 한상동 목사를 찾아갔다. 한상동 목사는 주기철 목사의 뒤를 이어 부산 초량교회, 마산 문창교회, 평양 산정현교회에서 시무했으며, 아버지와 함께 평양형무소에서 수감 생활을 했던 막역한 후배이자 제자였다. 주광조는 평소 그를 양아버지처럼 생각하고 있었다. 그는 고려파를 이끌고 초량교회를 나와 삼일교회를 개척해 목회하던 중이었다.


"목사님, 제가 이번에 연희대학교 상경대학 경제학과에 입학했습니다. 열심히 공부해서 아버지가 못 이루신 꿈을 꼭 이루고 싶습니다. 죄송한 말씀이지만…… 목사님께서 한 학기 등록금을 좀 대주시면 힘을 내서 공부에 매진하도록 하겠습니다. 한 번만 도와주십시오."

"…… 아니, 왜 그 학교를 들어갔나? 자네는 주기철 목사님의 아들이 아닌가? 한국 교회를 대표하는 순교자 주기철 목사님의 아들이면 당연히 신학교를 들어가서 목사가 되어야지 어째서 일반 대학을 들어갔단 말인가? 이것 참…… 자네가 신학교를 들어갔다면 당연히 등록금을 대 줘야겠지만 일반 대학을 들어갔으니…… 아무래도 좀 곤란할 것 같네."

　먼 길을 기대감을 품고 달려갔던 주광조는 야단만 맞은 채 실망감을 안고 돌아와야만 했다. 그 뒤로 그는 누구에게도 도와 달라는 말을 꺼내지 않았다. 믿을 건 오직 자기 자신밖에 없었다. 자연히 교회에도 발길을 끊게 되었다. 산다는 것 자체가 고행이었다.

# 여전히 죄인이었던
# 아버지


해방의 기쁨도 잠시, 남북분단과 6·25전쟁은 남과 북의 교회 상황을 극과 극으로 갈라놓았다. 북한 공산정권은 6·25전쟁으로 파괴된 교회의 복구를 전혀 허용하지 않았고, 1954년부터는 남아 있는 예배당을 몰수하여 탁아소, 병원, 송회당, 창고, 사무실, 유아원, 극장 등으로 사용하였다. 1950년대 말부터는 기독교인들에 대해 더욱 노골적인 탄압을 시작하여 투옥, 추방, 아오지 탄광으로의 이송, 학살 등의 방법으로 씨를 말리는 정책을 펴 나갔다.

남한에서는 북한 교회와 합동으로 교회를 재건하고 총회를 열수 없음을 인식하고 남한 교회만으로 남부대회를 열기 시작했다. 여기에 일제강점기 때의 신사참배 등 친일파 청산 문제와 노선과 이념의 갈등 등이 봇물 터지듯 터져 나오면서 각 교단은 끊임없이 분열로 치달았다. 일제강점기가 시련과 고난이 이어진 암흑기였다면 해방 이후 6·25전쟁을 거치는 1950년대는 대립과 분열이 이어진 혼란기였다. 언제 여명이 밝아 올지 알 수 없었다.

1946년 6월 11일 서울 승동교회에서 장로회 남부총회가 소집되었다. 총회장에 배은희 목사, 부총회장에 함태영 목사가 선출되었다. 총회에서는 다음과 같은 사항을 결의하였다.

첫째, 헌법은 남북이 통일될 때까지 개정하지 않고 그대로 사용한다.

둘째, 제27회 총회가 범과한 신사참배 결의는 취소한다.

셋째, 조선신학원을 남부총회 직영 신학교로 한다.

넷째, 여자 장로직 설정 문제는 남북통일 총회 시까지 보류한다.


1948년 4월 서울 새문안교회에서 열린 대한예수교장로회 제34회 총회에서는 다시 한번 신사참배 결의를 취소하고, 신사참배를 결의한 날에 해당하는 주일을 통회자복일로 정해 이를 실시했다. 하지만 이는 형식적인 절차에 불과했다. 해방 이후 한국 교회는 신사참배는 물론 일제강점기 때 일제에 굴복해 신앙을 저버리고 친일에 앞장섰던 모든 과오들에 대해 철저히 고백하고 회개하는 절차를 거치지 않았다. 진상 조사와 관련자들에 대한 권징과 치리 또한 전혀 이루어지지 않았다. 불법과 불의를 저지른 신자들을 바르게 권징하고 치리하는 것은 교회의 사명이자 의무였다. 그러나 한국 교회는 논쟁만 벌이다가 교단이 갈라졌을 뿐이다. 그러면서 흐지부지되었다. 건드려서 좋을 게 없으니 덮어 두자는 식이었다. 천주교회, 구세군, 성공회, 장로교, 감리교, 성결교, 침례교 등 모든 교단이 다 마찬가지였다.


서울 종로구 연지동에 가면 한국교회100주년기념관이 있다. 대한예수교장로회 통합 총회가 있는 곳이다. 이 건물 1층에는 대한예수교장로회 총회 사료관이 있다. 한국 장로교회의 역사를 한눈에 들여다볼 수 있는 장소다. 그런데 이곳에는 주기철 목사와 관련된 자료가 단 한 건도 없다. 사진 한 장 없을 뿐만 아니라 이름조차 찾아볼 수가 없다. 한국 장로교회가 배출한 가장 대표적인 순교자이며, 한국 기독교 신앙의 상징이라고도 할 수 있는 주기철 목사의 흔적을 대한예수교장로회 총회 사료관에서 발견할 수 없다는 사실이 믿기지 않았다.

눈에 띄는 건 진열장 안에 들어 있는 두 권의 낡은 총회록이었다. 하나는 1938년 제27회 총회록이었고, 다른 하나는 1954년 제39회 총회록이었다. 제27회 총회록은 총회장 홍택기 목사가 신사참배 결의안을 가결한 내용이 담긴 부분이 펼쳐져 있었다. 그리고 제39회 총회록은 총회장 이원영 목사가 신사참배 결의를 취소한 성명서가 담긴 부분이 펼쳐져 있었다. 아마도 이것으로 총회 차원에서 일제강점기 때 오욕의 역사를 씻어 내는 일을 대략 마무리했다는 표식인 것처럼 여겨졌다. 그 밖에 참회나 반성의 자취는 그 어디에도 없었다.

대한예수교장로회 제39회 총회는 1954년 4월 23일부터 27일까지 경북 안동교회에서 개최되었다. 총회장에 선출된 안동서부교회 이원영 목사는 조선의 대학자 퇴계 이황의 14대손으로 3·1운동에 참여했다가 서울 서대문형무소에서 1년 동안 수감생활을 했고, 신사참배를 반대하다가 1938년부터 네 차례나 옥고를 치른 애국지사였다. 안동교회 김광현 목사 역시 감옥에서 해방을 맞은 뒤 독립촉성국민회 초대 위원장과 남조선 과도 입법의원을 지낸 강직한 인물이었다. 이들이 주도한 총회에서 다음과 같은 신사참배 취소 성명서가 발표되었다.

대한예수교장로회 제39회 총회는 1938년 9월 9일 평양 서문외교회에서

회집한 제27회 총회 결의인 '신사는 종교가 아니오, 기독교의 교리에 위반하지 않는 본의를 이해하고, 신사참배가 애국적 국가 의식임을 자각하며, 또 이에 신사참배를 솔선 이행하고, 추히 국민정신 총동원에 참가하여 비상시국 하에서 총후 황국신민으로서 적성을 다하기로 기함'의 성명서에 대하여 그 결의는 일제의 강압에 못 이긴 결정이었으나 이것이 하나님 앞에 계명을 범한 것임을 자각하고, 남부대회가 신사참배 회개운동을 결의 실행하였으되 남북통일 총회가 아니었든고로 금반 남북이 통일된 본 총회는 이 결의를 취소하고 전국 교회 앞에 성명함.

여러 가지로 부족한 게 많은 성명서였지만 그나마 이런 성명서가 총회 차원에서 채택될 수 있었던 건 총회장 이원영 목사가 신사참배 반대운동을 이끈 사람이었기에 가능한 일이었다. 총회에서는 신사참배를 하지 않았다는 이유로 제명당한 목사와 선교사, 성도들을 각 노회나 학교, 기관이 알아서 제명을 철회하도록 권고했으나 평양노회는 주기철 목사에 대한 제명을 끝내 철회하지 않았다. 이처럼 총회가 신사참배 결의 취소를 여러 차례 반복한 것은 스스로 교회의 친일 행위에 대한 반성과 회개가 이루어지지 않았음을 고백한 것이었다.

4월 26일 오후, 총회장 연단 위에 한 여인이 등장했다. 그녀는 김철훈 목사의 아내 연금봉이었다. 김철훈 목사는 1948년 3월 평양 산정현교회 담임목사로 부임하여 북한 공산정권에 맞서 싸우다가 1949년 6월 25일 공산당에 연행되어 순교한 나라 사랑이 몸에 배어 있던 목회자였다. 그녀는 수많은 총회 총대들 앞에서 떨리는 목소리로 말을 이어 갔다.

—— 대한예수교장로회 제39회 총회 임원들.

—— 총회장 이원영 목사. 일제강점기 때 경북 지방 신사참배 반대운동의 구심점이었던 그는
　　해방 후 신사참배 취소 성명서를 발표하고 이를 실천하는 데 앞장섰다.

불의한 시대를 거슬러 하나님 뜻대로 살다가 자신의 생명도 돌보지 않았던 순교자의 순교 신앙을 자녀들이 귀히 여기고 본받아야 하는데, 순교자의 아이들은 너무나 힘든 현실 앞에서 아버지가 목사였던 것, 더구나 순교자였던 것에 자부심을 느끼지 못합니다. 단지 눈앞의 고생이 자신들의 몫인 현실만 바라보며 힘겨워합니다. 세상 물정 모르고 목사님만 바라보며 살던 사모들이 이제는 모여 살면서 서로 위로하고 도와주면서 자녀들을 귀한 인물로 키우고, 혼탁한 세상에 빛과 소금이 되어서 순교 신앙을 따라 살 수 있도록 도와주십시오.

간절한 그녀의 호소에 여기저기서 손수건을 꺼내 눈물을 닦는 사람들이 보였다. 그녀는 순교자유족회 회장으로 일하면서 월남한 순교자 가족들이 모여 사는 데 필요한 경비를 마련하기 위해 총회장을 찾았다가 부총회장인 한경직 목사의 배려로 연설하게 된 것이었다. 이튿날 총회장에서는 즉석에서 순교자 유족들을 위해 모금한 돈 26,058환에 총회 예산을 더해 총 5만 환을 그녀에게 보조해주었다. 그녀는 이 돈을 포함한 각종 기부금으로 서울 장충동 동북고등학교 앞에 약 140여 명의 순교자 유족들이 모여 사는 순혜원을 건립하였다.

# 갈채 그리고
# 방황


스물세 살에 늦깎이 대학생이 된 주광조는 키 173센티미터에 몸무게 52킬로그램의 깡마른 체구였다. 못 먹어서 허리는 구부정한 데다 몸 여기저기 안 아픈 곳이 없는 걸어 다니는 종합병원 같은 청년이었다. 미8군 쓰레기장 일은 끝이 없었다. 주말에는 쓰레기가 더 많이 나오기 때문에 교회에 갈 수 없었고, 평일에도 일하다 보면 오전 수업을 포기해야 할 때가 많았다. 외로움과 과로가 이어졌다. 그렇게 1년을 지내다 보니 폐결핵에 걸리고 말았다. 의사는 학업을 포기하라고 했으나 그것은 주광조에게 있어 삶을 포기하라는 말과도 같았다.

건강은 극도로 악화하였고, 육신과 정신 모두가 피폐해져 어릴 때 내가 믿고 의지했던 하나님의 존재마저 거부하고 싶은 충동에 나 자신을 가눌 길이 없었다. 아버지 덕 볼 생각 말라던 어머니의 유언과 내 자존심 때문에 한국 교회나 주변 사람들에게 선뜻 도움을 청하지도 못한 채 그저 원망만 하며 지냈다. 해마다 추모예배 때가 되면 순교자의 후손이란 것이 얼마나 큰 축복이냐고 추켜세우며 큰 감사패를 주었지만, 정작 그들은 체중 52킬로그램의 창백한 폐결핵 환자가 받던 어려움에 대해서는 알려고 하지 않았다. 그것이 얼마나 내 가슴을 아프게 하고 자존심을 상하게 만들었는지 모른다. 내게 정작 필요한 것은 학비나 생활비에 보태 쓸 돈 봉투 한 장이었지 목사님의 화려한 말 잔치가 아니었다. 추모예배 행사는 언제나 행사 그 자체로 끝이 났고, 나는 다시 무기력하게 거리를 헤매야 했다. 순교자의 아들은 그렇게 10년이란 긴 세월을 이 땅의 한구석에서 홀로 방황하고 있었다.

중학교 동창 최영진을 다시 만난 건 그때쯤이었다. 주광조가 연대 경제학과에 다닐 무렵 최영진은 고대 정치학과에 다니고 있었다. 두 사람은 의기투합하여 어울려 다녔다. 그 시절 가난한 청년들은 제대할 때 가지고 나온 군복을 까맣게 염색해서 교복처럼 입고 다녔다. 당시 대학생들이 아지트처럼 모여들던 곳은 명동의 돌체 다방과 종로의 르네상스 다방이었다. 그들이 자주 들른 곳은 명동에 있는 돌체 다방이었다. 커피 한 잔을 시켜 놓고 얼마든지 클래식 음악을 감상할 수 있는 곳이었다. 디제이가 있는 한쪽 벽은 LP 음반으로 가득했다.

최영진이 제대하고 나서 내려간 곳은 대구였다. 거기서 그는 대학입시를 준비하기 위해 하숙을 했다. 그의 누이동생 역시 자취를 하며 경북여고에 다니고 있었다. 구귀학은 여동생의 고등학교 친구였다. 그때까지만 해도 두 사람은 얼굴만 알 뿐 이름도 모르는 사이였다. 그러다가 최영진이 고려대학교에 들어가게 된 것이다. 서울에서 주광조와 재회해 어울려 다닐 즈음 그는 구귀학이 다니던 경북대학교를 그만두고 서울로 올라와 한국은행에 다니고 있다는 사실을 알게 된다. 그는 반가운 마음에 동생 친구를 만나기 위해 은행을 찾아간다.

그런데 이날 우연히 함께 있던 주광조를 그 자리에 데리고 갔다. 아무리 동생 친구지만 오랜만에 만나려니 왠지 겸연쩍어 친구를 대동한 것이었다. 주광조는 영문도 모른 채 친구가 가자는 대로

대학생이 된 주광조가 친구들과 함께 거리를 활보하고 있다.

이끌려 한국은행 면회실로 들어섰다. 한국은행은 신세계백화점 바
로 옆에 있었다. 면회실에서 몇 년 만에 구귀학을 다시 만난 최영진
은 반갑게 인사를 나누었다.

"귀학이, 오랜만이네. 그동안 잘 지냈나?"
"아, 오빠. 반가워요. 건강해지신 것 같네요."
"인사하지. 내 중학교 동창이자 군대 친구이기도 한 주광조야."
"아, 네……."
"……"
"이 친구가 누군지 알아? 주기철 목사님의 막내아들이야."
"네? 주기철 목사님이요?"

구귀학이 처음 본 주광조라는 사람은 도통 말이 없는 남자였다.
처음 세 사람이 만나는 동안 그는 단 한마디도 하지 않았다. 끝까지

벙어리처럼 조용히 웃기만 했다. 중간에서 최영진이 소개를 했지만 주광조와 구귀학은 인사도 나누지 않았고 통성명도 하지 않았다. 그다지 인상적이지 않았던 주광조는 구귀학에게 아예 관심 밖이었다. 그렇게 이상한 첫 만남이 있은 후 헤어져 돌아오는 길에 갑자기 주광조가 최영진을 붙들고 하소연을 했다.

"영진아, 나 저 아가씨 참 마음에 든다."
"뭐라고? 아니, 아까는 꾸어다 놓은 보릿자루처럼 도통 말이 없더니만."
"그러지 말고 네가 귀학 씨를 딱 세 번만 만날 수 있게 주선해다오. 제발 부탁이다."
"허, 나 참. 이거 정말 뭐가 뭔지 모르겠군."

구귀학을 처음 본 주광조는 한눈에 반하고 말았다. 그때까지 힘겹고 우울한 나날을 보내며 아무런 희망도 없이 살아가던 그에게 그녀는 한 줄기 빛이었고 새로운 세계였다. 주광조는 최영진을 졸라 마치 우연인 것처럼 연출을 해서 구귀학을 세 번이나 더 만났다. 그런 다음 그는 틈만 나면 책을 빌리러 한국은행을 들락거렸다. 연대 도서관에 있는 책인데도 그는 한국은행 도서관에 가서 책을 빌려다 읽었다. 한 번이라도 더 그녀를 만나기 위해서였다.

"처음에는 눈길도 주지 않았어요. 연대 경제학과에 다니는 청년이라고 하는데, 얼굴이 노란 게 마치 환자 같았어요. 최영진 장로님이 이 친구가 주기철 목사님 아들이라고 소개를 했어요. 그때 저는 주기철 목사님이 누군지도 전혀 몰랐거든요. 살아 계신 분인 줄 알았어요. 나중에 알고 보니 주광조 장로가 그때 폐결핵 진단을 받고 아주 힘든 상태였었나 봐요. 저를 만나기 직전에 죽음까지도 생각했다고 그러더라고요. 저는 하나님께서 눈을 완전히 가리셔서 그런지 그런 것들이 별로 문제가 되지 않았어요. 제 친정 식구들은 다 건강하거든요. 아버지는 등산을 좋아하셨고, 저는 학교에서 정구부 활동을 했으며, 남동생인 구범회는 경북중고등학교 테니스부에서 활약하고 있었어요. 모두가 건강 체질이었죠. 다들 약도 안 먹고, 병원도 안 가고 그랬어요. 오빠가 약이라면 질색을 했으니까요. 큰 부자는 아니었지만 밥을 굶는다는 게 뭔지도 몰랐고, 몸이 아프다는 게 어떤 건지 한 번도 실감해 본 적이 없었는데, 그렇게 느닷없이 가난하고 병약한 사람을 만나게 된 거예요."

구귀학 권사는 주광조 장로와의 첫 만남을 이렇게 기억하고 있었다. 그녀는 주광조가 찾아와 빌려 달라는 대로 책을 빌려주기도 하고, 한 권을 돌려 읽은 뒤 책에 관해 이야기를 나누기도 했다. 톨스토이의 《전쟁과 평화》, 《안나 카레니나》, 도스토예프스키의 《카라마조프가의 형제들》, 《죄와 벌》 등은 모두 그때 읽었던 책들이다. 마침 방학을 맞아 고향인 경주에 내려갔다가 올라온 최영진이 주광조를 만나 어떻게 되어 가고 있는지를 물었다.

"어때? 귀학이는 잘 만나고 있는 거야?"
"걱정 마라. 아주 잘되고 있으니까. 요즘 같아서는 정말 살맛이 난다."

## 가난하고 병든 남자에게
## 미래를 건 여자


1956년 9월 24일, 내 인생의 궤도가 바뀐 날이다. 나는 늙은 대학생이었다. 고등학교 동창들이 대학 문을 나와 저마다 사회에서 뛰어다닐 즈음에, 나는 긴 군복무를 마치고 뒤늦게 대학 문을 두드렸다. 부모 없는 고아, 매일 점심 끼니를 걱정해야 했던 가난, 그리고 창백한 폐결핵 환자……. 한 치 앞도 기대할 수 없었던 어두운 미래와 암울한 현실이 그 당시 내 프로필이었다. 자식을 뒤로 한 채 하나님께 대한 충성을 앞세우고 죽음을 선택했던 아버지에 대한 원망과 어린아이의 기도와 절규에 묵비권을 행사하셨던 하나님마저 차 버리기로 작정했던 스물네 살의 방황……. 바로 그때 나는 아내를 만났던 것이다.

훗날 주광조 장로는 구귀학 권사를 만난 날을 자신의 인생 궤도가 바뀐 날이었다고 회상했다. 그는 구귀학을 처음 만나고 돌아온 날 밤, 일기장에 이렇게 적었다고 한다. "이 여인이야말로 나의 영원한 반려자일 것이다. 나는 결코 이 여자를 놓쳐서는 안 된다." 폐결핵에 걸린 깡마른 청년에게서 어떻게 그런 열정과 집념이 솟아났는지 이후 주광조의 모든 에너지는 구귀학에게 집중되었다. 10개월 동안 그는 100번이나 구귀학을 찾아갔고, 그로부터 7개월 만에 200회, 다시 5개월 만에 300회의 만남을 이어 갔다. 그녀를 만날 때마다 주광조는 수첩에 이를 꼼꼼히 적어 두었다. 약속을 한 것도 아닌데, 그는 한국은행 퇴근 시간에 맞춰 언제나 그녀를 기다렸다. 잠깐이라도 얼굴을 봐야만 안심하고 하루를 마감할 수 있었다.

구귀학은 대구가 고향으로 주광조보다 세 살 아래였다. 위로 언니와 오빠가, 밑으로 남동생과 여동생이 있었다. 그녀의 부친인 구광서 선생은 일제강점기 때 대구에 학원을 만들어 무상으로 가난한 아이들을 교육한 인물이었다. 1931년 9월 21일자 동아일보에는 '구광서 씨 유지로 금광학원 창설. 무산 아동 60여 명을 교육'이라는 제목의 기사가 보도되었다.

> 대구부 금정 2정목 전매지국 뒤편 논들에는 금년 봄까지도 불과 10여 호밖에 안 되는 외딴 촌락이 요즈음 갑자기 60여 호의 상당한 촌이 되었을 뿐 아니라, 금광학원이란 사설학원까지 생겨 근래 드물게 듣는 미화를 늘린다. 이래 금광학원의 내력을 듣건대, 본적을 달성군 성북면 무태에 두고 현재 그 동네에 거주하는 구광서 씨가 지난봄에 그 동네로 오면서 동리에 허다한 인심을 써서 동네도 일약 세 배 이상 발전되고, 달하 무산 아동들을 역시 아무 재산도 없음에도 불구하고 간신히 빚을 얻어 3백여 원이란 돈을 들여 동정 103번지에 금광학원을 네 칸 집으로 짓고, 2개월 전부터 남녀아동 60여 명을 수용하여 야학을 계속하는데, 구광서 씨의 특별한 뜻에 감응되어 전암우, 김곤, 리종규 세 사람은 자진하여 무료 교수를 하며, 학원의 부족한 비용은 역시 구광서 씨가 부담하여 오며, 앞으로 영영 사력을 다하더라도 유지할 터이라 한다.

구광서 선생이 만든 학원은 정규 학교가 아닌 사설학원으로 주광조가 평양에서 다녔던 그런 학원을 말한다. 그는 가난 때문에 공부를 할 수 없었던 아이들을 모아 한글 등을 가르쳤다. 정미소 경영과 쌀을 사다 파는 미상米商으로 자수성가한 그는 불우한 동포를 돕고 학원을 유지하는 일에 돈을 아끼지 않았다. 천금성 씨가 쓴 전두환 전 대통령 일대기《황강에서 북악까지》를 보면 형편이 어려웠던 전 전 대통령도 어린 시절 금광학원을 다녔다고 기록되어 있다. 일설에는 구광서 선생이 만주 등에 있는 독립운동가들에게 자금을 지원하는 역할을 했다고도 한다. 그 후 금광학원 운영을 다른 몇몇 유지들에게 맡긴 다음 잠시 만주로 떠나 있다가 해방 뒤 다시 대구로 돌아온 그는 6·25전쟁 직후 세상을 떠나고 말았다.

데이트를 즐기고 있는 주광조와 구귀학. 어둠의 터널을 헤매던 주광조에게
구귀학은 하나님이 예비해 주신 한 줄기 빛과 같은 존재였다.

부친의 영향을 받아서인지 구귀학은 교육에 뜻을 두고 경북대학교 사범대학 영문과에 진학했다. 그 시절 국립대 사대 영문과는 여학생들에게 가장 인기 있는 학과였다. 입학과 동시에 일등 신붓감으로 손꼽힐 정도였다. 성적이 좋았던 그녀는 남들이 선호하는 학과에 당당하게 합격했지만, 대학 생활의 실상은 생각과 달랐다. 화학을 좋아하는 이과 체질이었던 그녀에게 영문과는 잘 어울리지 않았던 것이다. 강의에 흥미를 느낄 수가 없었다. 관심도 없는 남학생들이 자꾸 따라다니는 것도 귀찮았다. 학교 측에 가정학과로 옮겨 달라고 이야기를 했지만 1년이 지나야 가능하다고 했다. 하는 수 없이 건성으로 한 학기를 다녔다.

2학기로 접어들어 우연히 대구 한국은행에서 여직원을 채용한다는 소식을 듣게 되었다. 공부에 흥미도 없던 차에 그녀는 시험을 보게 되었다. 합격이었다. 지금도 그렇지만 그때 한국은행에 들어간다는 건 정말 어려운 일이었다. 구귀학은 학교를 그만두고 직장 생활을 시작했다. 얼마 뒤 그녀는 서울에 있는 한국은행 본점으로 근무지를 옮기게 되었다. 어느 정도 적응을 하고 나면 서울에 있는 대학을 다시 들어갈 생각이었다. 그녀가 은행을 다니며 자취하고 있을 때 오빠가 서울에 직장을 구해 올라왔고, 이에 따라 어머니와 동생들도 모두 서울로 올라오게 되었다. 그 무렵 그녀는 운명의 남자인 주광조를 만나게 된 것이다.


주광조는 계산에 능했다. 당시 남녀가 할 수 있는 데이트는 뻔했다. 고궁에 산책을 가거나 영화를 보거나 다방에 앉아 음악을 감상하는 것이었다. 그는 새 영화가 나올 때마다 개봉 첫날 표를 예매해 구귀학을 데리고 극장을 갔다. 그녀는 썩 내키지 않았지만 극장 표가 아까워 냉정하게 뿌리치지 못하고 따라다녔다. 그즈음 그녀를 쫓아다니던 대학생이 있었다. 예전에 대구로 피난 내려와 세 들어 살던 학생이었는데, 서울로 올라와 대학을 다니고 있었다. 그 청년이 극장표를 사서 데이트 신청을 할 때마다 구귀학은 주광조와 함께 본 영화였기 때문에 봤다면서 거절을 했다. 마음에 있으면 한 번 더 봐도 될 텐데 그녀는 요령이 없었다. 이런 일이 반복되자 청년은 그녀가 싫어서 그러는 줄 알고 연락을 끊어 버렸다.

주광조는 시를 써서 선물하는 걸 좋아했다. 젊은 여성들이 좋아할 만한 시를 찾아 타자기로 정성껏 타이핑해서 책 사이에 끼워 그녀에게 건넸다. 영어로 타이핑한 시도 있었고, 한글로 타이핑한 시도 있었다. 그녀는 무심코 받았는지 몰라도 시 한 편 한 편에는 주광조의 마음과 고백이 그대로 담겨 있었다. 그는 무려 100편이 넘는 시를 써서 그녀에게 바쳤다. 무슨 시를 언제 그녀에게 써 보냈는지 주광조의 수첩에는 다 기록이 되어 있었지만 구귀학은 받고 나서 읽는 즉시 없앴기 때문에 한 편의 시도 보관하고 있는 게 없었다. 집안 사정이나 경제적 능력, 외모나 주변 상황 등으로 보아 그때 주광조는 구귀학의 결혼 상대는 물론 데이트 상대로도 전혀 어울리지 않았다. 하지만 시간은 전적으로 주광조의 편이었다.


"결혼은 생각도 하지 않았어요. 그런데 만날수록 이 사람이 자꾸 가엾고 측은한 거예요. 어려운 거 아니까 등록금을 몇 번 대줬죠. 그때 저는 은행에서 월급을 받으면 용돈 쓰고 남은 건 저축을 했어요. 오빠 사업이 잘됐기 때문에 제가 따로 생활비를 낼 필요가 없었죠. 그래서 그만한 여유가 있었어요. 마음이 쓰이다 보니 자연스럽게 뒷바라지를 한 셈이에요."

구귀학의 마음이 점점 주광조에게 향하고 있을 때 그녀의 어머니가 두 사람 사이를 알게 되었다. 어머니의 반대는 단호했다. 주광조는 그녀의 어머니라는 큰 산을 넘어야만 했다.

# 선도 안 보고
## 딸을 준답니다


구귀학의 어머니는 주광조를 불러 조심스럽게 타일렀다.

"우리 귀학이는 아직 어리고, 자네도 이제 겨우 대학생인데, 아무 대책도 없이 이렇게 자주 만나는 것은 보기 좋은 일이 아닌 것 같네. 요즘 매일 같이 귀학이를 찾아오는 것 같던데, 알 만한 사람이 그러면 안 되지. 다시는 우리 귀학이를 만나지 않도록 해주게."

그녀 집안에서 보면 주광조는 신랑감이 될 수 없었다. 구귀학은 대구의 명문인 경북여고를 나와 경북대학교 사범대학 영문과를 다니다가 당시 최고의 직장인 한국은행을 다니고 있는 일등 신붓감이었다. 선을 보자면 내로라하는 집안의 조건 좋은 신랑감들이 얼마든지 있는 상황이었다. 그런 형편에 주광조가 눈에 찰 리 없었다. 그런데도 주광조가 계속 그녀를 쫓아다니자 어머니는 퇴근하면 곧장 집에 오도록 그녀의 귀가 시간을 챙기기 시작했다. 두 사람이 만날 기회를 차단하기 위해서였다. 어머니 성화에 못 이긴 그녀는 주광조에게 헤어지자고 설득하기도 했다.

"저 사실은…… 애인이 있어요. 지금 미국에 유학 가 있는 사람이에요. 어쩌면 저도 곧 미국으로 떠나야 할지 몰라요. 그러니까 앞으로 제발 찾아오거나 연락하지 말아 주세요."

아무리 핑계를 대고 싫은 소리를 해도 요지부동이었다. 주광조는 묵묵부답으로 듣기만 했다. 그러고는 아무 일 없었다는 듯 그녀의 퇴근 시간에 맞춰 언제나 은행 앞에서 서성거렸다. 끈기와 뚝심 하나는 알아줄 만했다. 그즈음 한집에 살던 올케가 주광조라는 청년이 어떤 사람인지 친정에 몰래 알아본 모양이었다. 구귀학의 올케는 목재산업으로 기업을 일군 성창기업 정태성 회장의 조카였다. 그녀의 부친이 교회 장로인 데다 큰아버지가 기업의 회장이니까 두루 알아보면 주광조라는 남자가 어떤 사람인지, 믿고 결혼해도 될 만한 집안인지 알아볼 수 있을 것 같아서였다. 친정으로부터 연락을 받은 올케는 이를 곧바로 어머니께 전달했다. 그런데 두 사람이 나누는 대화를 구귀학이 어쩌다가 듣게 되었다. 올케가 어머니를 붙잡고 하는 이야기는 전혀 뜻밖의 것이었다.

"어머니, 제가 궁금해서 친정에 알아봤는데요. 주광조라는 청년이 주기철 목사님의 막내아들이라고 하셨죠? 저희 친정에서는 주기철 목사님 아들이면 선도 안 보고 딸을 준답니다. 기독교인들 사이에서는 모르는 사람이 없는 훌륭한 순교자 집안이래요. 깜짝 놀랐어요."

"그래? 음…… 그분이 그렇게 유명한 분이란 말이지?"

며느리의 이야기를 전해 들은 어머니는 마음이 약간 흔들리는 것 같았다. 사회적으로 명망 있는 큰며느리의 친정 어른들이 그렇게 말할 정도라면 의심할 여지가 없었다. 올케의 조언은 결정적이었다. 얼마 후 어머니는 주광조와 구귀학을 한자리에 불러 놓고 말을 꺼냈다.

"나는 처녀 총각이 밤늦게 다니는 거 도저히 못 본다. 잠이 안온다. 그러니 이번 가을에 결혼해라. 직장도 학교도 결혼하고 나서계속 다니면 되니까 문제 될 거 하나 없다."
"네? 알겠습니다. 감사합니다. …… 어머니."

주광조는 어머니 마음이 왜 갑자기 바뀌어 결혼을 재촉하시는지 알 수 없었지만, 혹시라도 마음이 변하기 전에 결혼을 서둘렀다. 그때까지 프러포즈는 물론 결혼 이야기 한 번 나눈 적 없던 구귀학은 얼떨결에 결혼으로 내몰렸다. 주광조는 최영진에게 도움을 요청했다.

"주광조가 갑자기 결혼하게 됐다며 예식은 어디서 하는 게 좋겠느냐고 묻더라고요. 주기철 목사님 아들이니 당연히 교회에서 해야 되는데, 그때 정해 놓고 다니던 교회가 없었으니까 이리저리 뛰어다니며 알아봤죠. 그러다가 광화문 조선일보사 뒤에 보니 덕수교회라고 예쁜 교회가 있더라고요. 교통도 아주 좋잖아요? 그래서 거기로 정하고 나서 다짜고짜 신랑 신부가 덕수교회를 찾아가 '제가 주기철 목사 막내아들인데, 결혼식 주례 좀 서 주십시오' 한 거예요. 그런데도 목사님이 흔쾌히 승낙해 주셨어요. 그래서 결혼식을 하게 된 겁니다."

—— 354번의 만남 끝에 주광조는 구귀학을 아내로 맞이하게 된다. 결혼식은 광화문에 있는 덕수교회에서
　　최거덕 목사의 주례로 거행되었다. 최거덕 목사는 주기철 목사와 오랜 인연이 있는 목회자였다.
—— 신혼여행 사진. 이들은 온양온천으로 꿈같은 신혼여행을 떠났다.

최영진의 말은 사실이었다. 주광조와 덕수교회 최거덕 목사는 일면식도 없는 사이였다. 주광조는 유아세례를 받았지만 구귀학은 기독교인이 아니었기에 세례를 받지 않은 상태였다. 그런데도 최거덕 목사는 신랑이 주기철 목사의 아들이라는 말만 듣고 선뜻 예배당을 빌려주고, 주례까지 서 주기로 한 것이다. 나중에 알게 된 사실이지만 최거덕 목사와 주기철 목사는 오랜 인연이 있는 사이였다. 그는 평양 장로회신학교 29회 출신으로 주기철 목사의 조카뻘 되는 주상수 목사와 단짝이었고, 박윤선 목사와도 자주 어울렸다. 주상수 목사와는 지방을 다니며 신사참배 반대운동을 벌이면서 웅천까지 간 적도 있었다.

주기철 목사와는 일찍이 안면이 있던 터라 그가 구속되자 감리회 조선일 목사를 만나 돈을 모아 사식이라도 넣어 주자는 의논을 하였다. 뜻을 같이하는 사람들의 성의를 모아서 이를 주기철 목사에게 전해 주기 위해 그는 한 달에 한 번씩 평양을 찾게 되었다. 어느 날은 산정현교회에 들렀는데, 마침 주기철 목사가 출옥을 한 때여서 교회 뒷방에서 밤늦게까지 조선 교회의 앞날에 대해 이야기를 나누기도 했다. 마지막 구속 이후에는 서로 영영 만나지를 못했지만 그의 마음속에는 항상 주기철 목사가 자리하고 있었다. 그러던 차에 주기철 목사의 막내아들이 스스로 찾아와 결혼식 주례를 부탁했으니 얼마나 감개무량했겠는가.

덕수교회는 최거덕 목사와 서울 안동교회 교인 일곱 세대가 정동 1번지에 있는 일본기독교단 정동 예배당을 정부로부터 인수하여 1946년 3월 10일 창립 예배를 드리면서 시작된 교회였다. 이후 덕수교회는 오랫동안 정동 사람들의 영적 안식처로 사랑받다가

1983년 이전을 결정하고 새 예배당을 건축하여 이듬해 5월 20일 성북구 성북동으로 이사했다.

1958년 10월 11일, 마침내 주광조와 구귀학은 결혼식을 올렸다. 주광조가 대학교 4학년 때였다. 오랜만에 흩어졌던 형님 가족들을 다 만날 수 있었다. 구귀학을 만난 지 2년 1개월, 354번째 만남 끝의 결실이었다. 745일 동안 354번을 만났으니 이틀에 한 번 만난 셈이었다. 신랑이 예물 반지 하나 살 돈이 없어서 결혼반지도 신부가 준비했다. 신랑 얼굴은 결혼식 날에도 환자처럼 노랬다. 대구에서 올라온 신부 측 친지들이 의아한 표정으로 말했다.

"귀학이는 장관 아들한테나 시집보낼 줄 알았더니 왜 이리 시집을 쉽게 보낸 건가?"

반면 한국은행 동료였던 왕규남은 면사포를 쓴 신부에게 다가와 이런 말을 건넸다.

"주기철 목사님의 며느리가 되다니……. 이병철 씨 며느리가 부럽지 않구나."

구귀학은 그게 무슨 말인지 알아들을 수가 없었다. 하지만 나중에 알고 보니 신랑 주광조는 장관 아들이나 재벌 아들과는 비교할 수도 없는 하나님이 내려 주신 소중한 선물이었다.

# 건국훈장 독립장 추서와
# 국립묘지 안장


구귀학은 신랑의 형님이 두 분 계시니 결혼하면 전세방 한 칸이라도 마련해 줄 줄 알았다. 하지만 어떠한 도움도 받을 수가 없었다. 둘째형님은 정치에 발을 들여놓아 여유가 없는 형편이었고, 셋째형님 역시 넉넉한 상황이 아니었던 것이다. 하는 수 없이 신부가 알아서 신혼집을 마련해야 했다. 신혼생활은 돈암동 산동네 20만 환짜리 전세방에서 시작되었다.

1959년 2월, 주광조는 연세대학교를 졸업했다. 졸업하자마자 그는 흥국생명보험주식회사에 출근했다. 미리 입사 시험을 쳤던 것이다. 구귀학은 실망이 이만저만 아니었다. 그녀는 자신이 학업을 중단한 것이 못내 아쉬웠기 때문에 남편은 공부를 계속해 박사학위까지 따기를 바랐던 것이다. 그런데 아무런 상의도 없이 진학을 포기하고 취직을 해버렸으니 보통 속상한 게 아니었다. 졸업도 하기 전에 결혼을 서두른 것은 어머니의 채근도 있었지만, 어차피 공부할 사람이니까 결혼해서 내가 뒷바라지하면 더 낫겠지 생각했던 이유도 컸다.

주광조는 아내가 자신이 계속 학교에 남아 공부하길 바란다는 걸 잘 알고 있었다. 그러나 결혼까지 한 마당에 언제까지 아내 덕을 보며 책상물림만 하고 있을 수는 없었다. 이제 자신은 가장이었다. 곧 아이들도 태어날 텐데 아빠가 되어 아내가 벌어다 주는 돈으로 먹고살 수는 없는 노릇이었다. 가난이라면 지긋지긋했다. 평양에서, 서울에서, 그동안 겪었던 고생을 생각하면 하루라도 빨리 탈출하고 싶었다. 대학을 졸업하고 결혼까지 한 그는 명실상부한 어른이었다. 아내에게는 미안한 일이었지만 일찍 사회에 나가 성공하고 싶었다.

성실하고 명석했던 그는 사회에 잘 적응했다. 대리를 거쳐 과장으로 진급했을 즈음 구귀학의 친정오빠 구만회가 신영증권주식회사라는 회사를 인수하게 된다. 주광조는 손위처남이 경영하는 회사의 업무과장 겸 총무부 차장으로 자리를 옮겼다. 그런데 신영증권 살림을 맡아 하다 보니 증권 일이 체질에 잘 맞지 않았다. 하루도 빠지지 않고 술자리가 이어지는 데다 이런저런 정보를 접하게 되면서 끊임없이 주식 투자에 대한 유혹이 생겼던 것이다.

구귀학은 결혼과 동시에 사회생활을 시작한 남편과 함께 맞벌이를 계속했다. 은행 일을 하면서 살림을 같이하는 건 쉽지가 않았다. 그래도 아이가 없을 때는 좀 나았지만 아이가 생긴 뒤로는 그야말로 슈퍼우먼이 되어야만 했다. 1961년 봄에 기다리던 큰아들 주현이 태어났다. 아버지가 된 주광조의 기쁨은 상상 이상이었다. 아버지로부터 슬픔을 물려받으며 자란 그였기에 누구보다 좋은 아버지가 되어 아들을 행복하게 만들어 주고 싶었다. 2년 뒤에는 둘째아들 주원까지 태어났다. 아이들 웃음과 울음으로 집안은 언제나 시끌벅적했다. 구귀학은 아들이 하나 있을 때는 친정어머니에게 아이를 맡기고 은행을 다닐 수 있었는데, 아들이 둘이 되다 보니 더 이상 직장을 다니기가 어려워졌다. 구귀학은 10년 동안 일해 왔던 한국

은행에 사표를 내고 나왔다. 이때부터 그녀는 육아와 내조에만 전념하기 시작했다.

결혼 후에도 몇 년 동안 주광조는 신앙생활을 하지 않았다. 아내에게 아버지 이야기도 거의 하지 않았다. 물론 교회에 가자거나 나가 보라는 소리도 한 적이 없었다. 덕수교회 최거덕 목사에게는 항상 고마운 마음을 가지고 있었지만 신혼여행을 다녀와서 선물을 사가지고 인사를 간 뒤, 성북동으로 교회가 이전을 했을 때 인사차 한 번 찾아갔을 뿐이었다. 주광조는 결혼 후 아내의 보살핌 속에 단란한 가정의 행복을 맛보며 건강이 굉장히 좋아졌지만, 마음의 병만은 여전했다. 구귀학은 점점 불안해졌다. 그녀의 집안은 불교를 믿고 있었으나 그녀는 어렸을 때 교회를 나간 일이 있었고, 고등학생 때는 성가대까지 한 경험이 있었다.


"남편은 하나님과의 인연을 끊었다고 했지만 저는 주일이나 수요일 저녁때 예배당에서 종소리가 울리면 우리가 이래도 되나 싶어서 가슴이 두근거리고 괴로웠어요. 내가 목사님의 며느리가 되었는데, 그것도 보통 목사님이 아닌 한국 교회 전체가 존경하는 순교자 주기철 목사님의 며느리가 되었는데, 이렇게 신앙생활을 하지 않는다는 게 말이 되는가 생각한 거죠. 남들이 보면 뭐라고 할 것인가, 이건 순교자의 후손으로서 도리가 아니다, 어떻게 하든 남편이 자식의 의무를 다할 수 있도록 교회로 인도해야만 한다, 그렇게 결심하게 됐어요."


구귀학은 혼자 아이들을 데리고 동네에 있는 마장동교회를 다니기 시작했다. 주기철 목사의 막내며느리로서 도리를 다하기 위해서였다. 얼굴 한 번 뵌 적 없는 분이었지만 남들 말만 들어도 저절로 고개가 숙여지는 훌륭한 어른이었기에 그렇게 하는 게 마음이 편했다.

주원이 태어나던 해인 1963년 3·1절에 대한민국 정부에서는 주기철 목사를 독립유공자로 지정해 표창했다. 항일독립운동가들에게 주어지는 건국훈장 독립장이 추서되었다. 건국공로훈장증에는 당시 대통령권한대행을 맡고 있던 국가재건최고회의 의장 박정희의 직인이 선명하게 찍혀 있었다. 주광조는 훈장증을 받고 나서 아버지에 대해 다시 한번 생각할 수 있게 되었다. 철없던 시절 아버지의 죽음을 허무하다고만 생각했었는데, 이렇게 나라에서 훈장까지 주며 공적을 기릴 정도로 큰일을 하신 분이라는 생각이 들기 시작한 것이다.

이때부터 주광조는 아버지 뜻을 받드는 일을 하기로 결심한다. 먼저 서울에 있는 장로회신학대학 신학대학원 학생들에게 장학금

1963년 3·1절에 대한민국 정부에서 주기철 목사에게 수여한 건국공로훈장증.
주광조 장로의 서재에 있다가 항일독립운동가 주기철목사기념관으로 옮겨져 전시 중이다.

을 주기로 한 것이다. 일명 주기철 장학금의 시작이었다. 개인적으로 하는 일이다 보니 많은 학생들을 대상으로 하기 힘들었기에 한 해에 한 명의 학생에게만 장학금을 주기로 했다. 목돈을 학교에 기탁해 장학기금을 만든 다음 거기서 나오는 이자로 매년 등록금 전액을 장학금으로 지급할 수 있게 했다. 이 일은 그가 세상을 떠난 오늘날까지도 이어지고 있다. 장신대 신대원에 1등으로 입학한 학생에게는 한경직 장학금이, 2등으로 입학한 학생에게는 주기철 장학금이 주어진다. 학교의 오랜 전통이 된 것이다.

1968년 9월 18일에는 국립묘지에 주기철 목사의 가묘가 조성된다. 건국훈장을 받은 애국지사이기에 보다 많은 국민이 그를 추모할 수 있도록 정부에서 배려한 것이다. 해방된 지 23년이 지나도록 한국 교회에서는 그를 기리기 위해 아무것도 한 일이 없었지만, 아니 그때까지도 목사직 제명이라는 불법 행위를 회개하고 취소하는 일을 하지 않고 있었지만 국가에서는 그를 애국지사로 추대하고 훈장을 추서하며, 국립묘지에 가묘를 조성해 주기까지 했던 것이다. 주광조와 그의 형제들은 나라와 교회의 이런 상반된 대응을 이해할 수 없었다.

신영증권에 다니던 주광조에게 어느 날 스카우트 제의가 들어왔다. 극동석유공업주식회사라는 민간 정유회사였다. 중화학공업을 육성하던 정부로부터 많은 지원을 받는 유망 업종이었다. 게다가 오너가 기독교인이라 술 마시는 분위기가 아니어서 아내도 대찬성이었다. 회사를 옮기면서 월급이 오른 대신 부산에 내려가 공장을 짓는 일부터 시작해야 했다. 주광조는 이때부터 무려 4년 동안이나 부산에서 일에 파묻혀 살았다. 바닷가에 있는 야산을 깎아 허허벌판에 땅을 다져 공장을 세우는 험하고 어려운 일이었다. 근처에는 민가도 식당도 없었다. 식사는 건설 현장에 있는 식당에서 해결해야 했다. 돈 쓸 일이 없다 보니 월급을 타면 전부 집으로 부쳐주었다. 구귀학은 천금 같은 시간을 활용해 덕성여대 영양학과에 편입해서 소원하던 공부를 다시 시작했다. 그러다가 여름방학이 되면 아이들을 데리고 부산으로 내려가 온 가족이 함께 해운대에서 물놀이를 하며 즐거운 시간을 보냈다. 숨 돌릴 틈 없이 바빴지만 주광조에게는 일상의 소소한 행복이 뭔지를 알게 해준 달콤한 시절이었다.

# 산업 전사가
# 되다

주광조가 부산에 내려가 일할 때였다. 회사에서 간부급 세 사람의 숙소를 전망 좋고 깨끗한 곳으로 마련해 주었다. 송진환 전무와 주광조 부장 그리고 외국인 기술자 한 명이 그곳에 묵고 있었다. 이 세 사람에 의해 회사의 기틀이 하나씩 잡혀 나갔다. 주광조의 일하는 스타일은 한마디로 원리원칙이었다. 한 치의 오차도 한순간의 방심도 없었고, 무슨 일을 하든지 주인의식을 가지고 일했다. 건설과 원유 관련 일은 거칠고 험한 일인 데다 그때만 해도 허술한 면이 많았기에 업자와 직원 사이에 비리나 유착이 심심치 않았다. 그러나 주광조에게는 이런 게 절대 통하지 않았다. 4년 동안 부산에 있으면서 건설 현장에 수많은 업자가 드나들었지만, 그는 누구와도 식사하거나 쓴 커피 한 잔을 마셔 본 일이 없었다. 회사 동료들은 주광조라는 인물이 도대체 누군지 궁금해했다. 한참 후에야 그가 주기철 목사의 아들이라는 사실을 알게 된 주변 사람들은 삼삼오오 모여 이런 이야기를 나누곤 했다고 한다.

"주기철 목사님의 아들이었군 그래. 어쩐지…… 내 지금까지 이 바닥에 있으면서 업자들하고 커피 한 잔 마시지 않고, 십 원짜리 한 장 받으려 하지 않는 사람은 처음 봤다니까."

주광조는 사회생활을 시작한 지 7년 만인 서른세 살 때 극동석유공업주식회사의 최연소 상무로 승진했다. 밤낮을 가리지 않고 앞만 보고 달려온 결과였다. 그는 짜릿한 성취감을 맛봤다. 성공이란 게 이런 거구나, 가슴이 뿌듯했다. 부산 공장 일을 마무리하고 서울 본사로 올라왔다. 하지만 그는 아직도 배가 고팠다. 그가 원하는 성공의 고지는 한참 멀게만 느껴졌다. 그는 자신을 더욱더 채찍질했다. 돈과 명예와 성공이 하나님의 자리를 대신 차지하고 있었다. 하나님은 자신에게 쓴맛만 줬지만, 세상은 그에게 단맛을 준 것이다.

휴일이나 휴가도 없었어요. 잠자고 밥 먹는 시간 빼고는 일에만 매달렸으니까요. 가난에서 벗어나기 위해, 성공을 쟁취하기 위해, 그야말로 물불을 가리지 않던 시절이었죠. 조금씩 경제적 여유가 축적되기 시작하면서 저는 하늘 높은 줄 모르고 자만하게 되었어요. 세상에 두려울 게 없었죠. 야망과 패기로 똘똘 뭉쳐 "돌격 앞으로"만을 외치던 때였습니다.

주일에도 그는 쉬지 않았다. 새벽같이 일어나 등산을 가든지, 낚시를 가든지, 골프채를 챙겨 집을 나섰다. 사람들과 어울리는 것도 비즈니스의 연장이었다. 아내가 교회에 가자고 사정해도 아랑곳하지 않았다. 아무래도 일부러 그러는 것 같았다. 구귀학은 아이들이나마 교회 안에서 키워 보려고 애를 썼다. 동교동에 살 때는 신촌교회에, 서교동으로 집을 지어 이사한 뒤에는 서교동교회에 아이들을 데리고 다녔다. 그러면서 남편과 함께 갈 만한 교회를 물색했다. 집에서 멀지 않은 곳에 서현교회가 있었다. 온 가족이 처음으로 교회에 출석하게 되었을 때 그녀는 너무 감격스러워 눈물이 났다. 남

좌. 양팔로 두 아들의 손을 잡고 걸어가는 주광조. 대학을 졸업하고 사회생활을 시작하면서
가장이 된 그는 비로소 달콤한 일상의 행복을 맛보게 되었다.
우. 극동석유공업주식회사에 입사한 그는 4년 동안 부산에 내려가 허허벌판에 공장을 세우는 일에 몰두했다.

편의 마음이 조금씩 열리는 것 같았다.

　　그동안 예배당을 가지 않았을 뿐 주광조의 마음속에는 신앙이
있었기에 교회에 적응하는 데는 별다른 문제가 없었다. 그러나 하
나님과 한국 교회를 향한 뿌리 깊은 불신과 앙금이 하루아침에 녹
아 내리기를 기대하기는 어려웠다. 그는 자신이 주기철 목사의 아
들이라는 사실을 입 밖에 내지 않고 조용히 교회에 가서 예배만 드
리고 오곤 했다. 하지만 세상에 비밀은 없었다. 누가 퍼뜨렸는지 교
회 안에 주광조가 주기철 목사의 막내아들이라는 소문이 퍼져 나갔
다. 담임목사를 비롯한 모든 교인의 그를 대하는 눈빛과 태도가 확
연히 달라졌다.

　　우려했던 일이 현실로 드러났다. 주광조는 어딜 가나 주목을 받

게 되었다. 서리집사 직분을 받으면서 그에게 많은 일이 맡겨졌다. 주광조 집사는 성가대장으로, 구귀학 권사는 환경부장으로 봉사를 하게 되었다. 주광조가 음악을 좋아하고 구귀학이 집 꾸미는 일을 즐겨했으니 누구보다 주어진 일에 열심을 냈다. 예배 때 기도도 시키고 기도회 때는 통성기도도 시켰다. 주기철 목사의 아들이고 며느리니 오죽 잘하겠느냐는 생각에서였다. 어딜 가든지 무슨 일을 하든지 이들에게는 주기철 목사의 자손이라는 후광이 일상적으로 따라다녔다.

주광조는 그게 몹시 거북살스러워 견딜 수가 없었다. 성실하고 책임감이 남다른 사람이라 교회에서 하라는 일은 다했지만, 마음 한구석은 늘 무겁게 짓눌려 있었다. 특히나 그는 남들 앞에서 기도하는 것이 싫었다. 평양에서 아버지가 감옥에 계실 때 어머니가 시키는 대로 하루도 빠지지 않고 새벽마다 통성기도를 했지만 결국 아버지가 싸늘한 주검으로 돌아온 것을 본 후 다시는 소리 내서 기도하지 않으리라 다짐했던 탓이었다. 게다가 어릴 때 걸렸던 실어증의 영향으로 항상 말이 느렸고 어눌했기에 사람들 앞에 서는 게 내키지 않았다.

이런 사실을 알 리 없는 목사와 장로들은 그가 주기철 목사의 아들이라는 이유로 끝없이 그를 추켜세우며 이런저런 직책을 맡기고, 각종 예배나 모임 때 자꾸 기도를 시키려 들었다. 교회를 나가지 않던 시절 그가 가지고 있던 내면의 문제들이 하나도 해결되지 않은 상태에서 이번에는 교회를 다님으로써 생겨난 새로운 갈등들이 쌓여 가기 시작했다. 남편의 신앙을 회복시키기 위해 교회로 인도했던 구귀학은 난감하기 이를 데 없었다. 이런 식으로는 남편의 신앙이 회복되기는커녕 점점 더 안 좋은 모습으로 변해 갈 지도 모른다고 생각했다.

> 목사님께 한 가지만 약속해 달라고 부탁을 드렸어요. "제발 기도만은 시키지 말아 주십시오. 저는 7년 동안이나 통성기도 때문에 몸이 상한 사람입니다. 그래서 저는 절대로 소리를 내서 기도하지 않습니다. 이것만 약속해 주신다면 교회를 열심히 다니겠습니다." 목사님 약속을 믿고 교회를 다녔죠. 그런데 성가대장이 되면 연습 전에 앞에 나가 기도를 해야 돼요. 저는 그게 싫어서 매번 지휘자에게 기도를 시켰어요. 성가대원들이 "주 집사는 기도할 줄 모르나 봐" 하고 수군거리더군요. 그러다가 제직회를 할 때 갑자기 목사님이 제게 기도를 시키더라고요. 저는 벌떡 일어나서 "저 기도 안 합니다. 자꾸 기도 시키지 마십시오" 하고는 그냥 나와 버렸어요. 교인들은 제가 주기철 목사님의 아들답게 말하고 행동하고 기도하고 봉사해 주기만을 기대하고 있었습니다. 그런 눈총들이 여간 부담스럽지 않았어요. 순교자의 아들이라는 꼬리표로 인해 일일이 간섭받고 억압당하는 것만 같아 괴로웠습니다.

주광조는 당시 심정을 이렇게 토로했다. 그는 다시 일에 매달렸다. 주일 아침 교회에 가는 것보다 골프장으로 가는 게 훨씬 더 즐겁고 편안했다. 교회만 가면 주눅이 들었지만 회사만 가면 펄펄 날아다녔다. 사회에서 그는 여전히 승승장구했다. 그는 마침내 계열사인 극동쉘석유판매(주)의 사장 자리에 올랐다. 누구나 꿈꾸지만 아무나 앉을 수 없는 자리였다. 그 무렵 구귀학은 다른 교회로 옮길 것을 결심했다. 남편이 주기철 목사의 아들이라는 사실을 드러내지 않고 자유롭게 다닐 수 있는 교회에 가고 싶다고 했기 때문이다. 주일이 되면 미리 생각해 둔 몇 군데 교회를 돌아보면서 남편과 함께 다닐 수 있는 교회를 찾았다. 구귀학이 발견한 교회는 영락교회였다. 성가대의 찬양이 무척이나 매혹적이었다. 그녀는 기회를 봐서 남편에게 말했다. "영락교회를 가 봤는데, 성가대가 너무 좋아요. 저랑 같이 한 번만 예배드리러 가 보세요." 이렇게 해서 그들은 영락교회에 첫발을 들여놓았다. 1976년 12월, 찬바람이 매섭게 불던 겨울날이었다. 이후 주일마다 은혜와 감동이 차고 넘치게 되었다.

# 다시 돌아온
## 탕자

1945년 11월 23일 북한에서는 청년 학생과 기독교인들에 의해 공산당을 규탄하는 시위가 벌어졌다. 이에 소련군이 민간인들에게 무자비하게 기관총과 전투기로 기총사격을 가함으로써 23명이 사망하고 350명이 부상하는 참변이 발생했다. 이를 계기로 소련군과 공산당의 야비한 행태와 기독교에 대한 탄압에 깊은 환멸을 느낀 북한 주민들이 대거 남한으로 탈출하기 시작했다. 이들 중 70퍼센트가량이 기독교인이었다고 한다. 남한에는 이런 탈북 교인들에 의해 여러 곳에 교회가 세워졌는데, 영락교회도 그 가운데 하나였다.

영락교회는 1945년 12월 2일 월남한 신자들 27명과 한경직 목사가 창립 예배를 드리면서 시작되었다. 처음에는 베다니 전도교회라고 불렀으나 1949년에 이르러 영락교회로 이름을 바꾸었다. 1947년부터 교세가 급격하게 성장하면서 사회사업, 교육사업, 해외선교 등을 전개해 나갔으며, 여러 지방에 교회를 설립하여 한국의 대표적인 교회로 자리매김하게 되었다. 중구 저동에 있는 영락교회는 마포구 서교동에서 그리 멀지 않았다. 주광조가 출석하기 시작했을 때는 이미 한경직 목사가 은퇴를 하여 박조준 목사가 교회를 이끌고 있었다.

영락교회 예배당은 돌로 지어 고즈넉하고 아름다웠다. 아내와 함께 영락교회에서 처음으로 예배를 드린 주광조는 마음이 평온해지는 것을 느꼈다. 평양에 있을 때 산정현교회에서 예배를 드린 이후 오랜만에 체험하는 은혜였다. 교회를 옮기길 잘했다는 생각이 들었다. 주광조는 주일 아침 7시에 시작하는 첫 번째 예배를 드렸다. 아무도 자신이 주기철 목사의 아들인 걸 모르니 너무나 마음이 편했다. 11시 예배 때는 윤학원 장로가 지휘하는 성가대가 합창을 했다. 환상적인 찬양이었다. 다음부터 그는 11시 예배를 드리기 시작했다.

주일이 기다려졌다. 교회에 가서 예배를 드리는 일이 가슴 두근거리도록 좋았다. 박조준 목사의 설교도 너무 감동적이었고, 성가대 찬양은 몇 번을 들어도 또 듣고 싶었으며, 예배 분위기는 경건하기 이를 데 없었다. 주광조는 가출한 소년이 어머니의 손에 이끌려 집에 들어서듯 아내의 손에 이끌려 다시 하나님 앞으로 돌아온 것이다. 그는 변화되고 있었다. 아니 평양 산정현교회에서 어린 시절 아버지와 어머니로부터 물려받았던 신앙의 본 모습을 서서히 되찾아가고 있었다. 이 모든 게 그의 기도에 대한 하나님의 응답이었다.

주광조는 어느 날 문득, 어머니의 유언을 생각했다. 병상에서 막내아들의 손을 붙잡고 들려주신 하나님의 말씀이었다. 그는 얼른 성경책을 펼쳐 어머니의 유언을 읽어 내려갔다.

내가 어려서부터 늙기까지 의인이 버림을 당하거나 그 자손이 걸식함을 보지 못하였도다. 저는 종일토록 은혜를 베풀고 꾸어주니 그 자손이 복을 받는도다(개역한글).

시편 37편 25절과 26절 말씀을 읽는 순간, 두 눈에서 눈물이 흘러내렸다. 까마득히 잊고 살았던 말씀이었다. 그런데 그 말씀이 자신의 삶을 통해 온전히 이루어졌음을 깨닫게 되었다. 자식들을 하나님 손에 부탁한다는 아버지의 마지막 기도가, 자신이 인도하던 예배 중에 편안한 얼굴로 아버지 뒤를 따라간 어머니의 간절한 기도가, 지금까지 자신을 지탱해 온 생명줄이었음을 고백하지 않을 수 없었다. 그의 입에서 감사 기도가 터져 나오기 시작했다.

아버지가 마지막으로 구속되기 전날 밤, 가정 예배를 드리면서 읽어 주셨던 말씀도 생각났다. 시편 23편이었다. 이 땅 위에서 드린 최후의 가정 예배를 통해 아버지는 막내아들에게 말씀을 주고 가신 것이다. 그것은 아버지의 기도이자 유언이기도 한 말씀이었다.

여호와는 나의 목자시니 내가 부족함이 없으리로다. 그가 나를 푸른 초장에 누이시며 쉴만한 물 가으로 인도하시는도다. 내 영혼을 소생시키시고 자기 이름을 위하여 의의 길로 인도하시는도다. 내가 사망의 음침한 골짜기로 다닐찌라도 해를 두려워하지 않을 것은 주께서 나와 함께 하심이라. 주의 지팡이와 막대기가 나를 안위하시나이다. 주께서 내 원수의 목전에서 내게 상을 베푸시고 기름으로 내 머리에 바르셨으니 내 잔이 넘치나이다. 나의 평생에 선하심과 인자하심이 정녕 나를 따르리니 내가 여호와의 집에 영원히 거하리로다(개역한글).

이 말씀 또한 지난 시간 동안 수많은 시련과 고난 속에서도 자신을 지켜 주신 하나님의 언약임을 알게 되었다. 비로소 주광조는 아버지가 죽기까지 부인하지 못했던 그 하나님이 자신의 삶도 결단

—— 영락교회 예배당 앞에서 한경직 목사(앞줄 왼쪽에서 네 번째)와 장로들이 기념 촬영을 하고 있다.
주광조는 영락교회에서 신앙생활을 하면서 오랜 방황을 끝내고 순교자 주기철 목사의 아들로 거듭난
삶을 살게 된다.

코 외면하지 않으셨음을 깨달았다. 떼를 쓰고 오기를 부리며 방황하던 자신을 하나님은 끝까지 포기하지 않으셨다는 사실에 뜨거운 회한의 눈물이 쏟아졌다.

하나님은 능히 감당할 만한 시련을 통해 나를 단련시키셨다. 지난날의 내 상처를 씻기시고 새살이 돋게 하셨을 뿐 아니라 아버지의 하나님이 곧 나의 하나님임을 고백하게 하셨다. 아버지가 한 치의 오차도 없이 순교의 길을 갈 수 있도록 인도하셨던 하나님께서 내게는 순교자의 아들로 살아갈 수 있도록 은혜를 내려 주셨다. 비 온 뒤에 땅이 더 굳어지듯 방황과 갈등이 끝난 후 하나님은 내게 믿음의 씨가 풍성히 자라도록 사랑과 은총을 베풀어 주셨다.

주기철 목사는 가정 예배를 드릴 때마다 시편 23편을 다 같이 읽도록 했다. 늘 배고프고 부족한 것뿐이었던 주광조는 이 말씀을 이해할 수가 없었다. 온 가족이 이렇게 고통을 당하며 힘겹게 살아가고 있는데, 뭐가 부족함이 없고, 무슨 잔이 넘친다는 건지 알 도리가 없었다. 그러나 돌이켜 보면 모두가 사실이었고, 단 한 말씀도 성취되지 않은 게 없었다. 주광조는 아버지가 남겨 주신 이 말씀을 집안의 가훈으로 삼았다. 가정 예배를 드릴 때마다 이 말씀을 읽었다. 훗날 두 아들과 그 자손들도 이 말씀의 진정한 의미를 알게 될 거라 믿으며.

"처음에는 조용히 다니다가 신앙을 회복한 후에 한경직 목사님을 찾아가서 인사를 드렸어요. 더 이상 숨어서 다닐 필요가 없게 되었으니까요. 한경직 목사님께서 주기철 목사님 아들을 이제야 만나게 되었다며 너무나 반갑게 맞아 주시고 좋아하셨어요. 은퇴한 다음부터 남한산성 자락에 있는 작은집에서 생활하고 계셨는데, 가끔 찾아뵐 때마다 주 집사를 보고 잘 있었느냐며 끔찍하게 챙겨 주셨죠. 나중에 장로가 된 뒤에는 주 장로만 보면 이런저런 직책을 자꾸 맡으라고 하면서 일을 시키려 드셨어요. 주 장로는 자기가 할 일이 아니라며 한사코 사양했죠. 주 장로 역시 한경직 목사님 생신 때면 선물을 하거나 식사를 하는 등 챙겨 드리는 걸 잊지 않았어요. 강원도 속초시 설악동에 가면 추양한경직목사기념관이 있는데, 그 안에 들어가 보면 주광조 장로와 한경직 목사님이 함께 찍은 사진이 걸려 있어요. 그만큼 한경직 목사님이 주 장로를 특별하게 생각하셨던 거죠. 주 장로가 영락교회로 옮기고 나서는 서무부, 감사위원회, 예산위원회, 영락유치원, 영락모자원 등에서 봉사를 아주 열심히 했어요."

구귀학 권사는 주광조 장로가 영락교회에서 마침내 오랜 방황을 끝내고 회심하게 된 것은 자신들의 의지가 아니라 하나님의 오랜 계획 속에 이루어진 이끄심 덕분이라고 고백했다.

# 영화
## 〈저 높은 곳을 향하여〉

영락교회에서 신앙생활을 하며 새로운 기쁨을 발견하고 있던 어느 날 느닷없이 하용조 목사가 주광조 집사를 찾아왔다. 하용조 목사는 차를 한 모금 마신 뒤 이런 이야기를 꺼냈다.

"연예인교회 교인 중에 합동영화사 곽정환 사장님이 계십니다. 그분이 이번에 주기철 목사님의 일대기를 다룬 영화를 만들려고 준비하고 있습니다. 연예인교회에 다니고 있는 배우들이 출연해서 영화를 만들면 지금껏 볼 수 없었던 대단한 작품이 탄생할 겁니다. 영화가 잘돼서 수익이 발생하면 그걸로 연예인교회 예배당을 지을 계획입니다. 주기철 목사님 영화를 만들 수 있도록 허락해 주시고 여러 가지 면에서 도움을 좀 주셨으면 좋겠습니다."

주광조 집사는 대환영이었다. 합동영화사는 당대 최고의 영화제작사였고, 곽정환 사장은 영화계의 거목이었다. 주기철 목사의 아들로서 당연히 도와야 할 일이었다. 처음 이 일은 우연히 시작되었다. 서울극장 대표를 역임한 고은아 권사는 훗날 이렇게 증언했다.

"연예인교회는 이리저리 옮겨 다니면서 예배를 드리고 있었어요. 예배당을 짓고 싶었지만 불가능한 형편이었죠. 그러던 중 하루는 남산 기슭에 있는 미8군 수양관에서 1박 2일로 기도회를 했어요. 아침이 밝아올 무렵 곽정환 장로가 문득 '내가 영화를 하나 만들어서 수익금을 교회에 바칠 테니 예배당을 지으면 어떻겠느냐'는 제안을 하게 되었어요. 그래서 다들 아멘으로 받고 기도회를 끝냈죠. 어떤 영화를 만들지 결정이 되지 않은 상황이었어요. 바로 그즈음에 어떤 전도사님 한 분이 시나리오를 써 왔는데, 주기철 목사님 일대기를 다룬 것이었어요. 곽정환 장로가 그걸 보고 좋다고 해서 주기철 목사님 영화를 만들게 된 거예요."

주기철 목사 역에는 신영균, 오정모 집사 역에는 고은아가 캐스팅되었다. 그 시절 최고의 스타 배우였다. 이밖에도 강효실, 구봉서, 곽규석, 이순재, 남진, 윤복희, 김성원, 이정길 등 내로라하는 배우와 탤런트, 가수들이 대거 출연하였다. 영화는 개봉도 하기 전에 화제가 되었다. 모든 배우들이 무료로 출연한다는 소문도 돌았다. 그러나 실제는 그렇지가 않았다.

"합동영화사가 종교영화를 제작하는 곳이 아니라 일반 극영화를 제작하는 곳이니까 배우들에게 무료로 출연해 달라고 할 수는 없었죠. 주연 배우를 포함한 대부분 출연자는 다 출연료를 받았어요. 단역으로 잠깐씩 나온 일부 출연자들만 무료로 출연했던 거예요. 하지만 외부에는 모든 배우들이 다 무료로 출연한 것으로 잘못 알려졌어요. 연예인교회 교인들이 전부 성가대원으로 출연했으니까 그런 분들은 봉사하는 차원에서 출연을 했던 것이죠."

—— 주기철 목사 순교기념 영화촬영 준비예배에서 인사말을 하고 있는 주광조 집사.

—— 맨 앞자리 귀빈석. 왼쪽에 앉은 사람이 당대 최고의 영화배우 신영균, 그 옆이 영화계의 거목인 합동영화사 사장 곽정환이다. 이들에 의해 한국 종교 영화의 신기원을 이룩한 걸작 〈저 높은 곳을 향하여〉가 탄생하였다.

—— 영화 〈저 높은 곳을 향하여〉 포스터.

1977년 2월, 동신교회에서 주기철 목사 순교기념 영화촬영 준비예배를 드렸다. 박조준 목사가 영화 촬영을 축하하는 메시지를 전했고, 주광조 집사는 유족 대표로 인사했다.

제가 1944년 3월 31일 오후 4시에 평양형무소 면회실 밖에서 목격했던 불과 3-4초 동안의 아버지의 모습, 그 모습을 이 영화에서 다시 한번 재현해 주시면 고맙겠습니다.

그런데 문제는 엉뚱한 곳에서 터지고 말았다. 영화를 다 만들고 나서 개봉을 앞둔 시점에 중앙정보부의 검열에 걸려 상영을 할 수 없게 된 것이다. 참으로 기가 막힐 노릇이었다.

"박정희 대통령 때 긴급조치 위반으로 많은 분들이 투옥됐었어요. 목사님들도 몇 분 감방에 들어가 계셨죠. 영화 내용이 이런 시대상과는 아무 관련이 없음에도 불구하고 개봉을 금지한 거예요. 아마도 주기철 목사님이 감옥에서 일사각오로 타협하지 않고 죽음을 불사하는 장면, 오정모 사모님이 그 안에서 끝까지 투쟁하라며 독려하고 지지하는 장면 같은 게 상징적으로 감방에 계신 분들에게 힘을 실어 준다고 생각했는지 모르겠어요. 어쨌든 명보극장에 간판이 올라가고 개봉 날짜가 잡혔는데도 개봉을 하지 못하게 됐어요. 4년 동안이나 그렇게 묶여 있었죠. 저희들이 각계에 탄원도 하고 호소도 하고 갖은 노력을 했지만 허사였어요.
그 사이 연예인교회는 먼저 건축을 시작하게 되었죠. 그때 10·26이 나고 신군부가 들어서면서 하루아침에 영화 상영 금지가 풀렸어요. 그래서 1981년에서야 뒤늦게 개봉을 한 거예요. 그동안 별의별 루머가 다 나돌았어요. 하지만 생각해 보면 1977년에 개봉을 했어도 그런 폭발적인 반응이 있었을까 싶어요. 1970년대와 1980년대는 시대가 많이 달라졌거든요. 처음에는 연예인들을 업신여기는 분위기였지만 시간이 지나면서 긍정적으로 시선이 바뀌었어요. 그 시점에 개봉이 된 거죠. 뭔지는 잘 모르지만 4년 동안 정부로부터 묶여 있다가 풀린 영화라는 소문까지 더해져 개봉하자마자 그야말로 엄청난 관객들이 몰리게 된 거예요."

　수십 년이나 지난 일이지만 고은아 권사는 남편과 함께 전 교인들이 합심해서 만들었던 영화가 아무런 이유도 없이 4년 동안이나 상영 금지를 당했던 일을 떠올리자 흥분이 됐는지 평소답지 않게 목소리에 잔뜩 힘이 들어갔다. 그러나 그녀의 말대로 개봉이 4년 늦춰진 일은 전화위복이 되었다. 개봉 첫날 명보극장 앞에는 표를 사기 위해 줄을 선 사람들로 장사진을 이루었다. 극장 현관 유리창이 깨져 나갈 정도였다. 당시는 컴퓨터도 인터넷도 없던 시절이라 영화를 보려면 극장에 가서 표를 사야만 했다. 교회 단체 관람도 줄을 이었다.

　영화 제목 〈저 높은 곳을 향하여〉는 주기철 목사가 가장 즐겨 불렀던 찬송가로 마지막 검속될 때 순교를 각오하고 교인들과 함께 합창했던 의미 있는 곡이었다. 우여곡절을 겪기는 했지만 영화가 흥행에 성공하면서 곽정환 장로는 예배당 건축비용 중 남은 잔금을 치를 수 있게 되었다. 4년 전 약속을 지킨 것이다. 연예인교회 예배당은 종로구 평창동에 세워졌다. 영화를 만들며 영화 제작사 대표이자 주연 여배우인 곽정환, 고은아 부부와 주광조, 구귀학 부부는 함께 식사하는 시간을 가졌다. 주광조 집사가 감사 인사를 하는 차원에서 자리를 마련한 것이다. 이후 두 부부는 극동방송 일을 하면서 서로 협력하는 사이가 되었다.

주기철 목사의 순교를 다룬 최초의 영화 〈저 높은 곳을 향하여〉는 한국 종교영화의 신기원을 이룩한 작품이다. 그 시절은 지금처럼 한 영화를 전국 여러 극장 복수의 스크린에서 동시에 상영하던 때가 아니었다. 서울에서는 명보극장 한 곳에서만 영화를 볼 수 있었다. 그런데도 관객이 20만 명이 넘게 극장을 찾았다. 당시로서는 엄청난 수치였다. 제작자의 투자와 열정, 배우들의 명연기, 교인들의 호응이 이루어 낸 결과였다. 영화 내용 가운데 주기철 목사가 일본 경찰에 의해 날카롭게 번뜩이는 못 판 위를 맨발로 걸어간다거나 마지막 장면에서 일본 의사에 의해 강제로 주사를 맞고 독살당하는 것처럼 보이는 장면 등 사실과 전혀 다른 부분이 몇 군데 있기는 하지만 이 영화로 인해 한국 교회와 교인들은 주기철 목사의 순교 신앙과 정신, 그리고 순교자들의 삶에 대해 비로소 눈을 뜨게 되었다고 할 수 있다. 이후 많은 종교영화들이 제작되었으며, 1982년에는 주기철 목사의 아들 주영진 전도사의 순교를 다룬 임동진, 방희, 문오장 주연의 영화 〈하늘가는 밝은 길〉이 만들어지기도 했다.

# 하용조 목사와
# 임마누엘 모임

영화 〈저 높은 곳을 향하여〉를 통해 하용조 목사와 인연을 맺게 된 그는 교회 안에서 만난 몇몇 지인과 뜻을 모아 '임마누엘'이라는 모임을 만들어 매주 목요일 저녁마다 성경 공부를 하게 되었다. 강사는 다름 아닌 하용조 목사였다. 그로부터 2년 6개월 동안 주광조는 임마누엘 모임을 통해 얼어붙었던 마음이 녹아내리면서 하나님과의 관계를 완전히 회복하고 새로운 믿음의 사람으로 거듭나게 되었다. 예비하시는 하나님의 놀라운 은혜와 섭리였다.

"과거의 아픈 상처에서 벗어나야 합니다. 이제부터 새로운 믿음의 삶이 시작될 것입니다. 하나님은 과거나 지금이나 주 집사님이 감당치 못할 시련을 결코 주시지 않았습니다. 고린도전서 10장 13절 말씀에 '사람이 감당할 시험 밖에는 너희에게 당한 것이 없나니 오직 하나님은 미쁘사 너희가 감당치 못할 시험 당함을 허락지 아니하시고 시험 당할 즈음에 또한 피할 길을 내사 너희로 능히 감당하게 하시느니라' 하시지 않았습니까? 비록 과거의 어려운 환경 때문에 좌절하고 고난도 당했겠지만, 하나님은 미쁘사 주 집사님을 시련으로 연단하여 보다 큰 영광과 존귀를 얻게 하려 했을 뿐입니다. '그러므로 너희가 이제 여러 가지 시험을 인하여 잠간 근심하게 되지 않을 수 없었으나 오히려 크게 기뻐하도다. 너희 믿음의 시련이 불로 연단하여도 없어질 금보다 더 귀하여 예수 그리스도의 나타나실 때에 칭찬과 영광과 존귀를 얻게 하려 함이라.' 베드로전서 1장 6절, 7절 말씀이 바로 그 증거입니다."

하용조 목사의 간절한 권면의 말씀을 들으며 주광조는 수십 년 묵은 체증이 내려앉듯 진리 안에서 참다운 자유를 경험할 수 있었다. 목사의 아들, 순교자의 자식으로서 그가 하는 모든 말과 행동에 족쇄처럼 무겁게 따라다니던 진리라는 올무가 이제는 그를 마음껏 날 수 있게 만들어 주는 자유의 날개가 된 것이다. 원망스럽기만 했던 부모님에 대한 경외감이 싹트기 시작하면서 신앙의 정절을 지키기 위해 목숨마저 초개같이 버렸던 차원 높은 신앙에 머리가 저절로 수그러졌다. 부모님의 오롯한 사랑을 그제야 제대로 이해할 수 있었다.

"고정적으로 다섯 가정이 모임을 가졌어요. 고려합섬의 장치혁 회장 내외, 농수산부 주성규 전 차관 내외, 세방여행사 염부현 부회장 내외, 그리고 주광조 장로 내외와 저하고 제 아내 이렇게 모였었죠. 시작은 영락교회에서 했어요. 모두 영락교회 교인이었으니까요. 다들 인품이 좋은 분들이셨어요. 자주 만나다 보니 자연스럽게 성경공부 모임으로 이어진 것이죠. 소문이 나기를 하용조 목사라는 분이 성경을 가르치는데, 그렇게 좋다고 하더라고요. 그래서 우리가 모시게 된 거예요. 다섯 가정이 순서대로 돌면서 모임을 가졌어요. 한 가지씩만 음식을 준비해 간단하게 식사한 다음 성경공부를 이어 갔죠. 모두 열심히 공부를 했어요. 주광조 장로님도 그때 신앙의 불이 붙은 게 아닌가 생각해요. 다 마찬가지였어요. 지금 생각해도 굉

임마누엘 모임 구성원들. 세월이 흐르면서 몇몇 사람이 새로 들어오게 되었다.

장히 은혜로운 시간이었죠. 그즈음 전부 믿음이 훌쩍 커진 거예요."

임마누엘 모임의 일원이었던 한성실업 지성한 회장은 그 시절 성경공부 시간의 뜨거웠던 분위기를 떠올리며 입가에 환한 미소를 지었다. 주광조 장로와 같은 연배인 그는 비록 머리는 백발이 되었지만, 아직도 현역에서 왕성하게 일하고 있었다. 청년같이 쩌렁쩌렁한 목소리로 과거를 회상하던 그가 잠시 차분해지더니 나지막하게 주광조 장로를 추억했다.

"주광조 장로님은 제가 만나 본 사람 중에 가장 정확하게 사신 분이었어요. 허점이 하나도 없으셨죠. 자기 행동에 대해 전부 기록으로 남겨 두셨어요. 언젠가 우리한테 수첩에서 작은 사진 한 장을 꺼내 보여 주시더라고요. 구귀학 권사님 젊었을 때 사진이었어요. 그래서 옛날 연애할 때 사진인가 보다 그랬는데, 갑자기 사진의 뒷

한국기독교순교자기념관 입구에 세워진 주기철 목사의 마지막 설교 '고난의 명상' 기념비
제막식에 모인 사람들. 왼쪽 세 번째부터 김경래 장로와 김명혁 목사,
가운데가 정진경 목사와 최창근 장로, 오른쪽이 주광조 장로와 이홍순 장로다.

면을 보여 주는 거예요. 거기 보니까 한자로 '바를 정' 자를 새까맣
게 써 놓았더라고요. 이게 뭐냐 그랬더니 구귀학 권사님을 처음 만
난 날부터 결혼할 때까지 만날 때마다 바를 정 자를 쭉 써 내려간
거라고 하더군요. 그 숫자를 다 합하면 몇 번 만난 뒤에 결혼했다는
게 나오는 거예요. 정말 대단하다고 생각했어요. 우리 나이에 그런
기록을 가지고 있는 사람은 거의 없을 겁니다. 그걸 수첩에 넣고 다
니셨어요. 그것만 봐도 주광조 장로님이 얼마나 치밀하고 정확한
분인지 잘 알 수 있죠."

임마누엘 모임을 시작할 무렵 주광조는 새집을 지어 이사했다.
마침 창천동 주택가 언덕에 좋은 집이 나타났기 때문이다. 두 사람
은 의논 끝에 옛집을 헐고 새로 집을 짓기로 했다. 설계와 시공은 당
시 건축계에서 유명했던 향건축사사무소 공일곤 대표에게 맡겼다.
워낙 바빠 시간을 내기 어려웠던 분인데, 주광조의 집에 들렀다가

그가 가지고 있는 LP 음반을 보고 설계를 해주기로 결심했다고 한다. 그도 만만찮은 클래식 음악 애호가였던 것이다.

집을 다 지은 뒤 이사하던 날 주광조는 밀려드는 감격에 눈시울이 붉어졌다. 평양에서 부모님을 여의고 성경책 하나만 든 채 서울로 내려왔던 소년이 광야 같은 세상에서 모진 풍파를 다 견뎌 낸 끝에 이룩한 값진 성과였다. 전쟁 통에 자원입대해 죽어가는 동료를 보며 자살을 떠올렸던 일, 쓰레기를 뒤져 가며 무사히 대학을 졸업한 일, 하루가 멀다 하고 쫓아다녀 아름답고 현명한 아내를 맞이한 일, 생각만 해도 든든한 두 아들을 얻게 된 일, 쟁쟁한 경쟁자들을 물리치고 사장 자리에까지 오른 일 등이 한순간처럼 스쳐 지나갔다. 그는 응접실에서 융단 같은 잔디가 깔린 마당 너머로 한강을 바라보며 음악 감상하는 걸 좋아했다.

젊은 나이에 회사 대표를 맡아 바쁘게 동분서주하던 와중에도 주광조는 목요일 성경공부 모임만은 빠지지 않고 참석했다. 세상 그 어떤 모임보다 귀하고 값진 시간이라 여겼기 때문이다. 특히 창천동 자택에서 모임이 있는 날이면 어린아이처럼 들뜬 표정으로 손님들을 맞이한 후 성경공부가 끝나고 나서 응접실에 함께 모여 음악 감상을 하곤 했다. 하용조 목사의 누가복음 강의는 주님의 절대 사랑과 은총을 체험하게 해주었다. 시간이 흐른 뒤 주광조는 그 무렵에 받았던 은혜는 오랜 역경 끝에 얻게 된 주님의 귀한 선물이었다고 회고했다.

다윗이 시편 119편 71절에서 "고난당한 것이 내게 유익이라 이로 인하여 내가 주의 율례를 배우게 되었나이다"라고 고백했던 것처럼 그때까지 제 삶을 주관하셨던 하나님의 사랑과 손길을 느끼게 되자 "하나님 감사합니다"라는 기도가 막혔던 둑이 무너지듯 봇물처럼 터져 나왔습니다. 다시는 소리 내어 기도하지 않겠다는 결심이 와르르 무너지는 순간이었죠. 수없이 하나님을 외면하고 도망치기 위해 몸부림쳤지만, 언제나 곁에서 제 삶을 인도해 주셨던 그 크신 사랑을 직접 확인하기까지는 얼마나 많은 세월이 흘러야 했는지 모릅니다. 제게 남겨 준 유산이 한 푼도 없다고 부모님을 원망했으나 그 부모님은 다윗의 시편처럼 제가 버림받거나 구걸하지 않아도 되게끔 순교자의 자손이 받게 될 엄청난 복을 유산으로 남겨 주셨습니다. 마음속에서 오랫동안 오기와 원망으로 억눌렸던 하나님의 형상이 다시 회복되기 시작하면서 제 오랜 방황은 끝이 났습니다. 두 아들을 키우면서 저는 아버지의 깊은 사랑이 무엇인지를 깨달았습니다. 앞으로 제게 주어진 삶을 어떻게 보내야만 하나님을 영화롭게 하고 아버지와 어머니, 할머니를 기쁘시게 할 수 있을지를 생각하게 되었습니다.

5

끝까지 저항하지 못한 것에 대한 부끄러움

장로회신학대학교 정문을 지나 본관 왼편 계단 위로 높게 솟은 주기철 목사 순교기념 기도 탑.
종탑 아래에는 학생들이 들어가 기도할 수 있는 공간이 있다. 주기철 목사는 어디서든 기도로
하나님께 길을 묻던 사람이었다. 그의 후배들 역시 이 기도 탑에 올라 길을 묻는다. 힘겹게 계단을
오르다 보면 어디선가 애절한 기도 소리가 들리는 듯하다.

# 한국기독교순교자기념관과
## 주영해 장로

    1985년은 한국 교회와 교인들에게 매우 뜻깊은 한 해였다. 1885년 4월 5일 부활절에 아펜설라Henry G. Appenzeller 선교사와 원두우 선교사가 인천 제물포항을 통해 조선에 선교사로 들어온 지 꼭 100년을 맞는 해였기 때문이다. 1980년대로 접어들면서 한국 개신교는 이를 준비하기 위해 20개 교단과 26개 기관단체가 참여하는 한국기독교100주년기념사업협의회를 발족시켰다. 영락교회 원로목사이자 한국 개신교를 대표하는 지도자였던 한경직 목사가 총재로 추대되었고, 협의회를 통해 수많은 집회와 기념사업들이 실행되었다.

    그런데 이 과정에서 한국 개신교 100주년이 되는 해가 1984년이냐 아니면 1985년이냐 하는 논쟁이 시작되었다. 이에 관해 그 무렵 협의회에서 기획 및 홍보 담당 사무국장으로 일했던 김경래 장로는 자신의 책《미안합니다, 고맙습니다》를 통해 고충을 털어놓았다.

> 100주년 기념사업을 준비하면서 가장 논란이 된 문제는 한국 기독교 역사의 기원을 어느 해로 볼 것인가 하는 점이었다. 선교사가 입국한 1885년을 기원으로 보아야 한다는 의견과 한국인에 의해 황해도 소래교회가 세워진 1884년을 출발로 보아야 한다는 의견이 대립하고 있었다. 이 문제와 관련

해 당시 100주년협의회 사료분과위원장이던 전택부 장로의 의견과 판단으로 1884년을 한국 기독교 역사의 기원으로 보고, 1984년에 100주년 기념행사의 주 행사인 선교대회를 열기로 했다. 또한 선교사들의 공로에 힘입어 한국 기독교가 발전을 이룬 것을 감안해 선교사 입국 100년이 되는 1985년에 기념대회를 열기로 했다.

1984년 8월 15일부터 19일까지 여의도광장에서 치러진 선교대회에는 전국에서 400만 명가량이 참석해 대성황을 이루었다. 1986년 3월 30일에는 인천에 한국기독교100주년기념탑이 세워졌고, 같은 해 10월 10일에는 서울 마포구 합정동 양화진외국인선교사묘원 안에 한국기독교선교기념관이 완공되었다. 1989년 11월 18일에는 경기도 용인군 내사면 추계리에 한국기독교순교자기념관이 건립되었다. 이 땅에 복음이 전파된 이래 순교한 개신교인은 약 2,600여 명에 달하는데, 기념관에는 이 중 600여 명의 명단과 사진, 초상화가 전시되었다.

한국기독교순교자기념관이 건립되면서 순교자 명단을 파악하고, 사진이나 초상화를 제작하며, 이를 검증하면서 전시하기까지 수많은 애로사항이 뒤따랐다. 유족들의 소재지를 알아내 사진이나 유물을 기증받는 일이 산 넘어 산이었기 때문이다. 그때 실무적으로 일을 진행하던 주인공 중 한 사람이 바로 주광조 집사의 형님인 주영해 장로였다. 그는 1957년 영락교회가 영세 피난민 지역인 서울 강북구 삼양동에 개척한 신성북교회 장로로 시무하면서 종로구 연지동 기독교회관 안에 있는 사무실에서 순교자유족회 회장으로 일하고 있었다.

주기철 목사의 세 아들 가족이 다 같이 모였다. 아랫줄에 한복을 입고 나란히 앉은 어른들이 왼쪽부터 주광조, 주영만, 주영해다. 1973년 서교동에서 가진 이 모임을 끝으로 2년 뒤 주영만은 미국 이민을 떠났다.

"순교자 유족들의 모임인 순교자유족회가 발전해서 한국교회 순교자기념사업회가 되었어요. 이와는 별도로 대한예수교장로회 통합 총회에서 만든 기관이 순교자기념선교회죠. 제가 그 두 기관 의 일을 다 맡아서 보고 있습니다. 주광조 장로님의 형님 되시는 주 영해 장로님이 바로 제 전임자셨어요. 지금은 조금 나아졌지만 그 때만 해도 순교자기념사업이라는 게 참 연약했습니다. 용인에 한국 기독교순교자기념관을 지을 때 그 안에 전시할 소프트웨어를 발굴 하고 정리하는 일을 주영해 장로님이 맡아 하셨어요. 지금도 그 일 은 계속되고 있죠. 한국기독교순교자기념관이 한국기독교100주년 기념사업협의회의 소유로 되어 있지만 내용적으로는 한국교회순 교자기념사업회와 관련이 있기 때문에 두 기관이 긴밀하게 협력하 고 있는 거예요. 주영해 장로님이 초창기에 주기철 목사님 아들로서 상당히 고군분투하셨어요. 고생을 많이 하셨지만 그 열매로 자식 중 따님들은 다 목회자의 부인이 되셨고, 아드님 가운데는 목회자가 나왔잖아요? 주안장로교회 주승중 목사님이 주영해 장로님의 아들이에요."

한국교회순교자기념사업회 사무총장을 지낸 이응삼 목사는 주영해 장로에 대해 이렇게 기억하고 있었다. 그는 지금도 한국 교회의 밀알이 된 순교자들을 기리고 그 신앙과 정신을 이어받는 일을 전담할 전문 인력과 예산은 턱없이 부족한 실정이라며 어려움을 토로했다.

김경래 장로의 주영해 장로에 대한 추억은 같은 시대를 살았기에 더 끈끈하고 애틋했다.

"한국기독교순교자기념관을 세울 때 두 사람의 조력자가 있었어요. 주기철 목사님 아들인 주영해 장로님과 역시 순교자 아들이었던 진수철 목사님이에요. 저하고 셋이 늘 모여서 순교자기념관에 대한 마스터플랜을 세우고, 순교자들의 유물과 유품을 수집하며, 순교자들의 명단을 모으고 그랬죠. 20개 교단에 공문을 띄웠어요. 귀 교단에서 순교자로 추앙하고 있는 사람들의 이름을 우리에게 좀 주십시오, 어디서 무엇을 하다가 순교하셨는지 자료와 목록을 알려 주십시오, 이렇게 호소를 한 거죠. 그때 순교자유족회 회장이 주영해 장로님이셨어요. 진수철 목사님이 부회장이었고요. 자료를 모으는 데 두 분이 정말 고생을 많이 했습니다. 공문은 우리가 보냈지만 실제로 순교자 유족들을 만나 회의하고 식사하는 일은 순교자유족회에서 한 거예요."

가장 어려웠던 일은 객관적으로 자료를 검증하고 증거를 모으는 일이었다고 한다.

"솔직히 그 당시에 검증이 잘 안 됐습니다. 제대로 역사적 사실을 검증하려면 학자들이 모인 순수한 독립기관이 있어야 하는데, 한국 교회에 그런 게 없거든요. 기독교 역사학자들이 모여 사료를 수집하고, 목격자 증언을 듣고, 증거를 찾아내야 한단 말이죠. 그런데 그런 절차 없이 각 교단에서 명단을 받아 전부 순교자로 인정했기 때문에 한국기독교순교자기념관 안에 걸려 있는 인물 가운데 과연 순교자로 추앙할 만한 사람인가 의문인 분들도 있어요. 협의회로서는 노회 추천을 거쳐 각 교단에서 제출한 명단을 무슨 수로 거부하고 재심사하겠어요. 그러려면 반증할 만한 증거가 있어야 하거든요. 한국교회순교자기념사업회가 있긴 있지만 이런 기능을 하기는 역부족이에요. 6·25전쟁 때 앞에서 당당하게 총을 맞은 사람도 있고, 뒤에서 도망가다 맞은 사람도 있는데, 인민군에 의해 죽었다 해서 다 순교자는 아니란 말이죠. 교단마다 제대로 검증하지 않고 자기 교단 순교자 수를 늘리기 위해 막 들어오는데…… 걷잡을 수 없었어요. 그래서 상당히 고생을 많이 했죠. 앞으로는 한국 교회가 순교자에 대한 정의를 다시 내리고, 교단을 초월해서 독립적으로 역사적 사실을 조사하고 검증하는 기구를 만들어야 해요."

주광조의 둘째형님 주영만은 1975년 미국으로 건너가 뉴저지

주에 정착했고, 셋째형님 주영해는 신성북교회 장로로, 순교자유
족회 회장으로 한국 교회를 섬기다가 마지막에는 한국 개신교 100
주년을 기념해 건립된 한국기독교순교자기념관의 콘텐츠를 만드
는 사역에 전념하던 중 신장암에 걸려 1990년 12월 21일 아버지와
어머니, 그리고 형님이 계신 하늘나라를 향해 남아 있던 형제 중 맨
먼저 길을 떠났다. 주광조 집사는 늘 인자하고 온화했던 그를 잊지
못해 천안공원묘원에 미리 마련해 둔 자신의 묫자리 바로 위에 유
해를 모셨다.

## 명동에서 왕십리까지
## 한걸음에 실어 나른 전축

1964년 대한민국 최초의 민간 정유회사로 설립된 극동석유공업(주)은 1968년 세계적 다국적기업인 로열 더치 쉘이 합작투자로 참여하면서 1970년에 상호를 극동쉘석유(주)로 변경하였다. 이후 로열 더치 쉘이 철수하면서 상호가 극동석유(주), 극동정유(주)로 바뀌었다가, 현대정유(주)를 거쳐 지금은 현대중공업그룹 소속 현대오일뱅크(주)가 되었다.

주광조는 1982년부터 1985년까지 극동석유(주)와 극동도시가스에서 상임감사를 지냈다. 앞만 보고 달려온 사회생활에서 잠깐 숨 고르기를 한 셈이었다. 그런 다음 1985년부터 1993년까지 극동기업(주) 사장과 세양산업 부회장으로 일하며 현역으로서 마지막 남은 에너지를 모두 불살랐다. 늘 믿고 의지했던 주영해 장로가 갑자기 세상을 떠난 후에는 대한민국 땅에 남아 있는 주기철 목사의 유일한 아들로서 한국 교회를 위해 자신에게 주어진 사명을 감당하려고 여러모로 애를 썼다. 그는 영락교회로 적을 옮긴 뒤 새롭게 신앙을 정립하여 1986년 안수집사가 된 데 이어 1991년 12월 2일에는 장로로 안수받게 되었다.

아무도 간섭한 사람이 없었음에도 주광조의 두 아들은 아버지가 걸어간 길을 묵묵히 뒤따라갔다. 부모를 닮아 그런지 둘 다 학교 다닐 때 사귄 여자 친구와 일찌감치 결혼해 혼사 문제로 속 썩이는 일도 없었다. 큰아들 주현은 서울대학교 경제학과를 졸업하고 산업연구원에 들어가 연구원으로 일하며 서울대학교 대학원에서 박사학위를 취득하였다. 학자풍인 그는 부원장을 거쳐 대통령비서실에서 중소기업비서관과 중소벤처비서관을 역임한 뒤 복귀해 산업연구원 원장으로 일하고 있다. 둘째아들 주원 역시 연세대학교 경영학과를 졸업하고 미국 뉴욕대학 경영대학원으로 유학을 다녀온 다음 증권회사에 입사하여 KTB투자증권(주) 대표이사를 지낸 다음 2017년부터 홍국증권 대표이사로 활동 중이다. 그가 CEO를 맡은 후 회사 매출이 이전의 4배, 이익이 8배나 확대되는 탁월한 경영 능력을 보여 주고 있다.

"주기철 목사님 손자라고 하면 으레 신학교에 가서 목사가 되어야 하지 않느냐 이런 시각으로 보시는 분들이 많은데, 아버지가 그렇게 사시지를 않아서인지 저희에게도 일체 그런 식의 간섭이나 강요를 하지 않으셨어요. 뭐든 스스로 알아서 하도록 믿고 맡기시는 편이었죠. 당연히 교회를 나가고 신앙생활을 해야 하지만 자신의 진로는 자신이 알아서 정하도록 하셨어요. 대신 틈나는 대로 할아버지 이야기를 많이 들려주셨어요. 제 친구들도 보면 부모님과 비슷한 영역에서 직업을 구하는 사람들이 많더라고요. 아무래도 자라면서 보고 들은 게 있어서 그런 거겠죠. 저나 동생도 아주 자연스럽게 진로가 결정되었어요. 아버지가 전문경영인으로 기업에 오래 계셨기 때문에 그런 환경에 친숙해졌던 탓이 아닐까 싶어요."

주현 박사의 말 한 마디 한 마디에는 아버지에 대한 애정과 신뢰가 듬뿍 묻어 있었다.

주광조 장로가 영락교회 당회원으로서 가장 정성을 쏟아부으며 봉사한 기관은 성가대였다. 1992년 음악부 실행위원을 시작으로 음악부장, 임마누엘 성가대장 등을 맡아 교회 음악 발전에 깊숙이 관여하였다. 그가 하나님과 사람들 외에 제일 사랑했던 것은 음악이었다.

"주 장로가 얼마나 음악을 좋아하는 사람인가 하는 것은 결혼 전부터 이미 알고 있었어요. 남편이 학교를 마치는 시간과 제가 은행 업무를 마치는 시간이 다르잖아요. 그런데도 퇴근하고 명동에 있는 돌체다방에 가면 거기 주 장로가 영락없이 앉아 있었어요. 전화가 없어 연락할 길도 없으니 그냥 제가 올 때까지 앉아 있더라고요. 따로 약속을 안 해도 내일 만나자고 하면 돌체다방으로 가는 거예요. 음악을 너무 좋아하니까 지루한 줄도 모르고 음악을 듣고 있었어요. 주 장로뿐만 아니라 그 형님들도 하나같이 음악을 좋아했다고 해요."

구귀학은 연애할 때부터 주광조와 음악은 떼려야 뗄 수 없는 관계였다고 말한다. 신혼 시절 음악과 관련된 재미있는 일화가 있다. 현이를 낳은 후 홍익동에 있는 예쁜 한옥으로 이사를 갔다. 그랬더니 주광조가 집에서 음악을 듣고 싶다는 말을 자주 했다. 당시 명동 음악 골목 안에 '기쁜소리사'라는 음악사가 있었다. 어느 날 두 사람이 걸어가는데, 음악사에서 흘러나오는 연주를 듣느라 주광조가 발을 떼지 못했다. 독일에서 수입된 최고급 전축 스피커에서 천사들의 노래 같은 화음이 울려 퍼지고 있었다. 도저히 사지 않고는 못 배길 분위기였다. 그때까지 주광조는 담배를 끊지 못한 상태였다. 구귀학은 그걸 협상 테이블에 올려놓기로 했다.

"저 전축이 그렇게 갖고 싶으세요?"
"말해 뭐하겠소. 당신도 한번 들어 봐. 정말 좋지 않아?"
"전축을…… 살 수 있는 길이 있어요. 당신이 담배만 끊는다면 충분히 살 수 있어요."
"뭐라고? 담배를 끊으면 사 준다고? 그럼 내 지금 당장이라도 담배를 끊겠소."

주광조는 아내의 손을 잡고 간절한 눈빛으로 애원했다. 구귀학은 기쁜소리사로 성큼 들어갔다. 적금도 들어야 하고, 새로 산 집 잔금도 갚아야 해서 여유가 없을 때였다. 끌어모을 수 있는 돈이 전부 3만 원 정도였다. 그 시절엔 정가라는 게 따로 없었다. 뭐든지 깎고 또 깎는 게 미덕이었다. 구귀학은 나름대로 깎는다고 깎아서 3만5천 원을 주기로 했다. 그런데 나중에 알고 보니 너무 비싸면 아내가 사 주지 않을까 봐 주광조가 미리 직원에게 귀엣말을 해서 돈은 요구하는 만큼 줄 테니 아내에게는 싸게 깎아 주는 시늉을 해달라고 부탁했던 것이다. 결국 주광조는 전축을 갖고 싶은 마음에 달라는 대로 돈을 다 주고 산 셈이었다.
전축은 부피와 무게가 상당했다. 하지만 전축을 사느라 돈을 다 써 버려 용달차로 배달을 시킬 수가 없었다. 그러자 주광조는 손수레를 빌려 전축을 싣고 뒤에서 밀면서 명동에서 왕십리까지 점심도 거른 채 한걸음에 내달렸다. 전축을 집에 들여놓은 후부터 그는 퇴근만 하면 레코드판을 사 가지고 일찍 집에 들어와 매일 저녁 음악을 듣고 또 들었다. 그 후로 그는 레코드판을 모으는 게 취미가 되었다. 그날로 담배를 완전히 끊었음은 물론이다. 나중에 새로 이사할 때마다 레코드판은 늘어만 가서 가장 많은 짐이 되었다. 집 거실이나 응접실 한쪽 면은 언제나 레코드판 차지였다. 명동 기쁜소리사는 주광조의 수십 년 단골이 되었다.

"자라면서 아버지께 야단맞았던 기억이 한 번도 없어요. 지금 생각해 보면 아버지로부터 존중받으면서 성장했던 것 같아요. 해마다 고아원이나 어려운 가정을 방문할 때면 저희를 데리고 다니면서 베풀고 나누는 삶을 살도록 가르치셨죠. 저는 그런 아버지를 닮고

그의 집 응접실은 손님들을 위한 음악 감상실이었다. 한쪽 벽에는 최신식
오디오 시설과 LP 음반이 가득했다. 주광조(중앙 뒤쪽)의 지극한 음악 사랑은 정평이 나 있었다.

싶었어요. 요즘 제가 그림을 참 좋아하는데, 이것도 아버지에게서 물려받은 거예요. 아버지는 음악을 정말 사랑하셨고, 상당한 조예가 있으셨지만, 미술도 그 못지않게 좋아하셨어요. 감성이 굉장히 풍부한 분이셨죠. 어릴 때 아침이면 항상 음악이 흘러나왔어요. 저하고 형은 클래식 음악을 들으며 잠에서 깨어났어요. 아버지는 음성이 좋아 노래 부르는 것도 즐기셨어요."

아버지를 존경하고 사랑한다는 주원 대표의 얼굴이 이내 아득한 그리움으로 물들었다.

# 극동방송과 아세아방송을 통한
# 복음 전파 사역

만 60세로 정년퇴직을 앞두고 있던 주광조 장로에게 여러 기업체에서 와 달라는 제안이 들어왔다. 하지만 그는 좋은 제안을 모두 거절했다. 그에게는 가야 할 길이 따로 있었다. 그는 현역에서 물러나면 한국 교회를 위해 일하면서 아버지 주기철 목사의 순교 신앙과 정신을 전파하는 일에 매진하리라 결심했었다. 그는 일찍부터 극동방송과 인연을 맺고 있었다. 아버지와 큰형님이 목회하다 순교하신 평양에 복음을 전하는 길은 방송밖에 없다고 생각했다. 극동방송과 아세아방송은 제2차 세계대전 이후 선교 활동이 전혀 불가능한 러시아, 중국, 몽고, 북한 등 공산권 북방지역에 하나님 말씀과 아름다운 찬송을 전하기 위해 설립되었다. 극동방송은 1956년 인천에서 첫 방송을 시작했고, 아세아방송은 1973년 제주도에서 처음으로 전파를 송출했다. 이후 두 방송사는 "오직 복음 선교만을!"이라는 구호를 내걸고 1977년부터 공동으로 운영되고 있었다. 북방선교와 북한선교, 그것은 극동방송이 지향하는 두 개의 큰 축이었고, 주광조 장로가 여생 동안 묵묵히 걸어가야 할 신앙의 종착지였다.

1980년 9월 18일, 그는 극동방송 운영위원으로 참여하였다. 재정적으로 열악한 극동방송을 돕기 위한 조직이었다. 회원은 초교파적으로 부부가 동시에 가입하는 것을 원칙으로 했다. 계속해서 기도하며 후원하는 일은 부부가 합심할 때만 가능한 일이었기 때문이다. 시간이 지나며 취지에 동참하는 사람이 늘어나 지역별로 지회를 두게 되었고, 나중에는 로스앤젤레스, 뉴욕 등 해외에도 지회가 생겨났다. 운영위원들의 연회비는 지역에 따라 다르지만, 서울의 경우 100만 원으로 정했다. 운영위원회는 극동방송과 아세아방송의 자립을 위한 기금을 확보하며, 회원의 소속 기관이나 교회에 제안하여 방송 선교에 필요한 예산을 마련하고, 각종 방송 장비를 지원하며, 행사와 홍보 활동을 돕는 등의 다양한 일을 펼쳐 나갔다.

그러다가 1993년 세양산업 부회장직에서 물러난 뒤 그해 3월 25일부터 주광조 장로는 극동방송사업단 사장으로 일하기 시작했다. 이는 극동방송 사장으로 오랫동안 일해 온 김장환 목사의 권유에 따른 것이었다. 기업에서 쌓은 그의 경험은 방송 분야에서도 요긴한 것이었다. 그가 맡은 극동방송사업단은 한마디로 말해서 회사 운영에 필요한 자금을 모으는 곳이었다. 광고와 협찬, 각종 행사 기획과 운영, 기금 모금 등을 총괄하는 일이었다. 그는 수많은 행사와 모임에 참석하여 설교도 하고 간증도 했다. 그의 진솔한 간증은 어느 목회자의 유창한 설교보다 청중에게 더 많은 감동을 주었다. 그때 비로소 사람들은 주기철 목사의 아들이 직접 육성으로 전하는 순교 현장에 관한 이야기를 들을 수 있었다. 그가 눈물 흘리며 아버지의 순교 당시를 증언하면 행사장과 집회 현장은 삽시간에 눈물바다로 바뀌곤 했다.

"회사를 그만두면서 이제 뭔가 복음 전하는 일을 해야겠다는 생각에 극동방송으로 가신 거예요. CBS, CTS 같은 다른 기독교 방송국들은 출연하는 목사님들이 돈을 내고 지원을 해줘서 방송국이 운영되고 있거든요. 그런데 극동방송은 그걸 안 하는 거예요. 상업성이 있으면 은혜롭지 않다는 이야기죠. 게다가 김장환 목사님은 광고도 못 한다고 고집을 부리셨어요. 주광조 장로님이 들어가서 보니 뜻은 좋지만 회사에 돈이 없으니까 운영이 힘든 거예요. 좋은 사람들이 방송국에 오래 머물지 못하고 다른 곳으로 스카우트 되곤 했어요.

그래서 주광조 장로님이 김장환 목사님께 우리도 광고하자고 설득하기 시작한 것이죠. 하지만 김장환 목사님은 고집을 꺾지 않으셨어요. 고심 끝에 주광조 장로님이 그러면 방송이 나간 다음에 이 방송은 어디서 협찬한 겁니다, 공지를 하고 성경 말씀을 한 구절 넣으면 상업적이지 않고 복음적인 게 되지 않느냐, 이렇게 설득을 한 거예요. 결국 김장환 목사님이 설득을 당하셨어요. 그 뒤로 협찬 광고가 나가기 시작했죠. 이런 식으로 조금씩 운영방식을 개선해 나간 겁니다. 덕분에 극동방송의 경영상태가 점점 나아진 것이죠."

한성실업 지성한 회장은 극동방송에 들어가 다양한 사업을 통해 경영구조를 개선해 나가는 주광조 장로를 보며 큰 박수를 보냈다. 목회자의 신념과 소신만 가지고는 방송국을 효율적으로 경영하기가 쉽지 않았다. 주광조 장로처럼 비즈니스 감각을 가진 사람의 능력과 열정이 보태어지면서 극동방송은 본래의 사명을 더 충실히 감당해 나갈 수 있게 된 것이다.

처음 극동방송사업단은 극동방송과 별개 회사로 만들어졌다.

그러다 보니 행정적인 문제가 대단히 복잡하게 얽혔다. 극동방송사 업단에서 번 돈을 극동방송에 보내기가 어려워진 것이다. 이런 문제를 해결하기 위해 극동방송사업단을 해체하고 이 조직을 극동방송 내부로 옮기게 되었다. 그러면서 주광조 장로는 극동방송 부사장으로 옮겨 가 하던 일을 그대로 이어 갔다.

1993년부터 2004년까지 극동방송 비서실에서 주광조 장로를 보필하다가 CTS 라디오국장을 거쳐 회장 비서실에서 일하고 있는 송성화 실장은 그와의 인연을 큰 행운으로 여겼다. 그녀는 가까이서 주광조 장로를 10년 동안 지켜본 사람으로서 이런 말을 전했다.

"장로님께서 극동방송에서 일하게 된 건 어쩌면 아버님이신 주기철 목사님에 대한 일종의 부채의식 같은 것 때문이 아니었나 생각해요. 제가 중학교 1학년 때 〈저 높은 곳을 향하여〉라는 영화를 봤거든요. 거기서 형제들 가운데 주기철 목사님 무릎에 앉아 '나 목사님 할래'라고 말했던 아들이 바로 주광조 장로님이에요. 그러니까 장로님 마음속에는 항상 자신이 아버지 뒤를 이어 목사가 되지 못한 데 대한 송구스러움이 있었어요. 그래서 극동방송에 오신 뒤 평신도 사역자로서 월급도 일절 받지 않고 그렇게 열심히 봉사하셨던 거죠. 제가 장로님을 모시는 동안 정말 단 한 번도 인격적으로 실망하거나 상처를 받은 적이 없었어요. 그거…… 참 쉽지 않은 일이거든요. 다른 부서장들이 다 저를 부러워했어요. 나도 주 장로님처럼 되고 싶다, 나도 주 장로님처럼 나이 먹고 싶다, 다른 국장님들이 그런 이야기를 많이 하곤 했죠. 많은 사람들의 멘토셨어요. 조직이다 보니 상사한테 야단맞을 때도 있잖아요. 그런 분들이 와서 하소연하면 장로님은 그걸 가만히 다 들어주셨어요. 김장환 목사님은 전체 리더로서 좀 엄격한 면이 있었지만 장로님은 어머니처럼 따뜻하게 품어 주신 거죠. 장로님 방에 들어갔다 온 사람들은 다 위로받고 행복한 표정으로 돌아가곤 했어요."

아직도 방송국 어딘가에 계신 것만 같고, 즐거운 추억이 떠오를 때면 뵙고 싶어 가슴이 먹먹해진다는 민산웅 전 극동방송 사장은 주광조 장로를 자신의 멘토였다고 고백했다.

"주 장로님이 극동방송사업단 사장으로 오셨을 때 제가 상사로 모시게 되었어요. 그때 저는 상임이사로 일하고 있었죠. 그 뒤 돌아가실 때까지 그분은 신앙에서나 삶에서나 늘 제 멘토셨어요. 잊을 수가 없는 분이죠. 뭐든지 이야기하면 다 들어주셨어요. 언제나 격려와 위로를 아끼지 않으셨고, 상대방을 먼저 배려해 주셨어요. 그러면서도 일에서는 빈틈없이 철저하고 완벽하신 분이셨죠. 순교자의 아들로서 믿음을 잘 지키고 끝까지 한국 교회를 위해 봉사하다 가신 귀한 어른이세요. 정말 존경받을 만한 분이시죠. 그분 생각만 하면…… 제게는 스승 같기도 하고, 형님 같기도 했던 한없이 보고 싶은 그리운 분이에요.”

# 여호와의 말씀을
# 듣지 못한 기갈이라


주광조 장로는 극동방송을 여러 종교방송 중 하나로 여기는 시각에 대해 못마땅하게 생각했다. 그는 기회가 있을 때마다 열변을 토해 가며 종교방송의 의미와 역할에 관해 설명했다.

종교방송은 어떤 방송입니까? 종교기관에서 운영하는 일반 종합방송을 종교방송이라고 생각하는 분들이 많습니다. 그러나 과연 그렇습니까? 이것은 현행법에도 어긋나고 원칙에서도 어긋납니다. 종교방송은 네 가지 요건을 갖추어야 한다고 생각합니다. 그 네 가지 요건은 종교기관이 선교를 목적으로 설립해서 선교를 주된 내용으로 방송하면서 운영비가 교회와 신자들에게서 나오는 방송을 말합니다. 이런 방송이 곧 종교방송입니다.
첫째 요건, 설립과 운영 주체가 종교기관이어야 함은 너무나 당연한 이야기입니다.
둘째 요건, 설립 목적이 선교에 있어야 한다는 것도 너무나 당연한 이야기입니다.
셋째 요건, 선교를 주된 내용으로 방송해야 한다는 것입니다. 그러나 극동방송을 제외한 다른 종교방송의 경우 선교를 위한 프로그램은 전체의 18퍼센트 내지 27퍼센트에 지나지 않습니다. 반면 오락과 교양 프로그램은 56퍼센트에서 68퍼센트에 이르고 있습니다.
넷째 요건, 운영비가 교회와 신자들에게서 나와야 합니다. 운영비의 출처는 프로그램 편성에 지대한 영향을 미칩니다. 운영비를 국가로부터 받는 국영방송은 국가의 시책 홍보에 주력하지 않을 수 없게 됩니다. 상업방송은 시청률과 청취율을 높이기 위해 저속한 프로그램을 마구 방송하는 일이 많습니다. 운영비가 교회와 신자들에게서 나올 때 교회와 신자들을 위한 방송, 교회와 신자들에 의한 방송, 교회와 신자들의 방송이 될 수 있는 것입니다.

당시 극동방송은 100KW, 아세아방송은 250KW의 국내 최대 출력으로 한국어, 중국어, 러시아어, 일본어, 영어 등 5개 국어로 방송을 내보내며, 북한 전 지역은 물론 중국과 시베리아 지역, 일본까지 약 17억 인구를 대상으로 전파를 송출하고 있었다. 1996년에는 러시아 극동에 있는 하바롭스크에도 방송국을 설립하여 현지인을 통해 방송을 시작함으로써 러시아 복음화에 획기적인 교두보를 마련할 수 있게 되었다. 이를 위해 주광조 장로가 운영위원장을 맡고 있던 1992년 8월 28일부터 29일까지 극동방송 앞마당에서는 여성 운영위원장인 구귀학 권사를 중심으로 바자회가 열렸다. 며칠 전 주광조 장로의 종아리 염증이 악성, 즉 피부암으로 판명되었기에 그녀는 눈물을 흘리면서 바자회를 준비해야 했다. 한여름 뙤약볕에서 진행된 바자회였지만, 여성 운영위원들의 열정 덕분에 7천만 원에 달하는 기금이 마련되어 하바롭스크 방송국 건립에 사용되었다. 두어 달 뒤 운영위원과 여성 운영위원들은 하바롭스크에서 열린 방송국 기공예배에 참석해 노고를 격려하며 큰 기쁨을 나누었다.

중국에 복음이 전해지기 시작한 것은 1807년부터였다. 그 후 많은 선교사가 들어가 다방면에 걸쳐 활동했으나 중국 교회의 성장은 더디기만 했다. 이런 와중에 1949년 중국이 공산화되자 대부분의 선교사가 추방되거나 순교를 당하게 되었다. 결국 대륙을 향한 복음의 문은 완전히 닫히고야 말았다. 공산화될 무렵 중국에 있던 배찬교인(配餐敎人, 세례교인)은 약 83만 명 정도였다. 서방 세계에서는 문화혁명 때 많은 그리스도인들이 처참하게 순교를 당했기 때문에 중국 안에 남아 있는 교인들은 거의 없을 거라고 판단하고 있었다.

하지만 놀랍게도 1979년 중국에 개방화의 물결이 일기 시작할 즈음, 중국 교회의 성도들은 300만 명으로 늘어나 있었고, 1998년 경에는 중국의 국가통계국이나 공안당국에서조차 5~6천만 명의 그리스도인들이 있는 것으로 산정하기에 이르렀다. 이 같은 수치는 서양에 있는 선교 전문가들의 분석과도 큰 차이가 없었다. 어떻게 이런 일이 일어날 수 있었을까? 중국 교회가 공산당 치하에서 이렇

러시아 하바롭스크에 세워질 극동방송 기공예배에 참석한
주광조 장로 부부. 오른쪽은 극동방송 사장이었던 김장환 목사.

게 복음이 확산하며 기독교인이 급증할 수 있었던 중요한 원인 가운데 하나는 바로 극동방송의 전파 때문이었다. 방송의 힘은 실로 엄청난 것이었다. 1998년 10월 3일에 열린 세계한인방송인대회에서 주광조 장로는 이런 고백을 했다.

선교사가 들어갈 수 없고, 복음을 전하는 이가 한 사람도 없는 죽의 장막……아무런 반응도 없는 그 얼어붙은 땅을 향해 복음을 전할 수 있는 유일한 통로인 극동방송이 있었기에, 그래서 방송을 통해 중국 교회 성도들에게 복음의 젖줄을 끊이지 않고 공급할 수 있었기에, 중국 교회가 사라지지 않고 지하에서 오히려 더 강한 생명력으로 살아남아 부흥 발전할 수 있었던 것입니다. 중국 선교의 아버지로 일컬어지는 영국의 허드슨 테일러 3세는 "중국 선교에 있어서 극동방송의 역할은 절대적이라고 해도 지나침이 없다"라고 말했습니다.

지난 40여 년간 중국에 전파로 복음을 전했지만 반응은 거의 없었습니다. 1969년부터 1978년까지 극동방송과 아세아방송이 중국에서 받은 편지는 54통에 불과했습니다. 그것도 대부분 1978년에 받은 것이었습니다. 중국은 문화혁명에 시달리고 있었기 때문에 당연한 결과였습니다. 그런데 덩샤오핑의 집권과 개방정책 이후 편지가 쏟아지기 시작했습니다. 1979년부터 지금까지 극동방송과 아세아방송이 받은 편지는 무려 23만여 통이 넘습니다. 이는 중국에 거주하는 약 200만 명의 우리 동포들에게서 받은 편지는 제외한 수치입니다.

주광조 장로가 이날 소개한 몇 편의 편지 내용은 다음과 같은 것들이었다.

"생명줄 던져 우리를 구원해 주소서!"

"이 세상의 모든 방송이 없어지는 일이 일어나더라도 극동방송, 아세아방송이 없어지는 일이 일어나서는 안 됩니다."

"극동방송, 아세아방송은 우리의 교회입니다."

"저는 신학생입니다. 중국에는 십여 개의 신학원이 있습니다. 그러나 제약이 많기에 방송을 열심히 듣는 것이 차라리 낫습니다."

> 주 여호와께서 가라사대 보라 날이 이를찌라. 내가 기근을 땅에 보내리니 양식이 없어 주림이 아니며 물이 없어 갈함이 아니요 여호와의 말씀을 듣지 못한 기갈이라. 사람이 이 바다에서 저 바다까지, 북에서 동까지 비틀거리며 여호와의 말씀을 구하려고 달려 왕래하되 얻지 못하리니 그날에 아름다운 처녀와 젊은 남자가 다 갈하여 피곤하리라(아모스 8: 11~13, 개역한글).

극동방송에서 전파선교를 위해 백방으로 뛰어다니는 동안 주광조 장로는 이 말씀이 생각났다. 아버지가 마지막으로 구속되던 날 설교하면서 읽어 주셨던 말씀이었다. 일제강점기 때 그 어려웠던 환난의 시대를 체험하지 못한 사람은 이해하기 힘든 말씀일 수도 있었다. 그때에 비하면 오늘날 대한민국은 신앙의 자유가 만개한 천국 같은 세상이었다. 고개만 들면 보이는 교회, 언제든 펼쳐 볼 수 있는 성경책과 찬송가, 수많은 모임과 쏟아지는 훌륭한 목사들의 설교……. 그러나 산 넘고 강 건너 바로 지척에 복음에 굶주린 채 고난과 핍박 속에 살아가고 있는 북한 동포와 우리 교포들이 있다는 사실은 아모스 선지자가 예언한 것 같은 참담한 현실이 우리 눈앞에 그대로 펼쳐지고 있음을 끊임없이 상기시켜 주고 있었다.

# 북녘땅에도
# 복음이 메아리치기를


주광조 장로는 북한의 상황과 실정을 늘 예민하게 주시하고 있었다. 간혹 반가운 소식이라도 들려오면 어린아이처럼 흥분했고, 어두운 보도를 접하게 되면 가슴이 답답해지곤 했다. 1998년 4월, 중국 본토 길림성과 요령성, 흑룡강성 등에서 사역하다 온 한 선교사의 보고에 의하면 북한은 그 어느 때보다 굶어 죽는 주민들이 많다고 했다. 중국에서 사료로도 쓰지 못하는 음식물 찌꺼기조차 없어서 못 먹는 형편이었다. 특히 어린이들과 노인들의 경우 아사로 버려지는 시신들이 많다는 이야기를 들었을 때는 눈앞이 희미해졌다.

이렇게 굶주리다 보니 면역력이 없어져 영양실조로 인한 질병 발생률이 높아지게 되었고, 폐결핵 환자들이 갈수록 증가했다. 그러나 이들에게 나눠 줄 약이 없어 방치되거나 버려지는 일이 허다하다는 것이다. 결국 함경남북도 등 중국과 인접한 지역에 사는 북한 여대생들은 대동강을 건너 중국 길림성에 있는 용정으로 넘어와 그저 먹여 주기만 하면 몸을 파는 현대판 정신대가 되어 가는 판국이었다. 그러다 돈이 몇 푼 모이면 남은 가족들을 위해 북한으로 들어갔다가 얼마 못 가 다시 몸을 팔러 나오는 것이 현실이었다. 불과 몇 킬로미터 앞에 있는 북녘땅에서 이런 참담한 일이 벌어지고 있었다.

이런 북한 동포들을 위해 대한민국 정부와 국민, 그리고 한국 교회와 교인들이 적극 나서야 한다는 게 주광조 장로의 생각이었다. 시급한 건 진정한 북한의 광복과 교회의 재건을 위한 노력이었다. 당장 어려움을 해결하기 위해 식량과 비료 등의 지원도 중요하지만, 중장기적으로 북한을 변화시켜 주민들을 구원하기 위해서는 북녘땅에 복음이 전파되어야 한다고 판단한 것이다. 이런 의미에서 극동방송의 사명은 실로 막중한 것이었다. 북한이 완전히 개방되어 자유롭게 왕래하며 복음의 종소리가 울려 퍼지는 그날까지 차선책으로 전파방송만이라도 쉬지 않고 복음의 씨앗을 뿌려야만 했다. 생전에 주광조 장로는 한 교회의 간증 집회에서 어떤 중국 선교사와 나눈 이야기를 소개하며 눈시울을 붉힌 적이 있다.

중국에서 활동하고 있는 한 선교사에 따르면 길림성에서 150킬로미터쯤 떨어진 곳에 완창이라는 지역이 있다고 합니다. 특급열차로 18시간을 쉬지 않고 달려간 다음 차로 1시간을 더 가야 도달할 수 있는 곳입니다. 그곳에서 이 선교사는 여덟 명의 크리스천 할머니들을 만나게 되었고, 그분들이 신앙생활 하는 모습을 보며 놀라지 않을 수 없었다고 합니다. 그곳 주민들은 시장에 한 번 가려면 2시간 동안 장화를 신은 채 걸어가서 버스를 타고 다시 1시간을 나와야 합니다. 이렇다 보니 웬만한 것은 마을 안에서 자급자족하며 살아가고 있었습니다. 그런 곳에서 예수를 믿고 있는 할머니들을 만난 기분이 어떠했겠습니까?
할머니들 가운데 제일 연소한 분이 예순다섯 살이었고, 가장 연로하신 분이 아흔일곱 살이었습니다. 이 중 여든두 살 된 할머니 한 분이 어느 날 새벽에 잠이 오지 않아 낡아빠진 일제 라디오를 틀어 다이얼을 돌리다가 우연히 극동방송을 듣게 되었습니다. 그 순간 어렸을 때 북한에서 친정어머니 손을 잡고 교회를 다니던 시절이 생각났습니다. 바로 그날, 이 할머니

주광조 장로는 자신을 불러 주는 곳이 있으면 국내외 어디든 마다하지 않고 달려가 주기철 목사의 순교를 증언했다. 후두암으로 목소리가 잘 나오지 않는 상태에서도 그의 간증은 쓰러지기 직전까지 계속되었다.

는 예수님을 다시 만나게 되었습니다. 할머니는 귀한 복음을 혼자 듣는 게 아쉬워 인근 할머니들을 모아 새벽마다 라디오에 귀를 기울였다고 합니다. 한국인 선교사를 만난 할머니들은 이런 이야기를 들려주며 극동방송이 자신들의 교회요 목사라고 말해 주었습니다.

주광조 장로는 어디를 가든, 누구를 만나든, 전파방송을 통한 북한선교에 관해 강조하는 걸 잊지 않았다. 사람들은 그의 말을 듣고 나면 대개 "북한에서는 방송을 들을 수가 없지 않습니까? 북한에서 공급하는 라디오는 다이얼이 고정되어 있어 다른 방송을 들을 수 없을뿐더러 만약 남한 방송을 듣다가 발각되면 무서운 처벌을 받는다는데, 어떻게 극동방송을 들을 수 있겠습니까?" 하고 의아하게 생각했다. 하지만 북한에서도 라디오 보급이 개선되어 많은 주민이 라디오를 가지고 있으며, 납땜으로 다이얼을 고정해 놓은 것을 고쳐서 자유롭게 붙였다 뗐다 하는 사람들이 많았다. 이들이 몰래 다른 방송을 듣고 있다는 것이다.

이는 시베리아 벌목 작업 중 탈출해서 귀순해 온 여러 탈북자의 증언을 통해서도 확인된 일이었다. 1992년 이후 김일성이 자신에게 충성을 다하는 심복들에게 하사한 카세트 겸용 라디오만도 2만 대가 넘는다고 했다. 세계에서 마지막 남은 유일한 동토의 왕국인 북녘땅에 오늘도 남편 몰래, 아내 몰래, 자식들 몰래 늦은 밤이나 새벽 시간에 이불을 뒤집어쓰거나 어두운 화장실에 쪼그려 앉아 라디오에 귀를 기울이며 극동방송의 복음과 찬양을 듣고 있을 북한의 지하 교인들을 생각하면 주광조 장로는 단 하루도 단 한 시도 자신에게 주어진 임무를 게을리할 수가 없었다. 그들 중에는 산정현교회 교인도 남아 있을 거라고 믿었다.

1994년 9월 19일 자 미국의 시사주간지 〈유에스 뉴스 앤드 월드 리포트U.S. News & World Report〉지에는 다음과 같은 기사가 보도되었다.

북한 주민들은 외부 세계 소식에 촉각을 곤두세우고 있었다. 북한 정부는 외국 방송을 수신하지 못하도록 라디오를 고정해 놓았지만, 기초 전자 지식을 갖춘 사람들은 쉽게 이를 고칠 수 있다. 영어를 아는 사람은 희미하게 들리는 BBC 방송에 주파수를 맞추고, 다른 사람들은 중국, 일본에서, 또 방해 전파가 없을 때는 한국에서 각각 방송되는 한국어 방송을 듣는다.

30여 년 전 로렌스 기자가 북한을 방문하고 와서 썼던 기사다. 김일성, 김정일이 죽고 난 뒤 김정은이 새로운 통치자로 등장한 오늘날의 북한에서는 대한민국의 영화, 드라마는 물론 텔레비전의 각종 쇼 프로그램까지 북한에 대량으로 유입되어 주민들이 공공연하게 시청하고 있다고 전해진다. 주광조 장로의 예측과 대응에 선견지명이 있던 것이었다. 그런데 이 과정에서 북한 주민들은 옛날 동방의 예루살렘이라 일컬어지던 평양성에서 울려 퍼지는 복음의 메시지를 듣는 게 아니라 말초적이고 자극적이며 퇴폐적인 상업방송에 무방비로 노출되어 있는 상황이다. 이는 주광조 장로가 생전에 가장 염려했던 일 가운데 하나였다.

> 주기철 목사님께서 일사각오의 신앙으로 순교의 길을 가셨던 평양! 지금은 우리가 갈 수 없는 땅이 되었지만 분명 그곳은 복음의 땅이었고, 많은 순교자의 피 흘림이 있던 땅이었습니다. 예배당이 있던 곳에 김일성과 김정일의 동상이 세워지고, 말씀의 씨앗이 뿌려졌던 곳에 공산당의 사상이 뿌리를 내리고 있습니다. 그러나 비록 지상으로 드러난 신앙의 자유는 없지만 지금 이 시간에도 지하에서 눈물로 그들의 신앙을 지켜 나가는 성도들이 있습니다. 북한 땅에도 많은 성도가 있다는 것은 이미 귀순자들을 통해 확인된 사실입니다. 어릴 때 들었던 성경 구절을 되뇌며, 곡도 모르는 찬송가의 몇 줄 가사를 흥얼거리며, 숨죽여 하나님의 이름을 부르는 성도들이 있습니다. 눈에 당장 열매가 보이지 않음에도 불구하고 옛 순교자들이 한 알의 밀알로 썩어져 갔던 것처럼, 우리도 북한 땅에 교회가 세워지고 성도들이 주의 성전 안에서 예배드리는 그 날을 위해 한 알의 밀알로 썩어지기를 원합니다.

그는 이렇게 기도했다. 이것이 그의 사명이자 평생을 간직해 온 단 한 가지 소원이었다.

# 김상복 목사와 함께
## 소양주기철목사기념사업회를 만들다


1990년 10월 19일, 일본 장로교 계통인 일본기독교회는 150여 개 교회 대표가 참석한 가운데 도쿄에서 열린 제40회 대회에서 '한국의 기독교회에 대하여 행한 신사참배 강요에 관한 죄의 고백과 사죄'라는 제목의 성명을 발표하였다. 이는 해방 후 일본 기독교계에서는 최초로 교단 차원에서 이루어진 공식 사죄였다. 만시지탄이었지만 스스로 죄를 뉘우친 것은 인정할 만했다. 주광조 장로는 이런 바람이 일본 사회 전체로 확산하기를 기대했다.

우리는 천황제 절대주의, 신이 아닌 것을 신이라고 하는 체제를 강요하고, 침략 전쟁을 통해 그 나라 사람들에게 참배를 강요할 때 이에 반대하지 못했기에 이를 참회하고, 하나님 앞에 용서를 빈다. 특히 이웃 나라인 조선 교회의 신앙 고백을 유린하고, 신사참배를 강요한 죄를 참회하고, 많은 희생과 순교를 하게 된 한국 기독교회에 진심으로 사과한다. 지난 반세기 이상 이 같은 죄를 참회, 사죄하지 않고 불문에 부친 태만과 무치를 반성하고, 양국 기독교의 화해와 새로운 교제가 이루어지기를 바란다.

얼마 뒤인 1992년 4월 29일, 독일 베를린에서는 제20회 템플턴상 시상식이 거행되었다. 수상자는 한경직 목사였다. 템플턴상은 1972년 미국의 사업가이자 투자자인 존 템플턴이 제정한 상으로 종교계의 노벨상이라 불렸다. 빈민들의 어머니 테레사 수녀, 테제 공동체를 이룬 로저 수사, 소련의 망명 작가 솔제니친, 세계적인 복음 전도자 빌리 그레이엄 등이 이 상의 수상자들이었다. 수상자의 연설을 듣는 공식 행사는 해마다 장소를 바꿔 가며 거행되고, 수상패와 수상금 수여식은 영국 왕실인 버킹엄 궁전에서 이루어진다. 한국인 최초로 한경직 목사가 이 상을 받자 한국 교회는 큰 영광이자 경사라며 잔치 분위기에 휩싸였다.

한경직 목사가 영국 왕실에 가서 상을 받고 한국으로 돌아오기 전 잠시 미국에 들렀다. 한인 교회에서는 그의 수상을 축하하기 위해 로스앤젤레스에서 모임을 마련했다. 미국에 거주하는 여러 목사와 장로를 비롯한 주요 인사들이 한자리에 모였다. 분위기가 고조되면서 자리를 마련한 분들에게 답례하기 위해 한경직 목사가 앞으로 나가 마이크를 잡았다.

…… 나는 죄인입니다. 이 상을 받을 자격이 없는 사람입니다. 일제시대에 저는 큰 죄를 지었습니다. 신사참배를 한 것입니다. 일본 사람들의 압력에 못 이겨 신사참배를 했습니다. 그런 잘못이 있는 사람이 어디 이런 상을 받을 자격이 있겠습니까? …… 그저 교회와 한국 교회에 주는 상으로 알고 감사히 받겠습니다.

순간 좌중은 찬물을 끼얹은 듯 조용해졌다. 잔칫집이 한순간에 초상집이 된 것 같은 분위기였다. 한국 교회를 대표하는 그가, 온 국민의 존경을 한 몸에 받는 그가, 종교계의 노벨상이라는 템플턴상을 수상한 그가, 한국 교회 최대의 치욕인 신사참배를 했던 당사자라니 믿을 수가 없었다. 믿고 싶지 않았다. 사람들은 자신들의 귀를 의심할 수밖에 없었다. 하지만 그는 한국으로 돌아와 여의도 63빌딩에서 거행된 축하 모임에서도 똑같은 발언을 해서 주위를 놀라게 했다. 당시 그의 나이 90세였다. 그는 인생 말년에 교인들과 온 국민 앞에서 자신과 한국 교회가 저지른 잘못에 대해 참회한 것이다. 그는 상금 102만여 달러, 그때 환율로 7억 8천만 원에 달하는 돈을 교회에 헌납하여 북한선교에 사용하도록 했다.

신사참배에 대한 개인적 차원의 회개는 그가 처음은 아니었다. 한국에서의 칼뱅 연구에 가장 큰 영향을 준 인물이자 1979년 신구약 주석을 완간하고, 1980년 합동신학대학원을 설립했던 박윤선 목사 역시 자신의 신사참배를 많은 사람 앞에서 고백하였다. 1950년 6·25전쟁이 발발한 뒤 9·28 서울 수복이 있기 전 부산 초량교회에서 모였던 피난 교역자 부흥회 때의 일이다. 한상동 목사는 당대의 석학이었던 박형룡, 김치선, 박윤선 목사를 강사로 초빙했다. 모두 해외에서 신학을 연구한 사람들이었다. 박윤선 목사는 새벽기도회를 인도하면서 강단에서 이렇게 외쳤다. 그의 자서전《성경과 나의 생애》에 소개된 내용이다.

집회 시간마다 하나님의 은혜가 풍성히 임하였고, 처음에는 찬성하지 않던 이들도 점차 가담하게 되었다. 사흘째 되던 날 새벽으로 기억되는데, 그 시간에 참석한 교역자들의 거의 대부분이 크게 통회하며 자복하는 회개를 하기 시작하였다. 그 뼈아픈 회개는, 각자가 과거 일제의 핍박 시에 신사참배를 한 그 죄로 인한 것이었다. …… 그 자리에 참석했던 교역자들이 한 사람씩 한 사람씩 회개하는 기도로 이어져서 그 집회 분위기는 더욱 뜨거

—— 1979년 새문안교회에서 열린 주기철 목사 순교 35주년 추도예배 후 함께 모인 가족들.
아랫줄 가운데가 강신명 목사, 바로 뒤 왼쪽이 주광조 장로, 오른쪽이 주영해 장로.

—— 한경직 목사와 자리를 같이한 주광조 장로 부부. 한경직 목사는 주기철 목사의 아들인 주광조 장로를
각별히 사랑하고 챙겨 주었다.

워졌다. 이때에 성령의 도우심으로 설교하는 나 자신부터 내 죄를 회개하면서 증거하게 되었으니 감사한 일이었다. 즉 나도 단 한 번이지만 신사참배를 한 범과가 있으므로 나는 언제나 그 일로 인하여 원통함을 금할 수 없었는데, 이때에 그 죄를 회중 앞에 공고백하였던 것이다.

박윤선 목사와 한경직 목사. 그들은 한국 교회가 존경하는 신학자와 목회자였다. 오늘날 한국 교회는 그들이 이룩한 신학적 성과와 목회적 성취 위에 세워졌다고 해도 과언이 아닐 정도다. 그들의 삶과 열매는 그들의 순간적 과오를 덮고도 남음이 있다고 할 수 있다. 그런데 그들은 대중들 앞에서 통렬히 참회했다. 쉽지 않은 용기였다. 하지만 우리가 알고 있는 일제강점기에 자발적으로 앞장서서 일제에 협조하고, 교회와 성도들을 탄압하며, 신사참배를 선동했던 대표적 인물들은 그 누구도 대중들 앞에서, 교회와 성도들 앞에서 이와 같은 회개를 한 일이 없었다. 그들이 모두 세상을 떠난 지금은 아예 그 기회조차 없어진 셈이다.

이런 분위기 속에 1994년 4월 21일이 다가왔다. 이날은 주기철 목사 순교 50주년이 되는 날이었다. 광복 이후 해마다 여러 교회에서 추모예배가 드려졌다. 1964년 순교 20주년 때는 새문안교회에서 추모예배를 드렸다. 1979년 순교 35주년 때도 역시 새문안교회에서 추모예배가 열렸다. 이때부터 여러 교단이 연합해서 초교파적으로 예배를 준비했다. 이 무렵까지만 해도 주광조 장로는 주영해 장로와 함께 유족 대표로 참석해 인사만 하는 정도였다. 그러나 충현교회에서 드려진 순교 50주년 추모예배 때는 사정이 달랐다. 모든 교단에서 참석한 이 예배 후 주광조 장로는 한국 교회가 연합하여 공식적으로 소양주기철목사기념사업회를 만들어 그의 순교 신앙과 정신을 계승하는 일에 앞장설 것을 제안한 것이다.

그의 제안은 만장일치로 통과되었다. 이렇게 해서 소양주기철 목사기념사업회가 초교파적인 조직으로 탄생하였다. 회장에는 평양 산정현교회 출신인 할렐루야교회 김상복 목사가 추대되었다. 그는 자신이 가장 존경하는 목회자인 주기철 목사를 기리는 일에 적극적으로 발 벗고 나섰다. 기념사업회의 출범으로 주기철 목사에 관한 학문 연구와 추모 사업에 전환점이 마련되었다. 이날부터 김상복 목사와 주광조 장로는 기념사업회를 이끌어 가는 쌍두마차로서 호흡을 맞추게 되었다. 고문으로는 한경직, 김창인, 방지일 목사 등이, 운영위원에는 곽선희, 김명혁, 김장환, 김삼환, 옥한흠, 하용조, 홍정길 목사 등이 참여하였다. 주광조 장로는 하용조 목사와 함께 부회장으로 활동했다. 그렇지만 많은 사람의 증언처럼 기념사업회의 모든 일은 처음부터 끝까지 주광조 장로의 머리에서 시작되어 발에서 완결되었다.

# 교파와 교단을 초월한
# 연합과 연대

　　한강 중하류에 위치해 예로부터 교통의 요지였던 광나루에서 아차산이 바라다보이는 언덕 위쪽에 자리한 장로회신학대학교 중앙에는 자그마한 동산이 만들어져 있다. 돌계단을 따라 잠깐 올라가면 소나무와 단풍이 우거져 있고 군데군데 앉아서 쉴 수 있는 나무로 된 탁자와 의자가 놓여 있다. 그곳에 가면 1983년 4월 21일 대한기독교순교자기념사업회에서 세운 주기철 목사 순교 기념비를 볼 수 있다. 주영해 장로와 주광조 장로가 학교 측과 협의하여 처음으로 세운 아버지에 대한 기념비다. 둥근 회색 갓 앞에는 양들이 노닐고 있고, 뒤에는 알이 굵은 포도송이들이 달려 있으며, 비석 옆에는 추모의 글이 빙 둘러서 적혀 있다.

1.　칠 년이라 긴 세월을 일제 우상 신사참배
　　단호하게 거절하고 일제 탄압 견디셨네.
2.　모진 바람 고초에도 굴복하지 아니하고
　　생명 걸고 주님 위해 믿음 지킨 승리잘세.
3.　평양 살 때 감옥에서 눌려 살던 조국 위해
　　밤낮 없이 근심하며 눈물로써 기도했네.
4.　그님 피가 거름 되어 오늘 교회 성장했고
　　그의 기도 성취되어 우리나라 해방됐네.

〈후렴〉 오! 순교자 주기철 목사 사망 권세 이기셨네.

이 땅 교회 순교 정신 이어받아 물려주세.


비석 하단에 새겨진 '소양 노래' 가사다. 백홍종 작사 구두회 작곡이라고 기록되어 있었지만 들어 본 적이 없는 노래라서 한번 불러보고 싶었으나 부를 도리가 없었다. 유려한 서체의 비문은 장로회신학대학 학장과 대한예수교장로회 통합 총회장을 지낸 이종성 목사가 짓고, 안창호 선생 비문과 유관순 열사 봉화 탑 글씨를 쓴 한국미술협회 고문을 지낸 김기승 화백이 썼다. 많은 순교 기념비 중에서 가장 장중한 형태의 비문일 거라는 생각이 들었다.


동산 아래 한경직기념예배당 맞은편에 있는 건물이 2004년에 종합 강의동으로 신축된 소양주기철기념관이다. 원래 있던 강의동이 낡아 새로 지으면서 학교 측에서는 학생들에게 건물 이름을 공모했다고 한다. 다양한 의견이 나왔지만, 학교의 자랑이자 한국 교회의 긍지인 주기철 목사를 기리기 위해 그의 이름을 딴 건물로 명명하자는 의견이 압도적이었다는 것이다. 고난과 압제 속에 살았던 그는 갔지만 평화와 안녕의 시대를 살아가는 어린 후배들은 선배의 이름을 딴 건물을 오가며 학문을 닦고 신앙과 인격을 수련하는 데 여념이 없었다.

1996년 4월 22일 오후 2시, 장로회신학대학교 소강당에서는 제1회 소양 주기철 목사 기념강좌가 개최되었다. 소양주기철목사기념사업회에서 처음으로 시작한 학술 세미나였다. 김상복 목사와 장로회신학대학교 서정운 총장, 그리고 총신대학교 김의환 총장이

축사했다. 이어 총신대 박용규 교수가 '소양 주기철 목사의 생애'라는 논문을, 장신대 김인수 교수가 '소양 주기철 목사의 신학 사상 – 그의 순교 신앙을 중심으로'라는 논문을 발표하였다. 아버지가 다니던 학교에서 그의 후배 학자들에 의해 아버지의 신학과 신앙을 학문적으로 연구하여 발표하는 장이 마련됐다는 사실에 주광조 장로는 감개무량하지 않을 수 없었다.

이후 이 기념강좌는 추모일을 전후해서 총신대, 고신대, 장신대 등 장로교를 대표하는 신학대학을 순회하며 다양한 주제로 개최되었다. 각 신학대학에 소속된 역사를 전공한 교수들은 이 강좌를 통해 비로소 연합과 연대를 경험할 수 있었다. 해방 이후 분열을 거듭한 한국 교회는 장로교만 해도 수십 개 이상의 교단이 난립해 있었으며, 신학교 또한 그만큼 사분오열되어 있었다. 하지만 소양 주기철 목사 기념강좌를 통해 교파와 교단을 초월하여 신학대학과 교수들의 교류가 자연스럽게 이루어지게 된 것이다. 이 또한 소양주기철목사기념사업회가 한국 교회와 신학계에 이바지한 중요한 공적이라고 할 수 있다. 감신대 교수로서 주기철 목사를 연구했던 이덕주 한국기독교역사연구소 이사장은 그의 저서 《사랑의 순교자 주기철 목사 연구》에서 소양 주기철 목사 기념강좌가 갖는 의미를 다음과 같이 설명하였다.

1990년대 들어 주기철 연구는 일대 전기를 맞는다. 주기철 목사 순교 50주년을 맞아 1994년 4월 초교파적으로 조직된 주기철 목사 순교기념사업회(회장 김상복)에서 1996년부터 매년 주기철 목사의 순교일을 기해 학술강좌를 개최함으로 주기철에 대한 신학적 연구의 장이 열린 것이다.

기념사업회에서는 운영이사회를 통해 장학사업과 문서사업, 문화사업 등을 전개해 나갔다. 주광조 장로가 개인적으로 장신대에 지급해 오던 장학금을 기념사업회에서 지급하는 것으로 공식화한 후 장신대, 총신대, 고신대 등에 계속해서 장학금을 지급했다. 주기철 목사와 관련된 글과 자료, 그리고 각종 언론에 보도된 최신 소식 등을 묶어 1년에 한 번씩 뉴스레터 〈일사각오〉를 발행하여 한국 교회와 후원자들에게 제공했다. 기념강좌 논문집도 출판해 학자들과 신학생들에게 소중한 자료로 쓰이도록 했다. 이밖에 주기철 목사의 순교를 다룬 영화와 뮤지컬, 다큐멘터리, 칸타타, 전시회 등을 기획하거나 지원하는 일을 이어 갔다.

　이런 일들이 차질 없이 잘 이루어질 수 있었던 데는 여러 교회와 개인들의 후원에 힘입은 바 컸다. 기념사업회는 한국 교회와 교인들의 기도와 협력으로 이루어진 조직이었다. 그 가운데서도 한국 기독교학술원 이사장을 지낸 서울산정현교회 이흥순 장로의 도움은 잊을 수 없는 것이었다. 그는 기념사업회가 만들어지자마자 기금으로 선뜻 1억 원을 내놓았다. 이후에도 그는 기념사업회 회계를 맡아 알뜰하게 살림살이를 챙겨 주었다. 덕분에 기념사업회는 다양한 일들을 진행할 수 있었다. 이흥순 장로는 기념사업회 초창기를 이렇게 회상했다.

　"제가 1억 원을 기금으로 낸 것은 주기철 목사님을 정말 존경했기 때문이었죠. 저는 이북 출신도 아니고 평양 산정현교회 교인도 아니지만 제가 다니는 서울산정현교회는 주기철 목사님의 순교 정신을 모태로 한 교회예요. 기념사업회를 이끌어 가면서 주광조 장

—— 장로회신학대학교 안에 세워진 주기철 목사 순교 기념비.
가을이면 붉은 단풍잎들이 뚝뚝 떨어져 핏자국처럼 비석 주변을 물들인다.

장로회신학대학교 안에 있는 소양주기철기념관. 최신식 종합 강의동이다.

로님이 애를 많이 쓰셨어요. 부인이신 구귀학 권사님은 더 대단한 분이셨죠. 그때 저는 머지않아 통일이 될 줄 알았어요. 통일이 이루어지면 바로 달려가서 평양에 산정현교회를 세우고 싶었거든요. 그런 꿈이 있었죠. 이렇게 오랫동안 통일의 문이 열리지 않을 줄은 몰랐어요. 참 기가 막힌 노릇이지…… 주광조 장로님 손을 붙잡고 함께 평양으로 달려가고 싶었는데……."

주영해 장로의 차남인 주승중 목사는 숭실대 영문학과와 장신대 대학원을 졸업하고 미국 컬럼비아 신학대학원에서 신학석사를 보스턴대학교 대학원에서 신학박사 학위를 취득한 다음 장신대에서 예배설교학 교수로 재직하다 주안장로교회 담임으로 청빙을 받았다. 주광조 장로는 할아버지의 목회 유산을 물려받은 주승중 목사와 함께 다니며 일을 추진해 나갔다.

　장신대 본관 오른쪽에는 높다란 종탑이 세워져 있다. 2011년 2월 서울산정현교회에서 세운 주기철 목사 순교 기념 기도 탑이다. 탑 아래에는 학생들이 들어가 기도할 수 있는 공간이 마련되어 있어 기도를 원하는 학생들은 학교 경건교육처와 경비실의 허락을 받아 이용할 수 있다. 굳게 닫힌 문틈 사이로 한 남학생의 애절한 기도 소리가 들려왔다. "주여! 주여! 주여!" 꼭대기 종탑 위에 앉아 있던 비둘기들이 퍼드덕하고 겨울 창공을 향해 날아올랐다.

# 두고 온 교회,
## 두고 온 피붙이들

대한민국에서 1906년 편하설 선교사가 개척했던 평양 산정현 교회에 뿌리를 두고 있는 교회는 모두 네 곳이다. 서울특별시에는 용산구 후암동에 소재한 대한예수교장로회 통합 측에 소속된 산정현교회가 있고, 서초구 서초동에 자리한 대한예수교장로회 합동 측에 소속된 산정현교회가 있으며, 동대문구 회기동에 위치한 통합 측 교회인 서울산정현교회가 있다. 나머지 한 교회는 부산광역시 사하구 괴정3동에 있는 통합 측에 속한 부산산정현교회다.

해방과 함께 찾아온 한국 교회의 극심한 분열 과정에서 산정현 교회도 결코 예외는 아니었다. 교회를 배반하고 주기철 목사를 파면한 평양노회에 다시 가입하느냐 마느냐를 가지고 분란이 일기 시작했다. 유계준 장로 등은 평양노회에 들어가 교회를 재건하자는 입장이었고, 이기선 목사 등은 신사참배를 회개하지 않고 주기철 목사에 대한 면직조치를 취소하지 않는 평양노회에 다시 들어갈 수는 없다는 입장이었다. 결국 교회는 둘로 갈라지고 말았다. 이런 와중에 남북분단과 6·25전쟁으로 상당수의 교인이 자유를 찾아 남쪽으로 내려왔다. 이들은 피난지였던 부산에 모여 천막을 치고 산정현교회를 재건하여 임시예배를 드렸다.

그러다가 서울이 수복되자 교인들이 서울로 올라와 용산구 후암동에 산정현교회를 세웠다. 이때 서울로 가지 않고 부산에 남은

서초동 산정현교회에서 주기철 목사 추모예배를 드리는 장면. 해방 이후 주기철 목사의
순교 신앙을 계승하기 위해 대한민국에 재건된 산정현교회는 모두 네 곳에 달한다.

사람들이 세운 교회가 부산산정현교회다. 1964년에 이르러 후암동
산정현교회 일부 교인들이 이태원으로 분립해 나가 교회를 설립했
다가 서초동으로 이전했는데, 이 교회가 합동 측에 속한 산정현교
회다. 장기려 박사는 서울 성모병원과 부산 복음병원을 오갔는데,
서울에 있을 때는 서초동 산정현교회를, 부산에 있을 때는 부산산
정현교회를 출석했다. 회기동에 있는 산정현교회는 평양 산정현교
회 담임을 지낸 김철훈 목사의 아내 연금봉 여사가 순교자 유족들
이 모여 살던 순혜원 가족들을 중심으로 개척한 교회였다. 이들 네
교회는 나름대로 다 사연이 있고 아픔이 있는 교회들이었다.

　이들 교회가 화해하고 연합하게 된 것은 소양주기철목사기념
사업회를 통해서였다. 주광조 장로는 해마다 4월 21일에 드리는 주
기철 목사 추모예배를 네 교회가 연합하여 각 교회를 돌아가며 개

최할 것을 제안하였다. 모두 평양 산정현교회에 뿌리를 두고 있고, 주기철 목사의 순교 신앙과 정신을 계승할 것을 자처하는 교회들이 었기에 이를 마다할 이유가 없었다.

"제가 1994년 12월에 산정현교회에 부임을 했어요. 이듬해인 1995년 4월 21일 주기철 목사님 추모예배 때부터 서울산정현교회 하고 연합예배를 드리기 시작했죠. 한 해는 그쪽 교회에서 예배를 드리고, 한 해는 우리 교회에서 예배를 드렸어요. 부산은 너무 멀어서 오가기가 어렵고, 후암동 산정현교회는 몇 번 같이 하다가 교회 공간이 좀 부족했기 때문에 함께하지를 못했지요. 평양 산정현교회가 1906년 1월 26일에 설립됐거든요. 지난 2006년 1월에 100주년을 맞으면서 네 교회가 기념행사를 함께했어요. 숭실대학교 한경직기념관에서 합동으로 예배를 드렸죠. 총신대 박용규 교수님이 쓰신 《평양 산정현교회》 역사책도 같이 힘을 모아 한 권으로 펴냈어요. 그 무렵 네 교회 목사님들이 극동방송국에 있는 주광조 장로님 방에 모여서 '앞으로 통일이 되면 평양에 가서 교회를 하나로 세우자. 그 이전까지는 형식적이나마 단계적으로 연합 당회를 구성하도록 하자' 이런 결의를 한 일이 있었어요. 실제로 연합 당회가 구성된 일은 없지만 그렇게 뜻을 하나로 모았다는 게 중요한 거죠."

주광조 장로를 도와 기념사업회가 생긴 이후 줄곧 총무로 일해 온 서초동 산정현교회 김관선 목사는 주광조 장로가 생전에 빨리 통일이 되어 평양에 산정현교회를 세웠으면 좋겠다는 말을 자주 했다면서 꿈을 이루지 못하고 일찍 돌아가신 걸 못내 아쉬워했다.

통일이 이루어지면 당연히 한달음에 평양으로 가 산정현교회를 세우고, 돌박산을 찾아 아버지 어머니 묘소를 둘러봐야겠지만 주광조 장로에게는 그보다 먼저 해야 할 일이 있었다. 북녘땅에 두고 온 큰형님 주영진 전도사의 가족들을 만나는 일이었다. 6·25전쟁 때 피난길에 올랐다가 대동강을 건너지 못하고 그냥 되돌아간 가족들은 할머니와 형수 김덕성, 그리고 1947년 봄에 태어난 아들 주수현과 이름도 알지 못하는 어린 딸이었다. 할머니는 이미 돌아가셨을 테지만 형수와 두 조카는 어딘가 생존해 있을 거라고 그는 굳게 믿고 있었다.

주광조 장로는 남북관계가 개선되어 이산가족 상봉이 이루어질 때마다 대한적십자사에 상봉 신청서를 제출했다. 하지만 수많은 이산가족 중에 상봉 대상자로 선정된다는 건 낙타가 바늘귀를 통과하는 것만큼이나 어려운 일이었다. 주영진 전도사는 주기철 목사가 직접 쓴 설교 원고 100여 권과 아버지 어머니와 관련된 유품들을 많이 가지고 있었다. 이런 자료들이 발굴된다면 주기철 목사 연구에 획기적인 계기가 마련될 수 있었다. 그러나 이 모두가 사라져 버렸다 해도 형수와 조카들이 살아만 있어 준다면 무슨 수를 써서라도 만나야 했다.

"극동쉘석유판매㈜ 사장으로 계실 때부터 제가 총무과 직원으로 주광조 장로님을 모시고 일을 했었어요. 저도 많은 어려움을 겪으며 자란 사람이라 장로님께서 아들처럼 여기고 돌봐 주셨죠. 워낙 부지런하고 철저하게 일하시는 분이라서 배울 게 너무 많았어요. 장로님이 은퇴하신 후 저도 독립해서 사업을 하면서도 자주 찾아뵙고 인사를 드리곤 했죠. 그러다가 장로님 부탁을 받고 북한에 계신 큰형님 가족들 소식을 수소문해 드리게 된 거예요."

주광조 장로는 직장 부하 직원이었던 코아시아 페트로 에너지 ㈜ 이상옥 회장을 통해 비밀리에 북한에 있는 형수와 조카들의 생사 여부를 알아내고자 오랫동안 애를 써 왔다. 그 결과 2002년 4월 1일, 일본 오사카에 있는 조총련 간부로부터 한 통의 팩스를 받게 되었다.

— 형 주영진朱寧震: 남자. 1919. 10. 25생. 평양 서성구역 서성리 악질 종교인에 수교 목사로 1950년 반동 단체에 가담. 악질적인 만행하다 체포. 1950년 처단(32세)
— 형수 김덕성金德聲: 1920. 8. 11생. 당과 정부 정책과 반국가적 선전행위를 감행하다가 1970년 10월 26일 체포되어 1971년 1월 15일 처단(52세)
— 조카 주수현朱秀賢: 남자. 57세. ○○○도 ○○○군 ○○구 ○○반 ○○조합 노동자

팩스 용지를 받아 든 주광조 장로의 손이 파르르 떨렸다. 눈물이 왈칵 쏟아졌다. 실낱같았던 희망마저 끊어져 버린 것이다. 형수 김덕성이 1970년까지 살아 있다가 체포되어 처형됐다는 소식이었다. 반국가적 선전행위를 했다는 죄목으로 보아 아마도 지하교회에서 복음을 전하다 발각되어 목숨을 잃은 게 아닐까 싶었다. 조카인 주수현은 평양에서 추방당해 깊은 산골에서 노동하며 사는 것으로 알려졌다. 네 살 때 아버지를 잃고 스물다섯 살 때 어머니마저 반동

분자로 몰려 처형을 당했으니 그간의 삶이 얼마나 힘들고 고달팠을 지는 상상이 가고도 남았다. 이름조차 알 수 없는 조카딸은 오빠와 함께 살고 있다고 전해 들었을 뿐이다. 조총련 간부는 팩스 끄트머리에 이 내용을 절대 다른 사람에게 말하지 말라며 신신당부했다. 더 이상의 정보는 알아낼 도리가 없었다. 섣불리 나섰다간 두 조카의 신변이 위험해질 수 있었다. 북에 두고 온 피붙이를 향한 애틋함과 그리움은 세월이 갈수록 깊어만 갔다.

# 67년 만에 이루어진
# 평양노회의 주기철 목사 복권

2006년은 주광조 장로에게 잊을 수 없는 한 해였다. 새해 벽두부터 비보가 날아들었다. 1월 1일 미국 뉴저지주에 정착해 살아가던 둘째형님 주영만이 폐렴으로 세상을 떠난 것이다. 셋째형님이 일찍 하나님의 부르심을 받는 바람에 남은 형제는 둘째형님뿐이었지만 미국에 이민을 가 계신 탓에 자주 만나지 못하는 게 늘 아쉬웠는데, 그마저도 볼 수 없게 된 것이다. 주영만은 형제 중에 가장 머리가 좋은 편이었으나 사춘기 때 아버지가 재혼하자 새어머니인 오정모 집사와 불화가 이어졌고, 아버지를 홀로 순교의 길을 걷게 만든 한국 교회와 지도자들에 대해 섭섭한 마음을 가지고 있었다. 주광조 장로는 그게 항상 가슴 아팠다.

"둘째 아버님은 상처를 많이 받으신 분이에요. 제가 목사 안수를 받을 때였어요. 집안 큰 어른이시니까 찾아가 목사 안수를 받겠다고 말씀드렸더니 반대를 하시더라고요. 그러면서 말씀하셨어요. '이 세상에서 사랑 이야기를 제일 많이 하지만 가장 사랑이 없는 사람들이 누군지 아니? 그게 바로 목사들이야.' 그렇게 말씀하신 데는 이유가 있었어요. 형제들이 뿔뿔이 흩어져 살며 고생하고 있을 때 주기철 목사님 후배 목사 중 도와주는 사람이 한 사람도 없었거든요. 목사 안수를 받고 나서 다시 찾아뵈었을 때 이렇게 말씀하셨어요. '기왕 목사가 됐으니 네가 가르친 대로, 네가 설교한 대로, 그렇게 살아라. 위선자가 되지 마라. 한국에서 원로목사입네 거룩한 척하는 사람들 다 가짜다. 아버지가 감옥에서 고문당하고 순교하실 때 전부 신사참배 한 사람들이다. 알려지지 않았다고 거룩한 척하고 있지만 다 가짜다.' 그 말씀을 잊을 수가 없어요. 아마 그래서 이 땅을 떠나 일찍 이민 가신 것 같아요."

주승중 목사는 아버지 형제들이 살아온 세월을 반추하며 안타까운 표정을 감추지 못했다.

4월 17일 저녁 7시 동화고등학교 대강당에서는 해방 후 1952년 부산에서 재건된 평양노회에 의해 주기철 목사를 파면한 지 무려 67년 만에 그에 대해 참회하고 주기철 목사를 복권하는 예배가 드려졌다. 그전에도 몇몇 교회에서 총회 차원의 주기철 목사 복권 예배가 드려진 적이 있었지만, 목사직에 대한 파면과 복권은 노회의 권한인데다 그 일은 평양노회에서 행한 일이었기 때문에 결국은 당사자인 평양노회가 풀어야만 할 일이었다. 그럼에도 불구하고 여러 차례 좋은 기회를 그냥 흘려보낸 채 침묵으로 일관해 오던 평양노회가 마침내 노회의 이름으로 자신들의 과오를 씻고 새 출발을 다짐하는 시간을 갖게 된 것이다.

대한예수교장로회 평양노회 노회장 권영복 목사와 평양노회 주기철 목사 복권추진 및 참회 고백 특별위원회 위원장 손달익 목사 외 제164회 평양노회 노회원 일동의 명의로 발표된 '한국 교회 앞에 발표하는 평양노회의 참회 고백서'에 담긴 주요 내용은 다음과 같다.

우리는 평양노회가 일본제국주의자들의 강압적 통치하에서 교회가 마땅히 지켜야 할 신앙 양심을 지키지 못하고 신사참배에 가담한 것과 신사참배에 반대하여 신앙을 고수하기 위해 일제에 항거했던 주기철 목사를 목사의 직에서 파면하고 산정현교회를 강제로 폐쇄하는 일을 자행했던 우리 노회의 죄악상을 애통하는 마음으로 참회하며 고백합니다. 우리 평양노회원들은 이 죄악들이 이미 지나간 어제의 문제가 아닌 우리가 살고 있는 오늘의 문제이며 우리의 죄악임을 통절히 시인합니다. 우리는 너무 오랜 세월 동안 이 죄악을 정직하게 시인하고 고백하기보다 덮어 놓고 외면하며 지내왔습니다. 지금 우리는 과거의 죄악을 우리 앞에 두고 큰 슬픔 속에서 이 참람한 죄악을 바라봅니다. 우리 노회는 일제의 압력에 굴복하여 진리를 외면하고 하나님의 교회를 욕되게 하였으며, 우리 중 어떤 이들은 일제가 하나님의 교회를 짓밟는 일에 적극적으로 협력하였습니다. 우리는 주기철 목사의 일사각오의 신앙이 우리 믿음의 뿌리임을 재확인함과 동시에 주기철 목사를 목사직에서 파면할 것을 결의한 선배들의 그 잘못된 결의도 우리 자신의 것임을 아프게 고백합니다.

자신들이 저지른 잘못을 조목조목 나열하고 있는 이 고백서를 통해 평양노회는 뒤늦게나마 하나님과 한국 교회 그리고 성도들과 유족들에게 지은 죄를 구체적으로 회개하였다. 이날 예배에서 주승중 목사가 시편 32편 말씀을 낭독했으며, 노회장 권영복 목사가 복적 선언을 했고, 주광조 장로가 유족 대표로 나와서 용서의 답사를 했다. 이로써 67년 동안 이어져 온 오욕의 역사가 형식적으로 마무리되게 되었다. 그 뒤 평양노회 안에는 주기철목사기념사업위원회라는 특별위원회가 만들어졌다. 이 위원회를 통해 소양주기철목사

—— 마산 무학산 공동묘지에 있는 안갑수 여사의 묘소를 찾은 주광조 장로.
　　기억조차 없는 어머니였지만 그는 생각날 때마다 묘소를 둘러보곤 했다.

—— 대한예수교장로회 평양노회에서 개최한 주기철 목사 복권을 위한 참회 예배 후
　　친척들과 함께한 주광조 장로.

기념사업회에서 장신대에 지급해 오던 장학금을 전액 부담하기로 해 이후 공동명의로 지급하게 되었다.

10월 24일에는 주광조 장로의 생모인 안갑수 여사의 유해를 국립서울현충원에 있는 주기철 목사의 가묘로 옮겨 합장하는 절차가 진행되었다. 그동안 안갑수 여사의 묘는 마산 무학산 공동묘지에 조성되어 있다가 영락교회에서 운영하는 영락동산으로 이장되어 있었다.

"1968년 5월경이었을 거예요. 마산시에서 도시계획을 세우면서 공동묘지를 없애기로 했다며 이장하라는 연락이 왔어요. 주광조 장로가 부산에 계신 외숙모님을 모시고 장의사를 불러 작업을 했죠. 관을 열어 보니 누운 모습 그대로 미라가 되어 있더래요. 수의를 본견 갑사(다른 실을 섞지 않고 명주실로만 짠 품질이 좋은 비단)로 만들었기 때문에 옷이 잠자리 날개처럼 곱게 삭아서 손상이 하나도 안 된 거예요. 그날 말도 못 하게 폭우가 쏟아졌는데, 이상하게 그곳만 비가 내리지 않았다고 해요. 유골만 모셔오게 되면 기차를 타고 오려 했지만, 미라를 새로 준비한 관에 모셔오는 바람에 화물칸 하나를 빌려서 왔어요. 도착한 뒤에 온 가족 친척들이 모여 경기도 남양주시에 있는 영락동산에서 다시 장례식을 한 것이죠."

시어머니 묘를 이장하던 날의 기억을 구귀학 권사는 이렇게 떠올렸다. 주기철 목사는 자신이 순교한 뒤 나중에 오정모 집사도 하나님의 부르심을 받게 되면 합장을 해달라는 유언을 남겼다고 한다. 이에 따라 몇 년 뒤 오정모 집사가 세상을 떠났을 때 돌박산에 두 분을 합장하려 했으나 생모인 안갑수 여사의 묘가 마산에 있는데, 평양에 아버지와 새어머니만 합장하는 게 적절치 않은 것 같다는 유족들의 뜻에 따라 돌박산에는 주기철 목사와 오정모 집사의 묘가 나란히 두 개로 만들어지게 된 것이다. 주광조 장로는 언젠가 통일이 되면 아버지 유언을 따르든가 아니면 세 분의 묘를 나란히 새로 조성할 계획을 세우고 있었다.

그런데 통일의 기미는 보이지 않았다. 이러다 자신마저 세상을 떠나면 부모님 묘소를 정리할 기회를 놓치게 되지나 않을까 걱정이 됐다. 그래서 북한에 있는 묘소는 손을 댈 수 없으니 늦기 전에 영락동산에 모신 어머니 유해를 봉안하여 국립서울현충원에 있는 아버지 가묘에 합장하기로 한 것이다. 2006년 10월 24일, 늦가을 풍경이 빛나던 날 국립서울현충원에 주기철 목사와 안갑수 여사의 합장묘가 조성되었다. 1917년 10월, 열일곱 꽃다운 나이에 주기철에게 시집와서 자식 여섯을 낳으며 살다가 1933년 5월 19일, 덧없이 세상을 떠났던 그녀는 73년 만에 혼례를 치르던 때와 똑같은 계절에 남편 품으로 되돌아간 것이다.

# 신사참배 70년
# 참회의 기도

2008년 9월 9일은 평양 서문밖교회에서 조선예수교장로회 제 27회 총회가 개최되어 신사참배 결의안을 가결한 지 꼭 70년이 되는 날이었다. 이날 저녁 7시 서울 종로구 연지동에 있는 한국기독교 100주년기념관에서는 '신사참배 70년 참회와 평화통일을 위한 세미나 및 기도회'가 개최되었다. 기독교통일포럼, 북한선교연구원, 성서한국, 평화나눔재단, 한국기독교총연합회 통일선교대학, 한민족복지재단 등 15개 기관이 공동으로 주최한 행사였다.

이날 참석자들은 '신사참배 참회 고백과 평화통일을 위한 그리스도인의 선언'을 발표하였다. 이중 '신사참배 참회 고백' 부분을 주광조 장로가 대표로 낭독하였다.

우리는 바벨론 포로 생활이 70년 만에 끝나리라는 말씀을 읽고, 금식하며 베옷을 입고 재를 덮어쓰고 하나님께 회개의 기도를 드린 다니엘의 심정으로 다음과 같이 참회합니다.

1. 우리는 일제하 신사참배가 우상숭배의 죄악임을 고백합니다. 일제의 강압이 혹심하였으나 한국 교회가 단결하여 끝까지 저항하지 못한 것은 부끄러운 일이었음을 고백합니다. 한국 교회는 신앙 양심을 지키려는 이들을 오히려 정죄했으며 일제의 침략 전쟁에 앞장서서 협력했습니다. 우리는 이

모든 잘못을 하나님 앞에 고백하며 참회합니다.

2. 우리는 해방 이후, 서로 용서하며 화해를 이루지 못한 것을 참회합니다. 한편에서는 신사 참배한 사람들을 정죄하고, 다른 한편에서는 그들을 치리하는 등 용서와 사랑 없이 정죄하고 분열한 것, 인간적으로 판단하고 정죄함으로써 한국 교회에 분파주의가 만연하게 된 것을 참회합니다.

3. 우리는 그리스도인의 사회적 책임을 다하지 못한 것을 참회합니다. 교회가 신사참배 참회의 열매를 맺지 못하고 온전한 복음을 증거하지 못한 채 물질만능주의, 개교회주의, 성장지상주의에 빠져 소외된 자들과 함께하지 못하고 정치 권력과 유착하며 사회적 죄악에는 외면하는 일이 많았던 것을 참회합니다.

4. 우리는 신사참배에 대한 한국 교회의 총체적인 회개가 없었던 것을 참회합니다.

우리는 이 참회 고백이 한국 교회 전체의 고백으로 받아들여지고 이로써 신사참배의 죄악이 최종적으로 청산되기를 소망합니다.

이날 모임에서는 민족의 염원인 통일을 이루기 위한 '통일 기도문'이 채택되었다.

천지를 창조하시고 역사를 주관하시는 하나님 아버지!
분열된 우리 민족을 불쌍히 여기시고,
우리 민족의 죄악들을 용서하여 주옵소서.

하나님, 이제는 우리 민족이 하나 되기를 원합니다.

1984년 9월 20일 대한예수교장로회 총회에서 건립한 순교자 기념탑.
뒤쪽 왼편 건물은 미국 북장로회 서울 선교부가 있던 자리에 유일하게 남아 있는 선교사 사택으로
이후 한국장로교출판사가 사용하기도 했다. 오른쪽 건물은 한국기독교100주년기념관이다.

우리가 새로운 나라를 만들기를 원합니다.

통일이 새로운 나라가 되게 하시고,

새로운 나라가 하나님의 나라가 되게 하옵소서!


거룩하고 정의로우며 사랑으로 화평한 나라,

하나님의 마음으로 세계를 섬기는 나라,

하나님이 보시기에 참으로 좋은 나라가 되게 하옵소서!


우리를 통일의 도구로 사용하여 주시고,

우리가 좌나 우로 치우치지 않고,

하나님 말씀에 굳게 서서 강하고 담대하며,

작은 일에 충성하는 하나님의 일꾼이 되게 하옵소서!


이 민족의 주관자이신 하나님!

통일된 새 나라를 통해서 영원히 영광 받으시옵소서.

예수 그리스도의 이름으로 기도드립니다. 아멘.


이어진 기도회에서 김상복 목사는 한국 교회가 하나님 앞에서 지은 죄를 회개하였다.


한국 교회는 일제강점기 동안 우리에게 영생의 은혜를 허락하신 아버지 하나님께 큰 죄를 범했습니다. 하나님의 계명을 저버리고 일본의 우상 앞에 절하기로 결정을 하고 성도들을 이끌고 신사를 찾아가 그 권세 앞에 무릎을 꿇은 조상들과 한국 교회의 죄악을 고백하나이다. 타락한 한국 교회 지도자들은 인생의 영달을 위해 주님의 계명을 순종하려는 신실한 종들을 핍박하고 그들과 가족에게 많은 고통을 주었습니다. 한국 교회의 불순종이요 어리석음이었사오니 용서하여 주옵소서. 많은 주의 신실한 종들이 순교하였고 민족은 일제로부터 해방을 받았으나 우상숭배의 죄를 범한 교회의 지도자들은 겸손하게 회개하지 않고 자기변명과 자기방어에 급급했고 해방 후에도 계속 교회 정치에 나서 한국 교회를 움직여 왔습니다. 제대로 회개하지 않은 한국 교회를 하나님, 용서하여 주옵소서.

한국복음주의협의회장이었던 김명혁 목사는 한국 교회의 연합과 일치를 위해 기도했다.

자신을 박해하는 일본 사람들과 공산당을 사랑으로 녹인 주기철 목사님을 우리에게 보배로운 선물로 주신 주님, 우리도 주기철 목사님의 부드러움과 온유와 겸손과 용서와 사랑의 부스러기를 지닐 수 있게 하시옵소서! 자신의 두 아들을 총살한 마귀 새끼 같은 안재선을 용서와 사랑으로 감싸안은 사랑의 성자 손양원 목사님을 우리에게 보배로운 선물로 주신 주님, 우리에게도 용서와 사랑의 부스러기를 지닐 수 있게 하시옵소서! '사랑은 지고선, 사랑은 도덕, 사랑은 생명, 사랑은 아름다운 것, 사랑은 영원한 것'이라고 중얼거리면서 작은 예수로 산 장기려 박사를 보배로운 선물로 주신 주님, 우리에게도 사랑의 부스러기를 지니면서 살게 하시옵소서! 자신을 박해하는 일본 사람들과 북한 사람들을 위해서 마지막까지 기도하고 한국 교회의 연합과 일치를 위해서 온몸을 바친 온유와 겸손과 화평과 협력의 사람 한경직 목사님을 우리에게 보배로운 선물로 주신 주님, 우리도 한경직 목사님의 온유와 겸손과 사랑과 화평과 협력의 부스러기를 지닐 수 있게 하시옵소서!

　70년 전 평양의 밝은 달빛 아래서 신사참배 결의안을 가결하기 위해 어둠의 세력과 손잡았던 참담한 죄를 회개하기 위해 교파와 교단을 초월해서 모인 사람들의 기도는 밤늦도록 이어졌다. 이로써 한국 교회에 드리운 어둠이 물러가고 주님이 주신 광명이 찾아들지는 알 수 없는 일이었지만 서울 한복판 종로 하늘 위에도 그날처럼 밝은 달이 둥실 떠 있었다.

항일독립운동가
주기철목사기념관
Minister Ju Gi-cheol Memorial Hall

# 6

## 아버지의 이상은 말씀으로 민족이 해방되는 것이었습니다

주기철 목사의 고향인 웅천에 설립된 항일독립운동가 주기철목사기념관.
'일사각오'로 집약되는 그의 불굴의 신앙과 나라 사랑의 의지는 기독교인들뿐만 아니라
대다수 국민에게도 존경의 대상이다. 2015년에 개관한 이곳에는 전국의 교회와 학교
그리고 우리 역사를 바로 알고 잊지 않기 위해 애쓰는 뜻있는 사람들의 발길이 끊이지 않는다.

## 아버지를 죽인 원수들한테
## 왜 밥을 주는 겁니까?


2011년 3월 11일 일본에서 리히터 규모 9.0의 대지진과 초대형 쓰나미가 밀어닥쳐 엄청난 피해가 발생했다. 이 참혹한 재난을 바라보며 주광조 장로는 열세 살 때 기억을 떠올렸다. 해방되던 그해 여름은 열기로 가득한 해였다. 빼앗겼던 강토에 자유가 찾아왔건만 어딜 가나 어수선했고 무질서가 횡행했다. 주광조는 그때부터 제대로 된 학교에 다닐 수 있게 되었다. 그의 눈에 비친 또 한 가지 변화는 거리마다 쫓겨 다니는 일본인들이 넘쳐난 것이었다. 그들은 부랑아처럼 이집 저집으로 구걸하며 떠돌아다녔다. 당시 집 근처에 있는 숭실중학교 강당에는 미처 본국으로 철수하지 못한 일본인들이 임시로 집단 거주하고 있었다.

오정모 집사는 하루하루 약으로 연명하며 투병 중이었다. 숭실중학교에서 5분 거리도 되지 않던 주광조의 집에도 일본인들이 찾아들었다. 주광조는 그들을 보자 분노가 치밀어 올라왔다. 그들은 아버지를 모진 고문으로 돌아가시게 만든 원수들이었고, 긴긴 세월 어머니에게 견딜 수 없는 고통을 안겨 주어 끝내 병으로 쓰러지게 한 악마들이었다. 먹을 것은커녕 실컷 매질해서 돌려보내도 시원치 않을 판이었다. 그런데 이게 웬일인가. 몸도 성치 않은 어머니가 밖으로 나와 일본인들에게 밥과 반찬을 나눠 주는 것이었다. 어머니는 소문을 듣고 자꾸만 몰려드는 일본인들을 한 번도 그냥 돌려보내지 않고 먹을 것을 들려 보냈다.

"어머니, 아버지를 죽인 원수들한테 왜 밥을 주는 겁니까?"
"광조야, 일본이 저지른 죄는 미워해도 일본 사람들을 미워해서는 안 된다. 아버지는 일본인들 때문에 돌아가신 게 아니라 우상숭배라는 그들의 죄 때문에 돌아가신 거야. 그러니 우리가 일본 사람들을 위해 기도하고 저들을 사랑해야 한다."

소년 주광조는 어머니의 말씀을 이해할 수가 없었다. 아니 이해하고 싶지도 않았다. 아버지를 죽인 원수들을 위해 기도하고 그들을 사랑해야 한다니 이게 도대체 무슨 말인가.
그러나 점점 나이를 먹어 가며 그때 거동조차 힘겨웠던 어머니가 분명하고 위엄 있는 목소리로 자신을 응시하며 하시던 말씀의 의미를 이해할 수 있었다. 어머니의 말씀은 그대로 주광조 장로의 신앙 고백이 되었다. 주광조 장로는 일본이 저지른 죄는 용서하되 잊지 말아야 하지만 일본인들은 무한한 사랑으로 감싸안으며 복음을 전해야 할 대상이라고 생각했다.

중요한 건 우리 중 누구도 다른 사람을 정죄할 수 없다는 사실입니다. 간음 현장에서 잡혀 온 여인 앞에서 "죄 없는 자가 먼저 돌로 치라"고 하신 주님의 말씀처럼 우리는 누구도 돌을 던질 자격이 없습니다. 다만 일본 땅이 말씀으로 회복되고, 하나님을 경외하는 백성이 되기를 위해 기도할 뿐입니다. 하나님은 모든 이들에게 늦은 비와 이른 비를 주시는 분입니다. 그렇기에 일본 땅에도 동일한 은혜의 비를 내려 주실 것입니다. 하나님은 우리를 사랑하듯 일본을 사랑하십시오. 이것이 우리가 일본을 위해 중보 기도를 해야 할 이유입니다.

일본에는 20여 년 전부터 일부 뜻있는 그리스도인들을 중심으로 '주기철 목사를 생각하는 모임'이 결성되어 집회를 이어 오고 있다. 도쿄를 비롯한 여러 도시에서 매달 한 번씩 모여 주기철 목사를 추모하는 예배를 드리고, 세미나를 열거나 간증을 듣는 시간을 갖곤 한다. 주광조 장로도 이 모임에 초대되어 여러 차례 아버지의 순교에 대해 간증한 바 있다. 이 모임을 이끌어 가는 사람 중 한 사람이 도쿄 아카바네 성서교회의 노데라 히로부미野寺博文 목사다. 그는 2009년 고려신학대학원에서 〈주기철 목사의 신앙과 국가권력〉이라는 논문으로 박사학위를 받았다. 주기철 목사와 관련한 박사학위로는 국내외를 통틀어 처음이었다.

"일본 교회가 가장 알고 싶지 않은 사실은 주기철 목사님을 순교에 이르도록 박해하고 탄압한 일일 것입니다. 일본 교회는 이제라도 신사참배 강요와 아시아 침략의 죄를 회개해야 하며, 주기철 목사님의 저항과 순교 정신을 본받아야 합니다. 일본 사람들은 아직도 신사참배 강요나 주기철 목사님의 투옥과 순교 사실에 대해 모르고 있습니다. 앞으로 저는 이런 사실이 널리 알려져 주기철 목사님의 순교 신앙과 정신이 전파되도록 노력하겠습니다."

노데라 히로부미 목사는 순교 66주기 추모예배와 제15회 소양 주기철 목사 기념강좌에 참석하여 이같이 말했다. 그를 중심으로

일본에 있는 '주기철 목사를 생각하는 모임'에서 주광조 장로의 책 출판 기념 예배를 드리는 모습.
많은 인원은 아니지만, 참석자들의 표정은 하나같이 진지하고 엄숙하다.

'주기철 목사를 생각하는 모임' 구성원들이 주광조 장로가 세상을
떠난 뒤 추모집을 내려고 준비하다가 일본에서 주광조 장로가 간증
한 내용을 번역해서 펴낸 것이 2012년 10월 31일에 출간된《岐路
に立って(기로에 서서)》라는 책이다. 주광조 장로는 이 책에서 '일본
그리스도인에게 보내는 메시지'라는 글을 남겼다.

아버지의 이상은 순수한 복음 신앙을 가진 조선 교회를 통해 민족이 해방
되는 것이었습니다. 무력으로 정치적 해방을 이룩하기보다는 하나님의 말
씀 중심의 신앙에 의해 하나님의 나라 백성으로 살아가는 것이 무엇보다
중요한 것이라고 생각하셨습니다. 그리고 그것을 위해 생명을 걸고 우상
과 싸우며 신사참배에 반대하다가 투옥되어 7년간의 고난 끝에 순교하셨
던 것입니다. 그것은 평양 산정현교회의 목회자라는 지위를 지키기 위함

제9회 소양 주기철 목사 기념강좌에 참석한 사람들.
왼쪽부터 노데라 히로부미 목사, 주승중 목사, 주광조 장로, 김상복 목사.

이 아니었습니다. 당시의 영웅이나 전사로 그 길을 걸으신 것이 아닙니다. 하나님이 우상숭배를 금하셨기 때문에 하나님의 말씀에 따랐을 뿐입니다. '너는 나 외에는 다른 신들을 네게 있게 말지니라'라는 하나님의 명령을 단순하게 좇았던 것입니다. 이와 같이 순수한 복음 중심의 신앙이 평양 산정현교회뿐만 아니라 조선 교회를 지킬 수 있다고 아버지는 확신하셨습니다. 그리고 일본의 우상 앞에서 조선 교회가 무릎 꿇는 것은 전 조선 반도가 일본의 식민지로 지배를 받는 것보다 더욱더 심각한 것이라고 확신하셨습니다.

…… 일본에서 예수를 믿는 것은 너무도 어려운 일이라는 것을 많은 일본인으로부터 들었습니다. 한국보다 먼저 복음이 전해졌음에도 불구하고 일본의 역사적, 전통적, 문화적, 사회적 이유로 힘이 약한 일본 교회를 생각할 때마다 마음이 아픕니다. 하지만 제 눈에는 한국보다 오히려 일본 교회

가 더 초대교회에 가까워 보입니다. 왜냐하면 분명 한국 교회는 양적으로 비약적인 발전을 이루었지만, 희생, 봉사, 사랑이라는 십자가 정신을 잃어버린 채 하나님의 영광을 가리는 일들이 일어나고 있기 때문입니다. 비록 그 수는 적지만 일본 기독교인들은 엘리야 시대에 남겨진 7천 명의 예언자처럼 하나님이 예비하신 크리스천들이 아닌가 생각합니다. 여러분은 1억 3백만 명의 인구 중에서 선택받은 한 알의 밀알입니다. 여러분이 있기 때문에 일본 기독교의 미래가 있습니다. 예수를 믿는 게 어렵다 할지라도 하나님이 여러분에게 맡겨 주신 사명을 거절해서는 안 됩니다. 우리가 예수를 믿는 이유는 이 세상에서의 행복한 생활을 바라기 때문이 아닙니다. 저 역시 어린 시절, 예수를 믿는다는 이유로 얼마나 큰 희생을 치러야 했는지 모릅니다. 그러나 이렇게 인생의 황혼기에 과거를 돌아보니 그러한 시련이 있었기 때문에 하나님을 더 가깝게, 강하게, 깊게 신뢰할 수 있었습니다.

여전한
한국 교회의 우상숭배

해방 이후 80여 년이 지난 오늘날 한국 교회는 세계에서 유래를 찾아볼 수 없을 만큼 놀라운 성장을 이룩했다. 우여곡절을 겪기는 했지만, 일제강점기에 신사참배를 하고 일제에 협력해 교회를 핍박했던 원죄도 여러 차례 씻어 내고 회개하는 절차를 거쳤다. 분열과 반목을 거듭했으나 역설적으로 그것이 오히려 한국 교회의 양적 팽창을 촉진한 측면도 없지 않다. 어디를 가든지 예배당이 있고 신학교가 즐비하며 수많은 교인과 목회자가 넘쳐난다. 사람들은 이를 하나님의 축복이라고 입을 모은다. 이대로 통일만 된다면 동방의 예루살렘이라 불렸던 평양에서의 옛 영광이 한반도 전역에서 다시 한번 재현될 수 있을 것만 같다.

그러나 과연 그럴까. 한국 교회와 교인들은 신사참배의 원죄를 정말 깨끗이 씻어 낸 것일까. 우상숭배를 했던 잘못으로부터 완전히 자유로워진 것인가. 만에 하나 또다시 그와 같은 상황이 벌어진다면 우리는 역사의 교훈을 토대로 우상숭배를 강요하는 세력에 단호하게 맞서 최후의 일인까지, 최후의 일각까지 순교를 각오하고 투쟁할 수 있을까. 한국 교회 모든 지도자들이 똘똘 뭉쳐 죽음을 불사하고 악의 세력에 당당히 맞서 싸울 수 있을까. 안타깝게도 이에 대한 대답은 지극히 부정적이다. 우리는 지금도 수많은 우상 앞에 무릎 꿇고 절하며 끊임없이 배교의 길로 행진하고 있는 까닭이다.

현재 우리 앞에 놓여 있는 우상은 80여 년 전 주기철 목사와 주영진 전도사가 순교하며 대항했던 신사나 공산당보다 더욱 막강하고 끈질기며 집요한 형태로 우리를 무너뜨리고 있다. 그것은 바로 돈이라는 이름의 우상, 명예라는 이름의 우상, 권력이라는 이름의 우상, 쾌락이라는 이름의 우상, 행복이라는 이름의 우상이다. 일제와 공산당은 강압적으로 우상숭배를 요구했지만, 돈과 명예와 권력과 쾌락과 행복은 뱀처럼 달콤하게 유혹하여 자발적으로 우상숭배를 하게 만든다. 한국 교회와 교인들은 이 유혹 앞에서 여지없이 넘어지고 있다. 너 나 할 것 없이 이들을 내 인생의 우상으로, 내 마음의 신사로 모신 채 살아가고 있는 것이다.

> 주영진 전도사도 아버지의 뒤를 따라 '순교의 길'을 갔다. 그는 주기철 목사로부터 부와 명예 대신, 가난과 고난 목회, 그리고 순교를 세습하였다.

이덕주 전 감신대 교수는《주기철-사랑의 순교자》에서 주기철 목사와 주영진 전도사의 생애를 이렇게 정리하였다. 그들은 가난과 고난과 순교를 물려주고 물려받았다. 주영진 전도사는 아버지가 물려주신 영적 자산을 씨앗으로 순교의 꽃을 피웠다. 주광조 장로 역시 어머니가 물려주신 말씀의 유산을 자신의 삶을 통해 위대한 유산으로 승화시켰다. 하지만 근래 한국의 목회자들은 가난과 고난, 순교와 말씀을 유산으로 물려주려 하지 않는다. 부와 명예, 안락과 권력을 더 많이 물려주기 위해 혈안이 되어 있다. 세계 교회사에 유례가 없는 교회 세습이 세간의 손가락질에도 불구하고 아직도 일부 교회에서 버젓이 자행되고 있다.

목회자들만 그런 건 아니다. 평신도들도 마찬가지다. 몇천만 원 혹은 몇억 원의 헌금을 내고 장로가 되는 걸 당연하게 여기는 사람들이 있다. 장로들이 국회의원처럼 금배지를 만들어 달고 다니는 교회도 있다고 한다. 권사, 안수집사, 장로, 수석 장로, 명예 장로, 원로 장로 등 평신도 사이에서도 직분이 일종의 계급장처럼 된 지 오래다. 예수를 본받아 가난과 고난과 순교를 세습하자는 목소리는 어디서도 들을 수가 없다. 진정으로 신사참배를 회개했다면, 진심으로 우상숭배를 뉘우쳤다면, 이렇게 다시금 주님을 배반하는 길로 접어들 수는 없는 법이다. 그런 의미에서 참다운 신사참배 회개는 아직도 이루어지지 않고 있는 셈이다.

내 아버지 주기철 목사. 그분은 지극히 평범한 사람이었다. 두려움에 떨 줄 알고, 괴로움에 눈물 흘리던 범인이었다. 찢기는 아픔에 신음하며 붉은 벽돌담 너머로 가족을 그리워하던 분이었다. 아마도 긴 세월 당해야 했던 육체적 고통과 사랑하는 가족들과 헤어져야 하는 아픔, 그리고 목사로서 노회에서 파면 처분을 받고, 동료 목사들에게 왕따를 당하면서 사랑하는 양 떼가 흩어지는 모습을 지켜볼 수밖에 없었던 괴로움이 아버지 주기철 목사를 더욱 고통스럽게 했을 것이다. 오늘에 와서 생각해 본다. 아버지의 무엇이 다른 사람과 달랐던 것일까? 무엇이 아버지로 하여금 그 어렵고 힘든 가시밭길을 외롭게 걷게 한 것이었을까?

그것은 하나님의 명령에 순종했던 단호한 그의 믿음 때문이었을 것이다. 이를 아버지는 '일사각오'라고 표현하셨다. 아버지는 우상 숭배하지 말라고 한 하나님 말씀을 있는 그대로 지켰다. 이런저런 상황윤리나 시대 형편을 접목하지 않았다. 하나님의 말씀이 부모보다, 처자식보다, 자신의 생명보다 더 귀하기에 그것을 위해 나머지를 포기했다. 다시 생각해 보지도 않았고, 뒤돌아 후회하지도 않았다. 그렇게 단순하게 하나님 말씀을 지킨 것인데, 이로 인해 그의 인생이 가시덤불이 되고, 가족들은 흩어져야 했고, 그의 몸은 찢길 대로 찢겨진 것이다. 하나님이 하라고 한 것을 하고, 하지 말라고 한 것을 하지 않은 것뿐인데 말이다.

또 하나의 이유는 철저한 언행일치의 신념이었다. 자신이 설교한 말을 생명을 걸고 지킨 완고함이 순교의 길을 걷게 한 것이다. 예수를 위해서라면 죽기까지 믿음을 지키라고 한 자신의 말을 솔선수범해 보이신 아버지. 당시 많은 사람이 민족의 해방을 부르짖었지만 얼마 못 가 변절자가 되어 일본의 특혜를 받으며 살았던 것과는 달리 아버지는 강단에서 외친 당신의 말씀대로 충성을 다하셨던 것이다. 어찌 보면 너무도 미련해 보이는 아버지였다. 조금 머리를 굴려 적당히 했으면 좋았을 것을…… 그러나 아버지는 적당한 것을 용납하지 못하셨다. 그렇게 대충 얼버무리면서 하나님의 말씀을 혼잡스럽게 하지 않으셨던 것이다.


주광조 장로의 말처럼 주기철 목사는 하나님보다 더 사랑하는 것을 우상이라고 여겼다. 하나님보다 부모를 더 사랑한다면 부모가 우상이요, 하나님보다 처자식을 더 사랑한다면 처자식이 우상이요, 하나님보다 돈과 명예와 권력과 쾌락과 행복을 더 사랑한다면 돈과 명예와 권력과 쾌락과 행복이 우상이요, 하나님보다 자신의 생명을 더 사랑한다면 자신의 생명이 우상인 것이다. 그는 이 모든 우상을 배격했다. 그가 선택한 것은 하나님뿐이었다. 하나님을 선택할 것인가 다른 것을 선택할 것인가 하는 기로에서 망설임 없이 의심하지 않고 하나님을 선택하는 것, 이것이 믿음이며, 이런 선택을 할 수 있는 사람이 바로 그리스도인이다.

오랜 세월이 지난 뒤에야 나는 젊은 시절 하나님께 반항했던 모든 질문에 대한 해답을 얻었고, 아버지의 선택에 대해 존경과 사랑, 감사와 긍지를 갖게 되었다. 내가 두 아들의 아비가 된 후에야 어린 자식들을 뒤로하고 홀로 죽음의 길을 떠나야 했던 아버지의 고뇌를 이해하게 되었고, 내가 한 여인의 남편이 된 후에야 병든 아내를 뒤로하고 홀로 죽음을 선택해야 했던 아버지의 아픔을 이해하게 되었다. 오늘도 나는 아버지 주기철 목사님을 사랑하고 존경한다. 자신의 믿음을 세상의 명예나 평안과 바꾸지 않았던 당신을 사랑하고 존경한다. 말로만 예수를 사랑하지 않고 행동으로 예수를 사랑했던 그분을 사랑하고 존경한다.

백발노인이 된 아들은 아버지를 비로소 온전히 이해할 수 있게 되었다. 한국 교회와 교인들은 언제쯤이면 주기철 목사의 선택과 순교를 온전히 받아들이고 이해할 수 있게 될까.

마산 문창교회 사료실에 있는 돌 조각. 바위에 엎드려 애절하게 기도하고 있는 모습이 기도의 사람 주기철 목사를 연상케 한다.

# 고난과 십자가의 자리를 대신한
# 영광과 축복

"No Cross No Crown!"

주광조 장로는 간증 집회를 다닐 때마다 이 말을 자주 했다. 고난이 없이는 영광도 없고, 인내가 없이는 부흥도 없으며, 십자가가 빠진 부흥은 열매 없는 무화과나무일 뿐이라는 것이다. 실제로 한국 교회 강단에서 고난과 십자가는 점점 사라져 가고 그 자리를 영광과 축복이 대신하는 상황이다. 어느새 우리는 교회에서 가장 중요한 시설이라고 하면 주차장을 떠올리게 되었다. 교인들은 예배당이 얼마나 근사하게 지어졌으며 내부 시설은 얼마나 현대적 감각에 맞게 꾸며졌는지를 따지고, 목회자들은 어떤 멋진 프로그램으로 교인들을 만족시키며 어떤 선진적인 마케팅 기법을 동원하여 교회를 부흥시킬 것인가에 골몰한다면 그런 교회 안에 십자가에 못 박혀 물과 피를 다 흘리고 돌아가신 예수님이 거할 공간은 어디인가.

주광조 장로는 세상을 떠나기 얼마 전 한 대형 교회 집회에서 한국 교회의 현실을 안타까워하며 이런 말을 했다.

일본 도쿄 근처에 가면 PL교회Perfect Liberty Church가 있습니다. 자신들만을 위한 도시를 건설하고 그 안에서 완벽한 자유와 행복을 추구해 가며 사는 사람들의 교회입니다. 지상낙원을 만들어 놓고 그들만의 울타리 안에서 살아가는 것입니다. 도로와 정원, 골프장과 수영장 모든 시설이 최고급

입니다. 말만 교회지 이것은 사이비 단체일 뿐입니다. 찰스 콜슨은 《이것이 교회다》라는 책에서 이렇게 편안함만을 추구하고 개인의 행복을 신앙의 목적으로 삼는 현대 교회를 빗대어 '맥처치Mcchurch'라고 표현했습니다. 교회의 목적이 구원보다는 지원, 거룩함보다는 도움, 권위 있는 교회의 인도보다는 영적으로 동등한 사람들의 동아리처럼 변질하여 사람들이 몰려다닌다는 것입니다. 이런 교회 안에서는 지옥이나 저주라는 단어는 찾아볼 수 없으며 부담스럽다는 이유로 십자가조차 구석으로 밀려난다고 합니다. 사람들은 맥도날드에서 취향에 따라 메뉴를 고르듯 입맛에 맞는 교회를 고릅니다. 한국 교회는 예외일까요? 우리도 점점 이렇게 되어 가고 있는 게 아닌지 심히 걱정스럽습니다.

기독교는 생명의 종교다. 일시적인 생명이 아니라 영원한 생명을 얻는 종교다. 그러나 역설적으로 이 생명은 죽음을 통해 주어진다. 말할 수 없는 고통과 고난 끝에 맞이하게 되는 장엄한 죽음을 통해 부활이 이루어지고, 부활 뒤에야 마침내 영원한 생명의 면류관을 얻게 된다. 부활과 영생의 전제 조건은 죽음이며, 그 죽음은 고난의 십자가를 짊어진 죽음이다. 잘 먹고 잘살기 위해 예수를 믿는 것은 어불성설이다. 일류 대학에 합격하고, 사업이 번창하고, 좋은 조건의 배우자를 만나고, 돈을 많이 벌어 부자가 되고, 호의호식하며, 편안함과 행복을 누리기 위해 예수를 믿는 것은 무당을 믿는 것과 같다. 성경 어디에 예수를 믿어 그렇게 된 사람이 있는가? 성경은 고난의 십자가를 지고 죽음을 향해 걸어간 사람들에 대한 기록이다. 부활과 영생은 그런 사람들에게만 주어지는 하나님의 상급이다.
주광조 장로가 오늘날 한국 교회를 바라보며 걱정한 것은 이와 같은 복음의 본질을 제대로 이해하지 못한 교인들과 목회자들이 많기 때문이었다. 불과 몇십 년 전 이 땅에 수많은 피를 뿌린 채 숨겨간 순교자들, 아버지 주기철 목사와 큰형님 주영진 전도사가 목숨을 걸고 지켜 낸 복음의 순수성과 신앙의 순결이 이토록 짧은 시간안에 퇴색되고 변질되어 가는 모습이 너무도 안타까웠던 까닭이다. 그래서 그는 기회가 주어질 때마다 지금 한국 교회에 가장 필요한 것은 화려한 솔로몬의 영광이 아니라 처연한 욥의 인내라고 역설한 것이다.

> 우리 믿음의 선배들은 고난으로 양식을 삼고, 인내로 거처를 삼아 결국 죽음으로 그들의 믿음을 지켰습니다. 그들에게 있어 십자가는 생명이었고, 고난은 삶이었습니다. 그들은 누구보다 강했습니다. 일제의 칼보다 강했고, 공산당의 총보다 강했습니다. 그런데 오늘날 우리는 너무 약합니다.

양화진외국인선교사묘원에 있는 선교사들의 무덤에 놓인 십자가들.
예수를 믿는다는 것은 이들처럼 고난과 죽음 속으로 미련 없이 나를 던져 넣는 것이다.

한국 교회는 너무 유약합니다. 주차 공간만 부족해도 교회를 떠납니다. 삼복더위에 에어컨이 고장이라도 나면 예배에 참석하지 않습니다. 신앙생활로 인해 사업에 방해가 되면 신앙을 접거나 양심을 저버립니다. 신앙을 위해 손해를 보거나 불편을 참거나 불이익을 감수하는 일을 하려 하지 않습니다. 우리는 편안함에 길들여진 채 솔로몬의 영광만을 추구합니다. 들에 핀 백합보다 더 곱고 아름다웠던 솔로몬의 옷자락과 창고마다 넘쳐났던 그의 부귀를 부러워합니다. 하지만 하나님은 오늘 우리에게 욥의 고난과 인내를 배우길 원하십니다. 복음이 말씀하는 진정한 복은 욥의 고난과 인내의 열매인 것입니다.

주기철 목사는 1937년 9월 잡지 〈설교說教〉에 '십자가의 길로 행하라'라는 제목의 설교를 실었다. 그의 설교가 아들인 주광조 장로에게 그대로 전수된 듯하다. 근 90여 년 전에 한 설교지만 오늘날 한국 교회와 교인들에게 던지는 추상같은 메시지처럼 들린다.

사도행전 14장 22절에 말하기를 "우리가 하나님 나라에 들어가려면 여러 가지 환난을 겪어야 할 것이라" 했습니다. 또 로마서 8장 17절에는 "만일 그와 함께 고난을 받으면 또한 그와 함께 영광을 받을 것이라" 했습니다. 예수님 같이 하늘의 영광을 받을 자는 누구입니까? 그 고난에 참여한 자입니다. 또 디모데후서 2장 12절에는 "한가지로 참으면 한가지로 임금 노릇 할 것이라" 했습니다. 과연 주님이 가신 십자가의 길을 가는 자는 이다음 주님과 함께 왕 노릇할 것입니다. 그러나 마귀의 세상에서는 마땅히 고난을 면치 못할 것입니다.
세상은 점점 그 끝을 향해 달리고 있습니다. 그러므로 많은 사람의 사랑이 점점 식어 가고 있습니다. 하나님을 마음대로 섬길 수 없고, 또 우리 신앙에 장벽이 많은 시절입니다. 이때를 당해 우리 신앙은 잠자는 자리에 있어서는 안 될 것입니다. 마땅히 깨어 우리 앞에 십자가의 길이 열려 있는 것을 확인하고 용기를 가다듬어 흔연(欣然, 기쁘거나 기분이 좋음)히 그 길을 걸어가야 할 것입니다. 우리의 걸어갈 길은 세상 사람이 가는 길이 아님을 명심합시다! 십자가의 길! 그 길은 곧 우리의 갈 길입니다.

인간의 일생은 길어야 100년 남짓이다. 주기철 목사는 47년을 살았고, 주영진 전도사는 31년을 살았다. 잘 죽기 위해 예수를 믿다가 십자가의 길로 걸어간 그들은 영원한 생명의 면류관을 얻었다. 하지만 천년만년 살 것처럼 권력에 빌붙어 목숨을 부지한 채 명예와 권력의 달콤함에 취해 살았던 사람들은 100년도 살지 못하고 죽어 하나님 앞에 서게 되었다. 그 치욕과 모멸감은 그들만이 알 것이다. 기독교의 진리는 단순하다. 이순신 장군이 말했듯이 "죽기로 싸우면 반드시 살고, 살려고 비겁하면 반드시 죽는 것이다必死則生 必生則死."

주광조 장로는 젊은이들에게 오늘날의 순교 신앙과 정신을 이렇게 풀이해서 전달했다.

오늘에 있어 순교 정신은 무엇인가? 자신의 것을 희생하는 것이고, 포기하는 것이며, 양보하는 것이다. 복음을 위해 나를 포기하는 것이며, 복음을 위해 나를 희생하는 것이다. 복음을 전하기 위해 남이 싫어하는 일을 하는 것이고, 나보다 못한 사람들을 겸손히 섬기는 것이다. 나의 원수까지도 이해하고 포용하는 것이다. 한국 교회는 이 순교 신앙을 되찾아야 한다. 이 순교 신앙이 회복될 때, 한국 교회는 다시 한번 비상할 수 있게 될 것이다.

# 어머니께 드리는
# 눈물의 편지


주광조 장로는 팔순이 점차 가까워지자 어머니 생각을 많이 하고 지냈다. 세상에서 아버지를 가장 애절하게 사랑했던 사람은 자신이 아니라 어머니 오정모 집사였다는 생각에서였다. 2009년 4월 14일 CTS 기독교TV에서 방영된 〈유재건의 나의 어머니〉라는 프로그램에 출연한 것도 그런 이유 때문이었다. 그때 그는 어머니께 드리는 편지를 써서 낭독했다.


어머니…… 어머니가 가신 지도 62년이 넘었습니다.
처녀의 몸으로 목사의 사모와 네 아들의 어머니로서
고난의 길에 순종하신 당신을 존경합니다.


엄하디 엄하셨던 어머니.
믿음에 대해서는 한 치 양보가 없으셨던 어머니를
어린 나이에 도저히 이해할 수 없었고,
마음 한 구석 섭섭하기도 했었습니다.


옥에 계신 아버지를 위해 하루가 멀다 하고
새벽기도와 금식기도를 강행하셨던 어머니가
일곱 살 어린 제 눈에는 정 없으신 매서운 분으로 보일 때가 많았습니다.

병약한 몸으로 아버지의 7년간 옥살이를 뒷바라지하시면서
평양 산정현교회 성도들을 심방하고 양육하고……
그렇게 어머니는 목자 잃은 양 떼들의 빈 마음을 채우고,
할머니를 돌보시고 위로하며 아버지를 잃은 네 아들의 빈 마음을 채우느라
얼마나 하나님 앞에서 몸부림치며, 기도하며, 부르짖어야 했었는지를……
제가 나이 들어 하나님을 만나면서 알았습니다.


어머니! 어머니는 한국 교회의 순교 신앙을 아버지가 지켜 가실 수 있도록
할머니와 어린 네 아들로 인해 아버지가 흔들리지 않도록
아버지의 강한 울타리가 되고, 믿음의 동지가 되셨습니다.
그렇게 살아서 순교의 길을 가셨습니다.


지금도 기억합니다.
항일투사로 순국하신 아버지를 기리기 위해 김일성 장군이 보냈다는 공산당원이
집문서와 현찰 꾸러미를 가지고 집으로 찾아온 날,
암 투병으로 마지막 생사를 오가면서도 냉정하게 그들을 꾸짖으시며
돌려보내던 모습.
그날…… 내심 얼마나 속으로 화가 났는지 모릅니다.
아버지 없이, 게다가 어머니마저 며칠 내에 암으로 돌아가시고 나면 나 혼잔데,
저 돈과 땅만 있으면 마음껏 공부할 수 있을 텐데……
아버지 이름 덕은 절대 볼 생각 말라던 어머니의 매서운 말씀이
어찌나 섭섭하고, 화가 나서…… 혼자 얼마나 울었는지 모릅니다.


그리고 어머니가 제게 남겨 주신 유일한 유산은

시편 37편 25절, 26절이라고 말씀하셨을 때,
어떻게 말씀이 유산이 될 수 있겠는가 의심했습니다.
그러나 어머니가 옳으셨습니다.
어머니의 믿음이 옳으셨습니다.
어머니의 기도가 옳으셨습니다.

"내가 어려서부터 늙기까지 의인이 버림을 당하거나
그의 자손이 걸식함을 보지 못하였도다.
그는 종일토록 은혜를 베풀고 꾸어 주니 그의 자손이 복을 받는 도다"라는
어머니가 주신 유산이 평생 저를 이끌어 준 멘토이자,
위대한 유산이었습니다.

어머니! 어머니는 내 어머니이실 뿐 아니라
한국 교회의 순수 믿음을 지키게 하신 믿음의 어머니셨습니다.

주광조 장로가 평생 가슴에 묻고 살았던 성경 말씀. 어머니 오정모 집사가 남겨 준
유일한 유산이었던 시편 37편 25절, 26절 말씀은 그의 전 생애를 통해 온전히 성취되었다.

그리고 해방 이후에 피난 가지 못한 일본인들에게 먹을 것을 대접하며

일본인의 죄는 미워하되 일본인은 절대 미워하지 말라시며

일본인을 위해 기도하며 전도하시던 어머니의 유언대로

애써 일본과 일본 교회를 위해 기도하고 있습니다.


어머니…… 사랑하고 존경합니다.

당신을 통해 아버지의 순교 신앙을 지키게 하셨던 하나님을 찬양합니다.


오정모 집사는 목사 부인의 사표였다. 당시 신사참배에 반대하다가 감옥에 들어갔던 많은 목회자가 부인들의 성화에 못 이겨 자신의 신앙과 신념을 접고 배교의 길로 돌아서야만 했다. 그러나 오정모 집사는 행여 남편이 흔들릴까 싶어 매일 같이 모질고 독하게 자신과 남편을 채찍질했던 사람이다. 주기철의 순교는 오정모라는 여인이 있었기에 가능한 것이었다.

영화 〈저 높은 곳을 향하여〉에서 오정모 집사 역을 훌륭하게 소화해 냈던 고은아 권사는 그녀의 삶을 연기한 소감을 말해 달라는 질문에 한참을 망설이다가 이렇게 고백했다.


"그때 제가 30대 초반이었는데, 영화에 보면 사모님이 감옥에 가서 남편인 목사님에게 나올 생각하지 말고 그 안에서 순교할 각오를 하라고 말씀하시는 장면이 나와요. 저 같으면 과연 그렇게 할 수 있을지 모르겠어요. 어린 자식과 시어머니도 계신데…… 그럴 수 있을지. 신앙적으로는 가능한 이야기일지 모르지만, 인간적으로는 가능할 수 있을까 싶었어요."

## 아버지 같은
## 바보 목사가 그립다


"돌아가시기 십 년 전쯤부터 아버님이 '너희 중 하나라도 목사가 되도록 해야 했는데, 그러질 못한 게 후회스럽다'라는 말씀을 자주 하셨어요. 건강이 나빠지시면서 하던 일을 자식들에게 잇도록 하고 싶지만 둘 다 연구와 경영 일선에서 바쁘게 일만 하고 있었으니까요."

주원 대표는 아버지께 유일하게 죄송스러운 점이 바로 이것이라고 말했다. 그랬다. 주광조 장로는 점점 나이를 먹을수록 다음 세대의 일을 생각하지 않을 수 없었다. 그는 목사들 앞에서 아버지의 순교 신앙과 정신을 가르치는 걸 주저하지 않았다. 중고등학교와 대학교를 찾아 젊은이들 앞에 서는 일에도 적극적으로 나섰다. 기념사업회에서 장차 한국 교회를 이끌어 갈 신학대학원 학생들에게 장학금을 지급하는 일을 가장 중요한 사업으로 시행해 오고 있는 것도 아버지 주기철 목사의 뒤를 잇는 훌륭한 목회자들을 길러 내기 위함이었다.

그는 목회자들의 모임에서 목사가 갖추어야 할 자질에 대해 다음과 같이 이야기했다.

첫째, 아버지는 철저한 기도의 사람이었습니다. 새벽기도와 철야기도는 물론 신사참배를 강요하는 물결이 높아질 때라는지, 이단에 빠진 교우를 치리하실 때라든지 뭔가를 결단하거나 해결해야 할 일이 있으면 가장 먼저 기도에 전념하셨습니다. 이런 기도의 힘이 그분에게 영적 권위를 주었고, 일제가 밀어붙이는 우상숭배에 맞서 싸울 수 있는 영성을 주었습니다.

둘째, 아버지는 악한 것, 곧 진리가 아닌 것과는 전혀 타협하지 않으셨습니다. 다른 것은 다 양보하셨지만, 진리에 대해서만은 고집스럽고 단호하셨습니다. 이는 문창교회 시무 시 이단 시비로 교회가 혼란스러워지자 엄히 치리하기를 마다하지 않으셨던 모습에서 잘 볼 수 있습니다. 사랑하는 양 떼를 치리하는 목자의 마음이란 찢기는 아픔을 동반하는 것입니다.

셋째, 아버지는 하나님께 드리는 것에 본이 되셨습니다. 안갑수 어머니는 결혼할 때 지참금으로 적지 않은 땅을 갖고 오셨습니다. 목회자 생활비로는 기본적인 생활조차 힘들었던 시절, 어머니는 그 재산으로 생활과 교육을 감당하셨습니다. 그러나 아버지는 어머니를 설득하여 강단에서 자신이 전했던 말씀대로 양심에 따라 이를 교회에 바치도록 했습니다.

넷째, 아버지는 가정보다 교회를, 가족보다 교우들을 먼저 생각하셨습니다. 가정사역의 중요성이 증대되고 있는 요즘, 이점은 목회자들에게 선뜻 이해될 수 없는 내용일 수도 있습니다. 하지만 아버지가 가족과 가정에 연연하셨더라면 결단코 순교의 길로 가지 못하셨을 겁니다. 궁극적으로는 진리를 지키는 것이 교회와 가정과 성도들의 영혼을 살리는 길입니다.

다섯째, 아버지는 결코 말을 앞세우지 않으셨습니다. 말보다는 행함이 더욱 중요하고, 믿음의 행동이 개인과 교회와 나라를 살리는 길임을 확신하셨기 때문입니다. 많은 목회자나 사회 지도자들이 수많은 단체에 가입해 자리 다툼하는 모습을 대할 때면 참 목회자가 무엇인지 깊이 생각하게 됩니다. 참다운 목회자는 말하는 사람이 아니라 행동하는 사람입니다.

—— 마산 무학산 십자바위. 397미터 높이의 학봉에서 정상 방향으로 조금 능선을 타다 보면 가운데가
십자 모양으로 갈라진 바위를 볼 수 있다. 주기철 목사는 셋째아들 영해를 데리고 자주 이곳에 올라
기도에 열중했다. 주변에는 진달래 군락이 형성되어 있다.

여섯째, 아버지는 매니지먼트에 뛰어난 자질이 있으셨던 분입니다. 목회를 세
　속적 경영 방식이나 관리 기법으로 하라는 이야기가 아닙니다. 심방과 설
　교 준비, 그리고 기도에 정확한 시간을 할애하고, 생활에 흐트러짐이 없도
　록 자기 자신을 철저하게 관리하셨던 분이라는 말입니다. 어떤 상황과 환
　경 속에서도 자신을 다스릴 줄 아는 목회자가 되어야 합니다.
일곱째, 아버지는 자녀들에게 분명한 유산을 남겨 줄 줄 아는 분이셨습니다. 제
　가 부모님께 받은 유산은 시편 37편 25절, 26절 말씀이었습니다. 부모님은
　저에게 돈 한 푼 물려주신 게 없었습니다. 자식들은 천하에 고아처럼 세상
　에 버려진 듯했습니다. 그런데 훗날 깨달았습니다. 부모님이 물려주신 신
　앙적 유산이 그 어떤 유산보다 값지고 귀한 것이었습니다.


　　한국 가톨릭교회의 상징 같은 존재였던 김수환 추기경은 순교
자의 자손이었다. 그는 스스로를 바보라고 불렀다. 평생 자신을 위
한 일에는 무심한 채 낮은 곳에서 남을 위한 일생을 살았던 그에게
바보라는 칭호는 몸에 잘 맞는 옷과 같았다. 하지만 그가 바보처럼
보일수록 이상하게도 그를 제외한 나머지 사람들의 모습이 더 초라
하고 왜소해 보였다. 그런 의미에서 보자면 주기철 목사는 진짜 바
보 목사였다. 남들이 갈대 같은 삶을 살 때 홀로 대쪽 같은 삶을 살
았고, 남들이 세상을 바라볼 때 그의 시선은 주님께만 고정되어 있
었다. 주광조 장로는 한국 교회에 아버지를 닮은 바보 목사들이 계
속해서 배출되기를 간절히 소망했다.
　　그는 세례 요한을 예로 들며 한국 교회 목회자들이 걸어가야 할
바른길을 제시했다.

첫째, 세례 요한은 청빈한 삶을 살았던 용기 있는 사람이었습니다. 그는 제사장 사가랴의 아들로 예루살렘 성전에서 얼마든지 유복하게 살 수 있었습니다. 그러나 그는 모든 기득권을 포기하고 광야에서 약대 털옷을 입고 메뚜기와 석청을 먹으며 살았습니다. 그는 옷 두 벌 있는 자는 옷 없는 자에게 나눠 주며, 먹을 것이 있는 자는 먹을 것이 없는 자에게 나눠 주라고 말했습니다. 세리에게는 정한 세 외에는 더 받지 말고, 군인들에게는 남의 것을 강탈하거나 고발하지 말라고 경고했습니다. 아버지는 가난을 부끄러워하지 않았습니다. 목회자에게 가난은 결코 부끄러움이 아니라 용기 있는 선택이며, 선한 양심의 표상입니다.

둘째, 세례 요한은 겸손한 사람이었습니다. 예수님이 공생애에 들어가시기 전까지 세례 요한은 존경받는 지도자였습니다. 수많은 사람이 그에게 세례를 받기 위해 요단강으로 모여들었습니다. 하지만 그는 세례를 받기 위해 찾아오신 예수님께 세례를 받아야 할 사람은 바로 자신이라고 고백하며 자기는 쇠하여야 하겠고 예수님은 흥하여야 한다면서 자기를 낮추었습니다. 자신의 역할을 다한 다음 그는 조용히 역사의 무대에서 사라졌습니다. 아버지는 자신이 하나님 자리에 앉게 될까 봐 늘 조심하셨습니다. 나를 위해 아무런 기념도 하지 말라고 신신당부하셨습니다. 그러고는 역할을 다한 후 흔적도 없이 조용히 사라지셨습니다.

셋째, 세례 요한은 일사각오의 정신을 실천했던 사람입니다. 그는 자신을 향해 나아오는 사람들에게 외쳤습니다. "독사의 자식들아 누가 너희에게 일러 장차 올 진노를 피하라 하더냐." 그러면서 회개하라고 촉구했습니다. 동생의 아내였던 헤로디아를 아내로 삼은 헤롯왕을 책망했습니다. 그가 그렇게 할 수 있었던 것은 죽음을 두려워하지 않는 일사각오가 있었기 때문입니다. 아버지는 목사의 권위는 일사각오의 정신으로부터 나온다고 말씀하셨습니다. 마르틴 루터도 일사각오로 종교개혁을 이루어 냈습니다. 외로워도, 힘들어도, 배고파도, 오직 하나님의 선하시고 기뻐하시고 온전하신 뜻만을 좇아 나아가는 사람이 바른 목자입니다.

주기철 목사는 뛰어난 설교자였다. 그렇지만 그는 미사여구를 사용하지 않았다. 자신의 설교가 곧 그의 삶이 되었고, 자신의 삶이 곧 그의 설교가 되었다. 그는 파벌을 만들거나 분열을 조장하는 일을 극도로 삼갔다. 스스로 하나님의 자리에 앉는 죄를 저지르지나 않을까 매 순간 자신을 통제하고 다스렸다. 그는 조국의 광복과 교회의 일치를 누구보다 갈망했던 사람이다. 그는 통합 측도 합동 측도 고신 측도 아니었다. 그는 조선의 성도들을 위한 조선의 목사였을 뿐이다. 그가 지금의 한국 교회 목회자들을 바라보면 과연 뭐라고 말할까. 나 같은 바보 목사들이 많다고 여길까, 아니면 나보다 똑똑한 목사들이 참 많다고 여길까. 때로는 답을 알고 싶지 않은 질문도 있다. 차마 그의 대답을 들을 용기가 나지 않는다.

## 67년 만에 꿈에도 그리던
## 아버지 품으로

일흔이 넘어서까지 극동방송 상임고문으로 일하며, 한기총의 사랑의 쌀 나누기 운동본부와 기독실업인회, 외항선교회, 세계선교협의회 등에서 왕성하게 일하던 그는 점점 건강에 이상 신호가 오자 기념사업회 일과 간증 집회 일에만 전념하였다. 너무 무리하면 안 된다는 걸 잘 알고 있었지만 할 수 있을 때까지 한 번이라도 더 사람들에게 다가가 아버지의 순교 신앙과 정신에 대해 증언하기를 원했다.

"거리와 관계없이 불러 주는 곳이 있으면 혼자 대중교통을 이용해서 어디든 다니셨어요. 마지막으로 내게 맡기신 사명이다. 이렇게 생각하신 거죠. 후두암을 앓고 계셨거든요. 병원에서는 말을 많이 하시면 안 된다고 당부를 했어요. 하지만 돌아가시기 얼마 전까지도, 심지어 목소리를 잘 알아들을 수가 없는데도, 간증하러 다니셨어요. 그런데도 가는 곳마다 은혜가 넘쳤어요. 그것은 주기철 목사님께서 주셨던 거룩한 영적 능력이라고 생각해요."

CTS의 송성화 실장은 그의 마지막 모습을 이렇게 떠올렸다.

"우리 교회에서 매년 4월경 농어촌 교역자들을 위로하는 모임을 열곤 했어요. 그때마다 주광조 장로님께서 간증을 해주셨어요. 그러면 농어촌에서 힘들게 목회하시는 분들이 많은 위로를 받고 가셨죠. 돌아가시던 해에도 같은 일정이 잡혀 있었어요. 결국은 도저히 못 가겠다고 하시면서 주승중 목사님을 보내 주셨어요. 마지막까지 최선을 다하는 모습을 보여 주신 거예요. 돌아가시기 두 달 전이니 얼마나 편찮으셨겠어요. 그런데도 오시려 했던 거죠."

서초동 산정현교회 김관선 목사 역시 주광조 장로의 열정과 끈기를 기억하고 있었다.

구귀학 권사의 지극한 보살핌으로 주광조 장로는 어렸을 때와 청년 시절 혹독한 가난을 겪으며 생겼던 몸의 지병들을 하나씩 치료하며 건강을 회복했으나 노년으로 접어들자 자꾸만 여기저기 탈이 나기 시작했다. 구귀학 권사는 주광조 장로의 아내이자 주치의였다.

"해방 후 대동강에 빠졌다 살아나는 바람에 귀에 물이 들어가 중이염을 앓았어요. 그래서 한쪽 귀가 어두우셨죠. 귀에서 자꾸 고름이 나오더라고요. 병원에 다녀도 낫지 않다가 철원에 있는 기도원에서 기도하다 나았어요. 장로님 몸이 말이 아니었어요. 폐도 안 좋지, 장도 나쁘지, 귀도 아프지…… 걸어 다니는 종합병원이었다니까요. 제가 몇 년 동안이나 좋은 재료를 구해다 건강보조식품을 만들어 드시게 하는 등 별의별 노력을 다해 좋아지도록 만든 거예요. 피부암, 후두암, 신우암, 전립선암, 방광암, 폐암 등 암 수술을 여섯 번이나 했어요."

은퇴한 뒤 주광조 장로 부부는 건국대 인근의 아파트로 이사해 살았다. 말년에 주광조 장로가 기거했던 아파트는 기념사업회 사무실이자 주기철 목사에 관한 기록과 자료를 모으는 도서관 역할을 했다. 그의 수첩은 간증 집회를 다녀야 할 교회와 학교, 단체의 주소로 늘 빼곡했다. 팔순이 가까워지는 노인이 1년에 100회가 넘게 국내외를 다니며 집회를 이어 갔다. 그를 지탱해 준 건 평생 가슴에 품고 살았던 아버지에 대한 사랑이었다. 그는 죽음을 예견했는지 세상을 떠나기 한 달 전 가족과 친척들을 다 데리고 창원, 부산, 마산 등지에 있는 아버지의 생가와 목회하시던 교회들을 둘러보기도 했다.

"해마다 추석 때는 국립서울현충원에 있는 할아버지 묘소에서 한 번 모이고, 천안공원묘원에 있는 큰아버지 산소에서 한 번 모이고 했어요. 설날에는 큰아버지 식구들까지 전부 다 아버지 집에 모여 예배를 드리고 식사를 했죠. 그렇게 다 모이면 아버지께서 꼭 당부하신 게 있었어요. 평양에서 순교하신 큰아버님, 주영진 전도사님의 자식들을 나중에 통일이 되면 혹은 기회가 닿으면 꼭 찾아서 책임지고 돌봐 주라고 하셨어요. 아버님께는 조카들이고 제게는 사촌 형님과 누님이시죠. 그리고 목사는 못 됐지만, 장로는 빨리 돼라고도 하셨고요."

주현 박사는 그 말씀이 자신들에게 주어진 아버지의 유언이나 마찬가지라고 말했다. 주승중 목사 또한 친아버지처럼 따르던 주광조 장로에게 마음의 빚이 남아 있다고 했다.

"제 아버님께서 돌아가실 때 두 가지 말씀을 남기셨는데, 너희

어머니 잘 부탁한다, 그리고 내가 하지 못한 몫까지 네가 두 몫을 해 줬으면 좋겠다, 하는 거였어요. 제가 공부 마치고 돌아와 신학교 교수를 하면서도 집회 요청이 있으면 어디든 가서 말씀을 전했어요. 아버님의 유언 때문이었죠. 숙부님도 똑같으셨어요. 아버님 돌아가신 뒤로 숙부님이 제 아버지나 마찬가지였거든요. 저만 보면 교회로 돌아가 목회를 해야 한다, 네가 우리 집안의 전통을 이어야 한다, 항상 말씀하셨죠. 돌아가시기 얼마 전에도 저를 붙들고 한참을 우시면서 네가 있어서 내가 마음 편히 갈 수 있다, 네가 있어서 얼마나 감사한지 모른다, 이렇게 말씀하셨어요. 제가 신학교에 16년 동안 있다가 2012년에 주안장로교회 담임목사를 맡게 되었는데, 숙부님 살아 계실 때 목회하는 모습을 보여 드리지 못한 게 죄송할 따름이에요."

어느 날부턴가 주광조 장로의 소변에서 피가 섞여 나왔다. 보라매병원에 가서 검사를 받아 보니 신장과 방광 사이에 있는 관이 암

천안공원묘원에 있는 주광조 장로의 묘소. 소탈한 그의 성품처럼 별다른 장식 없이 가족묘로 조성되었다.
언덕 위로는 셋째형님인 주영해 장로 부부의 묘가 자리하고 있다.

때문에 막혔다고 했다. 수술했지만 나중에 전립선암과 폐암으로까지 확산하였다. 병원에 오래 머물며 치료를 받아 봐야 큰 진전이 없을 것으로 판단되자 그는 퇴원해서 집에 있기를 원했다. 그는 어머니 오정모 집사처럼 병원을 싫어했다. 약은 잘 먹었으나 항암치료는 받으려고 하지 않았다. 그러자 폐암 합병증으로 기침이 점점 더 심해졌다. 이윽고 폐렴으로 열이 올라서 다시 보라매병원에 입원한 지 엿새 만에 그는 편안한 얼굴로 하나님의 부르심을 받았다.

"고통을 잘 참았습니다. 짜증도 내지 않고 고맙다는 말을 여러 번 하면서 투병 생활을 존경스러울 만큼 단정하게 했습니다. 그러다가 정말 복되고 평안하게 돌아가셨습니다."

2011년 6월 26일 오전 0시 30분, 구귀학 권사는 53년 동안 함께했던 주광조 장로를 그렇게 떠나보냈다. 그에게는 아직도 해야 할 일이 너무 많았다. 그러나 남은 일은 한국 교회와 교인들의 몫이었다. 그는 생전에 한 언론과의 인터뷰에서 자신의 죽음에 대해 이렇게 말한 적이 있었다. 자신의 말처럼 그는 67년 만에 꿈에도 그리던 아버지 품으로 떠난 것이다.

저는 죽음에 대한 공포는 전혀 없습니다. 어떨 때는 빨리 죽었으면 하고 생각될 정도로 이 세상보다는 하늘나라가 더 그립고 동경의 대상이 되곤 합니다. 왜냐하면 하늘나라에 가면 이 네 분이 계시기 때문입니다. 제 할머니, 제 아버지, 두 어머니…… 제가 죽어서도 그분들과 같이 있을 수 있다고 생각하면 얼마나 그것이 기쁨이고 보람인지 모릅니다.

## 공영방송에서 재조명된
## 주기철 목사의 삶

2015년 12월 25일 성탄절 밤 10시, 많은 기독교인이 텔레비전 앞으로 모여들었다. KBS1 텔레비전에서 성탄 특집으로 주기철 목사의 생애와 신앙을 다룬 프로그램이 방영되었기 때문이다. 권혁만 PD가 연출한 〈일사각오 주기철〉이었다. 1981년에 개봉된 합동영화사의 〈저 높은 곳을 향하여〉가 큰 화제를 일으킨 적이 있지만, 표를 예매해 특정 시간과 장소에서 관람해야 하는 영화와 달리 텔레비전은 예매 없이 누구나 편안하게 집이나 사무실 혹은 식당 등에서 시청할 수 있기에 편리성과 파급력에 있어 영화와 비교하기 힘들었다.

권혁만 PD는 시청자들이 두 개의 시선을 통해 주기철 목사를 바라보도록 만들었다. 하나는 침략자이며 가해자인 일본인 목사 아들의 시선이었고, 다른 하나는 순교자이며 피해자인 주기철 목사의 막내아들 주광조의 시선이었다. 일본 개신교 목사로서 주기철 목사를 존경하게 되면서 일본이 조선을 침략하며 범한 만행과 폭력, 교회와 성도들에게 행한 신사참배 강요를 사죄해야 한다고 주장하다 교인들에게 배척당한 스미요시 에이지 목사의 아들 스미요시 겐의 시선을 따라가는 것은 다큐멘터리였고, 아버지 주기철 목사가 무자비한 고초를 겪으면서도 끝내 신념과 지조를 꺾지 않고 순교의 길로 걸어가는 걸 안타깝게 지켜보는 주광조의 시선을 따라가는 것은

영화의 한 장면. 주기철 목사 역을 맡은 배우 이지형이 비가 오는데도 불구하고
바위에 엎드려 기도에 전념하고 있다. 그는 어디를 가든 기도처를 정해 놓고 하나님께 부르짖었다.

드라마였다. 드라마에서 주기철 목사 역은 배우 이지형이, 오정모
집사 역은 배우 설지윤이 그리고 소년 주광조 역은 아역배우 최원
이 맡아 열연하였다.

약 한 시간가량의 프로그램은 대단히 알차고 수준 높게 제작된
것이었다. 그런데 텔레비전을 보는 내내 한 가지 걱정스러운 게 있
었다. 공영방송에서 개신교 목사를 다룬 프로그램을 이렇게 대놓고
방영해도 되는지, 과연 이를 본 시청자들의 반응은 어떨지가 궁금
했다.

그러나 그것은 기우였다. 프로그램이 방영되기 시작하자 각종
인터넷 포털사이트에는 실시간 검색어 순위 1위에 '일사각오 주기
철'이 올라갔다. 같은 시간대에 방영된 유명 가수의 콘서트 중계를
앞지른 것이다. 시청률은 기존 시청률의 두 배가 넘는 10퍼센트에
육박했다. KBS 시청자 게시판에도 좋은 프로그램을 만들어 줘서

감사하다는 의견이 수백 건 이상 올라왔다. 대박이 난 것이다. 한국 교회와 교인들에 대한 부정적 시각과 비판적 여론이 눈에 띄게 많아지는 상황이었기에 매우 이례적으로 받아들여졌다. 역사적 사실을 강조하는 다큐멘터리로만 다루거나 흥미를 앞세우는 드라마로만 만들지 않고 두 가지 기법을 적절히 융합해서 전달함으로써 비기독교인들도 별 거부감 없이 받아들일 수 있게 제작한 것이 주요 인이었다. 삶과 믿음이 오롯이 일치하는 주기철 목사를 보며 시청자들은 깊은 감명을 받았다.

 "당시 저는 다른 특집 방송을 준비하러 지방으로 출장을 가고 있었습니다. 그때 어떤 목사님에게서 전화가 왔어요. 주기철 목사님에 관한 특집 방송을 만들어 달라고 하시더군요. 2013년에 손양원 목사님을 다룬 다큐멘터리를 만들었으니 이번에는 주기철 목사님 이야기를 꼭 만들어야 한다는 것이었죠. 단호히 거절했습니다. 왜냐하면 주기철 목사님은 사랑과 박애 같은 보편적 가치보다는 투철하고 순결한 신앙 이야기가 주가 될 것이기에 공영방송에서 만들기 어려울 거라고 본 거죠. 주기철 목사님 방송까지 만들면 회사에서 제가 '예수 환자'로 낙인찍히게 될 것 같다는 생각도 들었어요. 그런데 자꾸 부담감이 생기더라고요. 기도하는 중에 제작해야겠다는 마음을 주셨어요. 돌아오자마자 담당 팀장에게 하고 있던 특집 방송을 포기하고 주기철 목사님 이야기를 만들고 싶다고 했더니 의외로 흔쾌히 오케이를 하더군요. 손양원 목사님 특집 방송이 시청자들에게 큰 반향을 일으켰고, 공영방송의 가치에도 맞는다는 평가를 받았기에 주기철 목사님 방송도 긍정적으로 받아들인 것 같아요."

회사에서 지대한 관심을 가지고 추진하던 특집 방송 연출을 그만두고 느닷없이 주기철 목사에 관한 특집 방송을 만들겠다고 선언했을 때 그는 상당한 부담과 비난을 각오해야만 했다. 특정 종교를 미화한다면서 시청자들의 항의가 폭주하면 어떻게 하나, 시청률이 너무 낮게 나오면 어떻게 하나…… . 그런데 막상 뚜껑을 열어 보니 정반대의 결과가 나온 것이다.

"공영방송과 하나님의 성품은 비슷하지 않나 생각합니다. 방송국 후배들에게도 종종 그렇게 이야기하곤 해요. 공영방송은 가난하고 어렵고 소외된 사람들을 품어 주고, 기득권을 비판하는 역할을 담당합니다. 사랑과 정의를 지향하는 것은 하나님의 성품과 가까운 것이죠. 그런 의미에서 공영방송에서 사랑과 정의를 실천한 주기철 목사님을 다룬 콘텐츠가 만들어지는 건 당연한 일입니다. 낮은 곳으로 오셔서 불의와 타협하지 않고 사랑을 전했던 공의로우신 예수님의 가르침을 다시 한번 되새길 수 있는 계기가 된 것 같아 감사할 뿐입니다."

제작 과정에서 만난 권혁만 PD는 공영방송의 역할을 하나님의 성품과 연결해서 이해하고 있었다. 신선한 관점이라는 생각이 들었다. 〈추적 60분〉, 〈환경스페셜〉 등 시사 프로그램을 연출하던 그는 예수를 제대로 믿게 된 이후 사회의 귀감이 되는 양질의 기독교 콘텐츠를 만드는 일에 남다른 사명감을 간직하게 된다. 〈일사각오 주기철〉은 그 결실 중 하나였다.

2016년 2월 20일 여의도 KBS 홀에서는 〈일사각오〉 VIP 초청 시사회가 열렸다. 텔레비전으로 방영되어 엄청난 호평을 받았던 프로그램이 극장용 영화로 만들어진 걸 기념하는 자리였다. 방송국 관계자와 교계 인사들 그리고 권혁만 감독과 제작진들이 한자리에 모였다. 주기철 목사의 후손으로 구귀학 권사, 주승중 목사, 주현 박사, 주원 대표 등 가족들도 모두 참석했다. 주기철 목사를 다룬 첫 번째 영화가 만들어진 지 40여 년의 세월이 흐른 뒤였다.

영화 〈일사각오〉 포스터. 밧줄에 매달려 고문당하는 주기철 목사의 모습.
"칼날이 나를 기다리고 있는 한 그 칼날을 향해 내가 나아가리다"라는 문구가 전율을 자아낸다.

"예쁘게 책도 나오고, KBS 텔레비전을 통해 온 국민이 주기철 목사님을 만나게 되고, 오늘은 또 이렇게 영화로도 만들어진 걸 축하하게 되었으니 너무너무 기뻐요. 개봉하면 영화 보러 극장에도 갈 거예요. 주광조 장로님이 살아 계셨더라면 얼마나 좋아하셨을까요?"

감격 어린 표정의 구귀학 권사는 내 손을 꼭 잡고 눈시울을 붉혔다.

영화는 3월 17일부터 전국 CGV 극장에서 개봉되었다. 극장 배급 시스템은 40여 년 전과는 판이했다. 그런데도 종교영화로서는 이례적으로 10만 관객이라는 큰 성과를 거두었다

"주기철 목사님과 산정현교회 성도들이 일사각오의 믿음으로 충성하고 순종했던 모습이 오늘날 한국 교회를 회복할 수 있게 하는 살아 있는 교과서라고 생각합니다. 이 영화를 본 사람들은 한국의 역사와 정체성에 대해 생각할 것이고, 그로 인해 한국 사회의 변화와 발전에 도움이 되리라 믿습니다. 저는 영화를 만들면서 주기철 목사님이야말로 우리나라의 자존감과 기독교의 자존심을 지키기 위해 하나님이 보내신 분이라는 것을 알게 되었습니다."

영화 개봉 후 진행된 기자회견에서 권혁만 감독은 이렇게 말했다. 침례교회 장로인 그는 녹록하지 않은 현실 속에서도 손양원 목사, 주기철 목사에 이어 손정도 목사, 김창식 목사 등 환란과 핍박의 시기에 믿음을 지킨 선구자들에 관한 영화를 꾸준히 만들어 가고 있다.

# 항일독립운동가
# 주기철목사기념관

주광조 장로가 세상을 떠난 후 생전에 그가 소망하던 일들이 시나브로 이루어지고 있다. 2013년 10월 26일 오전 9시에는 홍익대학교 인근에 신축된 극동방송 사옥에서 헌당 감사 예배가 드려졌다. 예전 사옥이 있던 자리에 지상 7층, 지하 4층 규모의 아름다운 사옥이 지어진 것이다. 사옥 3층에는 주기철 기념 기도실이 마련되었다. 직원 및 중보 기도자들을 위해 작은 방 3개로 꾸며진 아늑한 공간이다. 주광조 장로의 헌금으로 조성된 이 기도실에서는 지금도 많은 사람이 돌아가면서 민족 통일과 북방선교를 위해 쉼 없이 기도하고 있다.

오랜 준비와 공사 끝에 2015년 3월 24일에는 주기철 목사의 고향인 웅천에 지상 2층 규모의 항일독립운동가 주기철목사기념관이 개관했다. 창원특례시와 경남노회 그리고 소양주기철목사기념사업회의 긴밀한 협력으로 이루어진 일이다. 당시 예장통합 경남노회 주기철목사순교기념사업회에서 콘텐츠를 담당하고 있던 이성관 목사는 큰 기대에 부풀어 있었다.

"주광조 장로님께서 그동안 여러 자료를 많이 넘겨주셨습니다. 주기철 목사님의 유품이나 기록들이 대부분 평양에 있기에 다양한 전시물을 모으는 데 어려움이 있지만, 최선을 다하고 있습니다. 기넘관이 건립되면 주기철 목사님의 고향, 생가, 웅천교회, 웅천읍성 등이 기념관과 연결되며 그분의 순교 신앙을 본받으려는 순례자들의 발길이 끊이지 않을 겁니다."

오랜만에 다시 찾은 주기철목사기념관은 언제 코로나 팬데믹이 있었느냐는 듯 활기에 넘쳤다. 막 완공되었을 때의 어수선한 풍경은 간데없었고, 자그마했던 소나무는 우람하게 자라 있었으며, 조경이나 외관이 차분하게 제 모습을 갖추고 있었다. 전시관 원형 외벽을 감싼 붉은 벽돌의 색깔도 고즈넉하게 변해 있었다. 아래쪽 비석에 새겨진 기념패를 보면 이곳이 국가보훈처 지정 현충 시설이며, 대한예수교장로회 총회에서 선정한 한국기독교사적이고, 한국기독교사적협의회에서 정한 한국기독교역사문화유산이라는 사실

웅천읍성 동문인 견룡문見龍門 누각과 성벽. 세종 21년인 1439년에 완성된 이 읍성은 웅천왜성과 함께 수난의 역사를 상징한다. 맞은 편에 항일독립운동가 주기철목사기념관이 자리해 있다.

을 알 수 있다.

"처음에는 웅천교회에서 생가 복원과 기념관 건립을 모색하다가 여의치 않자 진해 기독교연합회에서 다시 추진했어요. 거기서도 여러 가지 어려움을 만나면서 일이 쉽지 않게 되었죠. 결국 통합 측 경남노회가 바통을 이어받게 되었습니다. 그 후로도 숱한 난관이 있었지만, 경남노회와 통합 창원시가 힘을 합쳐 기념관 건립을 마무리했습니다. 저는 경남노회에 속한 양곡교회에서 장로로 섬기고 있었는데, 노회 산하 주기철목사순교기념사업회 이사장이던 지용수 담임목사님의 권유로 고심 끝에 하던 사업을 정리하고 관장을 맡게 되었습니다. 한국 교회사와 순교자들에 관해 평소에도 관심이 많았던 데다 한국 교회를 위해 보람 있는 일이라서 순종한 것이죠. 막상 와서 보니까 주기철 목사님과 관계된 유품이 별로 없더라고요. 콘텐츠가 부족했던 거죠. 그래서 찾아오신 분들에게 해설을 잘해서 은혜받게 하는 수밖에 없겠다고 생각했어요. 공부를 거듭했죠. 휴일도 없이 지냈습니다. 버스 3대가 오면 120명쯤 됩니다. 혼자서 안내를 다 했어요. 요즘도 해설하다 보면 왈칵 눈물이 나곤 합니다."

개관과 더불어 관장으로 취임해 지금까지 자리를 지키고 있는 김관수 장로는 아직도 해야 할 일이 태산 같다고 했다. 방문객은 얼마나 되고 운영은 어떻게 이루어지는지 궁금했다.

"개관 첫해에 1만 2천 명가량이 방문하셨어요. 계속 증가 추세였는데, 갑자기 코로나 사태가 닥쳤죠. 그때 문을 닫았습니다. 그런데 그게 전화위복이 됐어요. 창원시 도움으로 홈페이지를 만들고 전시관 리모델링을 한 겁니다. 더 세련되고 다채롭게 전시 공간을 꾸민 거죠. 요즘 다시 방문객이 늘어났습니다. 올해 연말까지 2만 명 정도 될 것 같습니다. 제일 많이 온 해는 3만 명 수준이었죠. 예전에는 목사님이 인도하거나 교회에서 단체로 오시는 경우가 많았으나 최근에는 가족이나 구역, 동아리 등 소규모로 오시는 분들이 많습니다. 운영비는 창원시와 경남노회가 6대4 정도 비율로 분담하고 있습니다. 정직원은 저를 포함해서 세 명이지만, 보건복지부에서 노인 일자리 창출 차원에서 노인들을 보내 청소를 해주시기 때문에 큰 도움이 되고 있습니다. 제 바람은 이곳에 오시는 분들이 나라 사랑과 하나님 사랑, 즉 애국심과 신앙심은 결코 따로가 아니라 하나라는 사실을 알고 가셨으면 하는 겁니다. 우리 선배 신앙인들은 사회에서 존경받았는데, 지금 우리는 비난을 받습니다. 주기철 목사님처럼 애국심과 신앙심이 일치하는 삶을 살지 못하기 때문입니다. 나라가 없으면 어떻게 자유로운 신앙생활을 할 수 있겠습니까? 기독교인들이 나라를 사랑하고 나라를 위해 기도해야 합니다. 아울러 다음 세대에게도 조상들이 겪은 고난의 역사와 사회의 소금으로 살았던 순교자들의 삶을 가르쳐 줘야 할 책임이 있습니다. 기념관은 그 역할을 담당할 겁니다."

예약하고 시간을 넉넉히 잡아서 기념관을 방문하면 해설도 충분히 들을 수 있을뿐더러 몇 가지 체험 활동을 통해 잊지 못할 기념품도 가져갈 수 있다. 지금껏 소양학술회와 기념강좌 등을 개최해

—— 항일독립운동가 주기철목사기념관 1층 전시실 내부.
   그의 생애를 통해 하나님 사랑과 나라 사랑은 하나로 일치한다는 사실을 깨달을 수 있는 공간이다.

—— 복원된 주기철 목사 생가.
   주기철 목사가 어린 시절과 청년기를 보내며 신앙심과 애국심을 키우던 삶의 현장을 기념관 옆에 재현했다.

왔지만, 앞으로는 더 알찬 프로그램으로 방문객을 맞을 채비를 하는 중이다.

KBS 창원방송총국에서 주로 시사 프로그램에 관한 글을 쓰며 방송 작가로 활동하던 김성애 학예사는 출석 중인 진해구에 있는 교회 담임목사의 권유를 받아 학예사 시험을 공부한 끝에 자격증을 취득한 다음 2022년부터 주기철목사기념관 소속 학예사로 일하고 있다.


"기념관은 두 가지 전시 콘셉트로 꾸며져 있습니다. 1층 전시실은 주기철 목사님의 항일독립운동에 관한 자료를 보면서 나라 사랑을 느낄 수 있는 공간이고, 2층 전시실은 주기철 목사님이 보여 주신 불굴의 신앙과 믿음을 확인할 수 있는 공간입니다. 주기철 목사님의 유품이 많지 않기 때문에 깊이 있는 해설과 다양한 영상 자료 등을 활용하기 위해 애쓰고 있습니다. 특히 다음 세대에게 주기철 목사님에 관해 좀 더 쉽게 알려 주기 위해 체험 활동을 강화하려고 합니다. 최근 경남동부보훈지청의 지원을 받아 AR 애플리케이션을 만들었습니다. 스마트폰으로 애플리케이션을 내려받으면 관람하면서 해설을 들을 수 있고, 스무 가지 다채로운 퀴즈나 임무도 수행할 수 있습니다. 그걸 따라가면서 체험과 배움이 일어나는 거죠. '영문 밖의 길' 앞에 가면 노래도 나오고요. 주어진 임무를 다 완료하면 선물도 증정하고 있습니다. 어린 학생들이 아주 좋아하고 참여도가 높더라고요. 방문하기 어려운 분들은 구글 플레이스토어에서 애플리케이션을 내려받아 자유롭게 공부도 하고 체험도 할 수 있습니다. 어린이와 청소년들이 순교자에 대해 관심을 가질 수 있게끔 만드는 게 목적입니다."

　2층 기획전시실에는 주광조 장로와 구귀학 권사가 기증한 유품
등이 전시 중이다. 기념관 밖 마당에는 마산 무학산을 오를 수 없는
사람들을 위해 십자 바위 모형이 만들어져 있다. 실제 크기와 비슷
하게 제작된 것이다. 입구 왼편에는 우진각 지붕에 부엌 포함 정면
네 칸, 측면 한 칸인 한옥 기와집이 보인다. 복원된 주기철 목사의
생가다. 부엌을 뺀 정면 세 칸에는 툇마루가 딸려 있다. 주기철 목
사가 생활하던 공간에서 그의 인간적인 면모를 친근하게 접하면서
그리스도인의 삶과 죽음에 관해 진지하게 사색하고 기도할 수 있는
곳이다.

# 수난의 역사를
# 기억하기 위하여

웅천은 숱한 수난의 역사를 간직한 고장이다. 고려말인 1390년 왜구를 방어하기 위해 진을 만들었고, 조선 성종 때인 1486년 성을 쌓아 군영을 설치했다. 이것이 웅천 인근의 제포진성이다. 1407년 내이포를 개항해 일본과 교역을 시작하자 왜인들의 불법 거주가 많아져 세종 16년인 1434년 웅천읍성 축조를 시작하였다. 1510년에는 부산포, 염포, 내이포에 거주하던 왜인들이 대마도의 지원을 받아 삼포왜란을 일으켜 일시 함락된 적도 있다. 임진왜란이 일어나자 왜군들은 수많은 조선인을 동원해 남산 꼭대기에 웅천왜성을 쌓아 자신들의 기지로 사용하였다. 이때 웅천읍성도 함락되어 왜군 장수인 고니시 유키나가가 머물렀다고 한다.

지금도 웅천왜성 터와 일부 복원된 웅천읍성이 남아 있다. 이처럼 고난으로 점철된 땅에서 태어난 주기철은 조선을 무력으로 침략한 일제에 결연히 맞서며 조선 교회의 지조를 지키고 조선인의 기백을 살려 낸 것이다. 웅천읍성 동문 맞은편에 자리한 항일독립운동가 주기철목사기념관은 기나긴 민족 수난의 역사에 마침표를 찍기 위한 다짐의 공간이기도 하다. 그런데 아이러니컬하게도 기념관에서 멀지 않은 곳에 세스페데스 공원이 조성되어 있다. 조선 침공의 선봉에 선 고니시 유키나가를 도와 웅천왜성에 머물며 왜군들사기를 북돋웠던 세스페데스 신부가 조선에 첫발을 내디딘 스페인 출신 사제였다는 이유만으로 그를 기리는 공원을 만든 것이다. 이것은 수난의 역사를 기억하는 일이 아니라 왜곡하는 일일 것이다.

일부에서 이런 맥락 없는 모순이 벌어지는가 하면 다른 한쪽에서는 수난의 역사를 제대로 기억하기 위해 땀 흘리는 사람들이 있다. 2023년 4월 5일 오전 11시 경상북도 의성군 의성읍에 있는 옛의성경찰서 자리에 많은 사람이 모여들었다. '일제강점기 의성경찰서 주기철목사수난기념관' 착공 감사 예배를 드리기 위해서였다. 사업회와 후원회 그리고 대한예수교장로회 합동 교단 총회와 노회 관계자들은 물론 의성군과 군민들도 큰 관심을 가지고 예배에 참석했다. 일제강점기 때 만들어진 의성경찰서는 독립운동에 앞장선 애국지사들과 신사참배에 반대하는 기독교인들을 가둬 놓고 온갖 고문을 자행했던 수난의 현장이다. 1938년 여름에는 농우회 사건을 조작해 많은 교회 지도자들을 잡아들여 잔혹하게 탄압했다. 조선예수교장로회 제27회 총회를 앞두고 평양경찰서에 검속되어 있던 주기철 목사는 주동자로 몰려 의성경찰서까지 끌려 내려와 8월부터 12월까지 약 5개월 동안 투옥되어 있었다.

"제가 20여 년 전 의성에 와서 목회하다 보니 근처에 주기철 목사님께서 수난당한 장소가 있다고 하더라고요. 그래서 찾아가니까 향토 물품을 전시하는 상설전시장으로 이용되고 있었습니다. 여러 차례 개보수했지만, 조선 시대 원형이 남아 있는 한옥 건물이었어요. 해방 후 체육회, 문화원, 유치원 등 다양한 용도로 사용했다고 하더군요. 여기가 정말 의성경찰서가 있던 곳인가 의문이 들었습니다. 그 뒤 옛날 자료를 찾고 연세 드신 분들의 증언을 들어 본 결과 틀림이 없었습니다. 그렇다면 역사적인 곳이니 뜻을 모아 비석이라 도 하나 세우려고 했습니다. 그런데 현재 주기철목사수난기념관사 업회 회장이신 의성교회 신칠성 장로님이 비석은 너무 약하니 다른 일을 해보자고 해서 이 사업이 시작되었습니다. 그게 2016년 3월 입니다. 이듬해에는 교단 총회에 청원해 한국기독교역사사적지 제 4호로 지정되기도 했습니다. 이후 많은 분의 도움을 받고 의성군의 협조를 얻어 기념관 건설 사업이 본격 추진되었습니다. 학자들을 모셔다 세미나도 하고 노회에 특별위원회도 설치했죠. 의성군에서 타당성 용역조사를 세 차례나 실시했습니다. 마침내 군의회에서 예 산이 통과되어 토지를 확보했고, 이 사업이 국토교통부 공모에 당 선되어 30억 원의 국비를 지원받게 되었습니다. 모든 것이 하나님

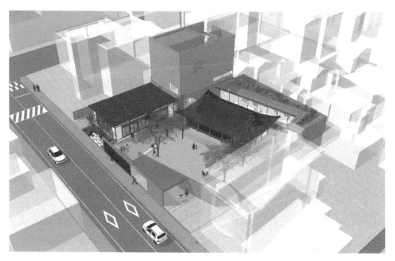

주기철목사수난기념관 조감도. 의성경찰서로 사용된 한옥, 부속건물로 쓰던 일제강점기 건물,
현대식 3층 신관이 조화를 이루며 억울하게 수난당한 분들을 기리는 공간이다.

주기철목사수난기념관으로 조성되기 이전의 옛 의성경찰서. 일제강점기에 항일 애국지사와
반일 사상가 등이 감금되어 혹독한 고문으로 고통받던 아픈 역사를 간직한 곳이다.

은혜예요. 설계대로 차질 없이 공사가 진행된다면 2024년 11월 완
공 예정입니다.”

주기철목사수난기념관사업회 사무총장 추성환 목사의 회고다.
그는 옛 의성경찰서에서 10분 남짓 거리에 있는 철파교회를 담임하
고 있다. 1991년에 준공된 의성읍에 있는 항일독립운동기념탑에는
주기철 목사의 이름이 새겨져 있다. 그가 의성 출신이 아닌데도 의
성경찰서에서 당한 수난 때문에 의성 사람들에 의해 그의 이름 석
자가 지금까지 기억되는 것이다.

“의성경찰서는 평양을 제외하면 국내에서 유일한 주기철 목사
님의 수난 유적지입니다. 고향에 기념관이 있지만, 그곳은 주기철
목사님의 일대기와 항일독립운동에 초점을 맞춘 전시 공간이고, 의
성에 신축되는 기념관은 그리스도인의 고난과 예수님의 수난을 연

결하면서 주기철 목사님의 순교 신앙에 초점을 맞춘 전시 공간이
될 겁니다. 당시 고문 현장을 재현해 놓으면 방문객들이 이를 간접
체험해 보면서 순교의 진정한 의미를 느낄 수 있겠죠. 주기철 목사
님께서 쓰시던 안경과 친필 액자 등 여러 유품과 자료를 모으고 있
습니다. 의성경찰서에서 수난당하신 후 대구를 거쳐 평양에 도착한
뒤 주기철 목사님께서 하신 설교가 그 유명한 '5종목의 나의 기원'
입니다. 목사님 순교 신앙의 정수가 담긴 설교예요. 결국 그분의 순
교 신앙이 완성된 곳이 의성경찰서에 갇혀 고문당하시던 때라고 할
수 있습니다. 그렇기에 의성에 주기철목사수난기념관을 만들어 역
사를 기억하는 것은 대단히 중요한 일입니다."

　주기철목사수난기념관은 세 개의 공간으로 조성된다. 의성경
찰서로 사용된 정면 한옥은 원래 모습을 최대한 살려 본관으로 꾸
며진다. 팔작지붕에 정면 다섯 칸, 측면 세 칸의 고즈넉한 남향 단층
기와집이다. 왼쪽에 경찰서 부속건물로 쓰던 공간은 전형적인 일제
시대 건축물이다. 최근까지 자원재활용센터로 사용되었다. 이곳도
서까래, 보, 마룻대 등 목조 골격은 보존된다. 이 두 건물 뒤쪽으로
현대식 3층 건물이 신축된다. 일제에 의해 억울하게 고통당하고 순
교한 분들을 기리는 공간인 만큼 이 땅에서의 수난과 함께 천국에
서의 영광과 면류관이라는 이미지도 적절히 표현될 것이다. 뒷마당
에는 정원과 소통 공간이 조성된다.

　"의성경찰서에는 배만수 형사를 위시해 악명 높은 고문 기술자
들이 있었습니다. 그들이 주기철 목사님 등 많은 애국지사를 처참

하게 고문했습니다. 당시 권중하 전도사님은 중리교회를 비롯해 의성지방 여섯 개 교회를 순회하며 사역하셨습니다. 일제는 신사참배를 거부하던 권중하 전도사님을 농우회 사건으로 엮어 의성경찰서로 끌고 가 고문했습니다. 그 같은 수난을 여러 번 겪으며 만신창이가 될 때까지 항복하지 않고 믿음을 지키셨죠. 몸이 너무 상한 상태로 풀려나 여독을 회복하지 못한 권중하 전도사님은 1939년 하나님의 부르심을 받았습니다. 상주 함창에서 장사를 치렀다고 하는데, 아직 묘소가 어딘지 찾아내지 못하고 있습니다. 뒤늦게 이런 사실이 공인되어 중리교회에 순교 기념비가 건립되었고, 한국기독교 순교사적지로 지정되었습니다. 주기철목사수난기념관에는 그즈음 의성경찰서에서 함께 수난당한 이 지역 순교자들과 애국지사들에 관한 자료도 전시될 것으로 기대하고 있습니다."

중리교회를 담임하고 있는 고관규 목사 역시 주기철목사수난기념관 건립에 관한 소회가 남달랐다. 의성은 작은 고장이다. 하지만 100년 넘는 교회가 40여 곳에 이를 정도로 신앙의 연륜이 깊고, 순교자들이 갖은 고초를 당하면서도 신앙의 절개를 지킨 충절의 고장이다.

글을 마치며

# "아버지, 발은 다 나으셨어요?"

"역사를 망각하는 자는 그 역사를 다시 살게 될 것이다."

문명을 배반한 야만의 극치이며, 인류가 저지른 가장 잔혹한 행위의 흔적이라 일컬어지는 폴란드 아우슈비츠 수용소 제4동 입구에 폴란드어와 영어로 쓰인 조지 산타야나(George Santayana, 에스파냐 출생의 미국 철학자 겸 시인이자 평론가)의 경구다. 이 생지옥에서 처참하게 죽어 나간 사람은 무려 400여만 명에 달하며, 그중 3분의 2가 유대인들이었다.

일제강점기 때 우리 조상들이 일본으로부터 받은 박해와 고난은 이에 못지않았다. 그 기간이 35년 동안이었으니 고통의 강도는 이보다 훨씬 깊고 길었을 것이다. 대한민국 정부와 민간단체에서는 끊임없이 일본 정부를 향해 진정한 사과와 배상을 요구하고 있지만, 일본은 아예 침략과 핍박의 역사 자체를 부정하면서 다시 군국주의의 길로 나서려 하고 있다. 피해자의 용서는 가해자의 회개를 전제로 한다. 가해자가 반성하고 회개하지 않는데, 피해자가 일방적으로 이해하고 용서하는 것은 무의미한 일이다. 역사에서 얻은 교훈을 토대로 다시는 이런 아픔을 겪지 않기 위해서 우리는 조지 산타야나의 경구를 절대로 잊어서는 안 된다.

이스라엘 백성들은 역사를 망각함으로써 잊고 싶은 역사를 다시 살게 된 일이 한두 번이 아니었다. 모세와 함께 광야에서 40년 동안 헤매던 그들은 여호수아 시대에 이르러 마침내 약속의 땅 가나안에 들어가게 된다. 그들은 광야에서 만나와 메추라기로 자기들을 먹여 주신 하나님께 찬양을 드렸다. 갈라진 홍해 사이로 탈출해 이집트의 압제에서 벗어나 자유와 해방을 맛보게 해주신 하나님께 감사를 올렸다. 그러나 그 후 여호수아가 죽고 그와 같이 활동했던 장로들이 세상을 떠나자 하나님을 잊어버렸다. 다음 세대는 하나님을 알지 못했다. 그들은 악을 행하고 다른 신들을 섬겼다. 곧이어 여호와의 진노가 그들에게 임했다.

> 여호와께서 이스라엘에게 진노하사 노략하는 자의 손에 넘겨 주사 그들이 노략을 당하게 하시며 또 주위에 있는 모든 대적의 손에 팔아넘기시매 그들이 다시는 대적을 당하지 못하였으며 그들이 어디로 가든지 여호와의 손이 그들에게 재앙을 내리시니 곧 여호와께서 말씀하신 것과 같고 여호와께서 그들에게 맹세하신 것과 같아서 그들의 괴로움이 심하였더라(사사기 2:14-15, 개역개정).

그들은 왜 역사를 잊었을까? 왜 홍해를 가르고, 만나와 메추라기를 내려주신 하나님을 알지 못했을까? 이를 경험한 세대가 이를 경험하지 못한 세대, 즉 다음 세대에게 제대로 된 신앙 교육과 역사 교육을 하지 않았기 때문이다. 그랬기에 앞 세대가 모두 세상을 떠난 다음 뒷세대는 자연스럽게 하나님을 잊어버린 것이다. 한국 교회는 이 땅에 어떻게 복음이 들어와 교회가 세워졌는지, 초창기 성도들은 무슨 일을 했고 어떻게 살았는지, 일제강점기에 그리스도인들이 어떻게 3·1운동에 참여했는지, 일제의 신사참배 강요에 맞서 순교한 분들의 신앙과 삶은 어떠했는지, 6·25전쟁 당시 공산당에 대항해 믿음을 지킨 순교자들은 누구였는지 등을 다음 세대에게 분명히 알려 주고 가르쳐야만 한다. 그렇지 않으면 우리도 이스라엘 백성들처럼 잊고 싶은 역사를 다시 살게 되는 치욕을 감내해야 할지도 모른다.

주광조 장로는 생애 마지막 순간까지 다음 세대에게 역사 속에 현존하시는 하나님, 아버지 주기철 목사와 함께하셨던 하나님, 아버지와 큰형님의 순교를 통해 이 땅에 순결한 신앙의 전통을 잇게 하신 하나님, 박해와 고난 속에서도 결코 자신의 백성을 잊지 않으시는 하나님을 알리고 전파하는 일에 매진했던 사람이다. 그가 없었더라면 주기철 목사의 순교 신앙과 정신은 상당 부분 잊혔을지도 모른다. 그가 아니었다면 주영진 전도사의 순교사는 사람들의 기억에서 까마득히 멀어졌을지도 모른다. 그의 팔십 평생은 앞 세대의 순교 신앙과 정신을 다음 세대에게 전하고 알리는 데 사용되었다. 이 또한 하나님의 은혜와 섭리였다.


"우리는 순교자라는 말을 자주 듣습니다. 그리고 자주 사용하기도 합니다. '교회는 순교자들이 흘린 피 위에서 세워지고 성장한다'라는 말도 예사로 나눕니다. 그러나 묻고 싶습니다. 우선 순교자들 그리고 그 후손들이 받은 고통과 고뇌에 대해 얼마나 정확하게 알고 있습니까? 순교자들에 대해서 고마운 마음을 얼마나 가지고 있습니까? 순교자들의 후손을 위해서 한국 교회는 무엇을 해주었습니까? 지나치다고 하실 분이 계실지 모르겠습니다만 저는 '순교자 주기철 목사님 없는 한국 교회사는 생각할 수 없다'라고 단언하고 싶습니다. 아무리 위대한 일이라도 증인이 없으면 그 일은 역사의 뒤편으로 슬그머니 사라지고 묻혀 버리게 됩니다. 다행히 주기철 목사님의 순교 사실에는 막내아드님 주광조 장로라는 증인이 있어서 그 일에 대한 생생한 증언을 우리가 들을 수 있는 것을 하나님께 감사드립니다."

극동방송 이사장 김장환 목사는 그의 삶과 사명을 잊지 말아야 한다고 말했다. 박용규 총신대 명예교수도 주광조 장로를 일컬어 모세를 빛나게 해준 아론 같은 지도자였다고 했다.

"주광조 장로님의 업적은 첫째, 한국 교회의 방송 선교에 지대한 공헌을 했다는 것입니다. 둘째, 건강한 복음주의 신앙의 저변을 확대한 것입니다. 그는 순교자의 자녀라는 교만함이나 우월의식 없이 탁월한 친화력으로 복음주의권 지도자들과 교류하며 연합운동에 앞장섰습니다. 셋째, 순교적 신앙을 한국 교회에 알리며 계승하는 데 공헌했습니다. 넷째, 한국 장로교단 내 신학교 간 교류를 이끌어 냈습니다. 1996년 제1회 소양 주기철 목사 기념강좌가 개최된 이후 장신대, 총신대, 고신대를 돌아가며 강좌를 열어 서로 교류하게 된 것은 주 장로님의 역할이 있었기 때문입니다. 다섯째, 그는 기독교 인재 양성에 기여했습니다. 소양주기철목사기념사업회는 많은 신학생에게 전액 장학금을 지급해 한국 신학과 목회의 토양을 튼실하게 했습니다. 그가 남긴 이런 발자취는 한국 교회사에 소중하게 간직되어야 합니다."

충남 천안시 동남구 광덕면 신덕리 산기슭에 있는 천안공원묘원에 조성된 주광조 장로와 구귀학 권사의 합장묘는 특별히 눈에 띄는 것 없이 평범하다. 나중에 온 가족이 함께 묻히도록 가족묘로 조성되어 있다. 소나무와 단풍으로 둘러싸인 언덕 위 작은 묘지는 그의 인생관을 반영하듯 아늑하고 고요하다. 그는 자신에게 맡겨진 사명을 최선을 다해 감당했지만 앞에 나서거나 생색내는 일은 최대한 삼갔다. 그것이 아버지와 어머니의 뜻이었기 때문이다. 보이지 않는 곳에서 조용히 일하며 한국 교회의 연합과 일치, 용서와 화해를 위해 땀흘렸다. 그가 그런 겸손한 일생을 살았기에 어쩌면 그의 빈자리가 더욱 커 보일지도 모른다.

메타세쿼이아 가로수 길을 지나 언덕 하나만 올라가면 그의 셋째형님 주영해 장로 부부의 묘가 나타난다. 주영해 장로는 1990년 홀로 이곳에 묻혔다가 2013년 아내 이정남 권사와 함께 합장되었다. 그의 비석에는 시편 23편 1절에서 3절까지의 말씀이 새겨져 있다.

여호와는 나의 목자시니 내게 부족함이 없으리로다. 그가 나를 푸른 풀밭에 누이시며 쉴 만한 물 가로 인도하시는도다. 내 영혼을 소생시키고 자기 이름을 위하여 의의 길로 인도하시는도다.

주영해 장로가 세상을 떠났을 때 장례식장에 행색이 허름한 사람들과 농아들이 대거 모여들었다고 한다. 경제적으로 넉넉지 못했으면서도 가난하고 불쌍한 사람을 보면 그냥 지나치지 못하고 있는 걸 다 털어 도와주며 살았기에 그의 죽음을 슬퍼하는 사람들이 찾아와 통곡했다는 것이다. 주광조 장로도 마찬가지였다. 평소 몽당

연필을 쓰고, 모나미 볼펜에 심을 갈아서 쓰며, 버스나 전철을 탔지 절대 택시를 타지 않을 만큼 근검절약했던 그였지만, 소리 없이 각종 명목으로 선교사들과 목회자들을 도왔기에 유족들이 알지 못하는 사람들로부터 많은 전화가 걸려오고 조문객이 쇄도했었다고 한다. 과연 그 형에 그 동생이었던 셈이다.

입관 예배 시 주광조 장로는 팔순 잔치 때 입었던 양복에 넥타이를 맨 채 곱게 누워 있었다. 생전에 그가 원한 일이었다. 구귀학 권사는 그를 보고 이렇게 마지막 인사말을 했다.

"여보, 하나님 앞에 가서 상 많이 받으세요."

주광조 장로는 하늘나라에서 주기철 목사를 만나 뵙고 맨 먼저 무슨 말을 했을까.

"아버지, 발은 다 나으셨어요?"

아마도 이 말을 하지 않았을까. 발톱이 다 으깨져 형체를 알아볼 수 없을 정도로 뭉개진 채 썩어 들어가던 아버지의 발. 막내아들이 봤던 아버지의 마지막 모습이었다. 그는 평생 아버지의 발을 대신해 그의 증언자로 살았다. 그랬기에 아버지의 발이 보고 싶었을 거라 여겨진다. 지금쯤 주기철 목사의 발은 새살이 돋아 혈색 좋은 건강한 발이 되었을 것이다.

해가 기울고 있었다. 붉은 태양이 서산에 기우는 광경을 보고 싶었지만, 사방이 붉게 물드는가 싶더니 순식간에 날이 저물었다. 어두워지기 전 자리를 접고 일어섰다. 어디선가 '영문 밖의 길' 노랫소리가 들리는 것 같았다. 어느새 나는 찬송가를 따라 부르고 있었다. "서쪽 하늘 붉은 노을 영문 밖에 비치누나⋯⋯." 봄이 멀지 않은 듯 저녁 공기가 후끈거렸다.

부 록

극동방송 주기철 기념 기도실

# 주기철 연보

| | |
|---|---|
| 1897. 11. 25. | 경남 창원군 웅천면 북부리에서 주현성과 조재선의 넷째아들로 출생 |
| 1906. 3. | 개통소학교 입학 |
| 1912. 2. | 개통소학교 졸업 |
| 1913. 봄 | 평북 정주에 있는 오산학교 입학 |
| 1915. 11. | 오산학교에서 세례를 받음 |
| 1916. 3. 25. | 오산학교 제7회 졸업 |
| 1916. 봄 | 조선예수교대학 상과에 2기로 입학. 안질이 심해져 학업을 중단하고 낙향 |
| 1917. 10. | 김해읍교회 교인인 안갑수와 결혼 |
| 1919. 3. 1. | 3·1운동이 일어나자 만세운동을 벌이다가 헌병대에 연행됨 |
| 1919. 10. 25. | 장남 주영진 출생 |
| 1920. 9. | 마산 문창교회에서 열린 김익두 목사 부흥회에 참석하여 중생을 체험함 |
| 1922. 3. | 평양에 있는 조선예수교장로회신학교 입학 |
| 1922. 11. 5. | 차남 주영만 출생 |
| 1923. 봄 | 경남 양산읍교회 조사로 시무 |
| 1925. 1. 9. | 삼남 주영묵 출생 |
| 1925. 12. 22. | 조선예수교장로회신학교 제19회 졸업 |
| 1925. 12. 30. | 경남노회 제20회 정기노회에서 목사 안수 받음 |
| 1926. 1. 10. | 부산 초량교회 제3대 담임목사 취임 |
| 1927. 11. 13. | 사남 주영해 출생 |
| 1928. 7. | 삼남 주영묵 병사 |
| 1930. 6. 22. | 장녀 주영덕 출생 |
| 1931. 7. | 부산 초량교회 사임 |
| 1931. 8. 1. | 마산 문창교회 제8대 담임목사 취임 |
| 1932. 1. 5. | 밀양읍에서 개최된 경남노회 제31회 정기노회에서 노회장으로 피선 |
| 1932. | 장녀 주영덕 병사 |
| 1932. 3. 18. | 오남 주광조 출생 |
| 1933. 5. 16. | 부인 안갑수 별세. 마산 무학산 공동묘지 안장 |
| 1933. 11. | 평양 조선예수교장로회신학교에서 사경회 인도 |
| 1934. 4. | 경성 남대문교회에서 부흥회 인도 |
| 1934. 8. | 부친 주현성 장로 별세 |
| 1935. 11. | 마산 문창교회 교인인 오정모 집사와 재혼 |
| 1936. 4.30.-5.4. | 금강산 기독교수양관에서 개최된 장로교 목사 수양회 강사로 참석 |
| 1936. 7. | 마산 문창교회 사임 후 평양 산정현교회 담임목사 취임 |
| 1937. 3. | 산정현교회 예배당 신축 공사 시작 |

| 1937. 9. 5. | 산정현교회 입당 예배 |
|---|---|
| 1937. 10. 5. | 서문밖교회에서 개최된 평양노회 제33회 정기노회에서 부노회장으로 피선 |
| 1938. 2. 8. | 조선예수교장로회신학교 학생들의 '김일선 기념식수 훼손사건'으로 1차 검속 |
| 1938. 6. 29. | 평양경찰서에서 석방. '도미타 간담회'에 참석하여 신사참배 논쟁을 벌임 |
| 1938. 7. | 총회의 신사참배 결의를 앞두고 2차 검속 |
| 1938. 8. | 평양노회 신사참배 결의 |
| 1938. 8. 18. | 조작된 '농우회 사건'으로 엮어 경북 의성경찰서로 압송 |
| 1938. 9. 10. | 조선예수교장로회 제27회 총회에서 신사참배 결의 |
| 1938. 12. 12-21. | 조선 교회 각 교단 지도부 목사들 일본에 건너가 신사참배 후 귀국 |
| 1939. 1. 29. | 대구경찰서에서 석방. 산정현교회 강단에 올라 '5종목의 나의 기원' 설교 |
| 1939. 10. | 평양노회에서 신사참배 거부 목사 설교 금지 지시. 주기철 목사 이를 거부 |
| 1939. 10. | 평양경찰서에 3차 검속. 유치장에서 '영문 밖의 길' 찬송가 만들어 부름 |
| 1939. 12. 19. | 남문밖교회에서 개최된 평양노회 임시노회에서 주기철 목사 목사직 파면 |
| 1940. 3. 19-22. | 평양노회 제38회 정기노회에서 '산정현교회 전권위원회' 구성 |
| 1940. 3. 24. | 전권위원회에 의해 부활절 예배를 드리던 산정현교회를 폐쇄 |
| 1940. 4. | 전권위원회 목사들과 형사들이 주기철 목사 가족을 사택에서 추방 |
| 1940. 4. 20. | 평양경찰서에서 석방되어 육로리로 귀환 |
| 1940. 9. 20. | 총독부의 신사참배 반대운동 주동자 일제 검거 시 평양경찰서에 4차 검속 |
| 1940. 10. 10. | 미국 총영사 마쉬 미국 선교사 전원 본국으로 철수할 것을 지시 |
| 1940. 11. 16. | 특별수송선을 타고 대부분의 선교사 미국으로 철수 |
| 1941. 8. 25. | 평양경찰서에서 평양형무소로 이감 |
| 1944. 4. 13. | 건강 악화로 병감으로 이송 |
| 1944. 4. 21. | 부인 오정모 집사 면회. 형무소장의 병보석 제안 거부. 밤 9시경에 순교 |
| 1944. 4. 22. | 저녁 6시 북문에서 오정모 집사와 유기선이 시신을 인수하여 집으로 운구 |
| 1944. 4. 25. | 평양제2고등보통학교 앞 공터에서 장례식 거행. 돌박산 공동묘지 안장 |
| 1947. 1. 27. | 오정모 집사 별세. 돌박산 공동묘지 주기철 목사 묘소 옆에 안장 |
| 1950. | 평양 장현교회에서 목회하던 장남 주영진 전도사 공산군에 의해 순교 |
| 1963. 3. 1. | 대한민국 정부 건국훈장 독립장 추서 |
| 1968. 9. 18. | 국립서울현충원 애국지사묘역에 가묘 조성 |
| 2007. 11. | 독립기념관에서 선정하는 이달의 독립운동가로 주기철 목사 선정 |

# 주광조 연보

| | |
|---|---|
| 1932. 3. 18. | 경남 마산시 추산동 7번지에서 주기철과 안갑수의 다섯째아들로 출생 |
| 1932. 12. 25. | 마산 문창교회에서 주기철 목사로부터 유아세례를 받음 |
| 1941. 7. 25. | 평양경찰서 지하실에서 아버지와 어머니에 대한 처참한 고문을 목격 |
| 1944. 3. 31. | 평양형무소에서 아버지를 마지막으로 면회하고 큰절을 올림 |
| 1944. 4. 22. | 입관 예배 전 아버지의 발이 검게 썩어 들어가는 것을 보고 충격을 받음 |
| 1945. 8. 17. | 해방 후 출옥 성도들이 주기철 목사 자택을 방문하여 가족들에게 인사 |
| 1945. 8. 19. | 산정현교회에서 5년 만에 해방을 경축하는 주일 예배를 드림 |
| 1945. 8. | 산정현교회 담임목사 한상동 목사 취임. 주영진 전도사 전임 교역자 시무 |
| 1945. 9. 20. | 산정현교회에서 교계 지도자들이 모여 '교회 재건을 위한 5개 원칙' 발표 |
| 1945. 11. 14. | 평북 6개 노회 퇴수회에서 친일파 목사들이 교회 재건 원칙 거부 |
| 1945. 12. | 평양 대동군 김제면 외제리 장현교회 담임 교역자로 주영진 전도사 취임 |
| 1946. 7. | 평양 숭덕국민학교 졸업 |
| 1946. 7. | 평양 숭인중학교 입학 |
| 1946. 11. 3. | 북조선인민공화국 총선거일. 주영진 전도사 주일이라며 선거를 거부 |
| 1947. 1. 27. | 아침에 가정예배를 인도하는 도중 어머니 오정모 집사 별세 |
| 1947. 3. | 3·1절 때 반탁운동과 반공 시위에 참여했다가 숭인중학교에서 퇴학당함 |
| 1947. 봄 | 주영진 전도사의 아들 주수현 출생 |
| 1947. 5. 14. | 주영진 전도사를 방문하여 월남할 결심을 털어놓음 |
| 1947. 5. 15. | 할머니 조재선 여사와 이별하고 단신으로 월남 |
| 1947. 5. | 국립맹아학교 교장인 주영만과 함께 생활하며 서울중학교 2학년에 편입 |
| 1950. 6. 25. | 서울중학교 5학년 때 6·25전쟁 발발 |
| 1950. 8. | 피난지 부산에서 미3사단에 자원입대하여 전쟁에 참전 |
| 1954. 4. 23-27. | 대한예수교장로회 제39회 총회에서 신사참배 취소 성명서 발표 |
| 1954. 12. | 4년 3개월 만에 제대 |
| 1955. 3. | 연희대학교 상경대학 경제학과 입학. 대양기업에서 일하며 고학 |
| 1958. 10. 11. | 서울 덕수교회에서 구귀학과 결혼 |
| 1959. 2. | 연세대학교 상경대학 경제학과 졸업. 흥국생명보험주식회사 입사 |
| 1961. 5. 2. | 큰아들 주현 출생 |
| 1963. 9. 2. | 작은아들 주원 출생 |
| 1964. | 장신대 신대원에 장학기금을 조성하여 매년 한 명씩 전액 장학금 수여 |
| 1976. 12. | 영락교회 출석 시작 |
| 1976-1982 | 극동웰석유판매(주) 세일석유 사장 |
| 1979-1980 | 연세대학교 경영대학원 최고경영자과정 수료 |
| 1980. 9. 18. | 극동방송 운영위원회 발족. 초대 총무 역임 |

| | |
|---|---|
| 1981. | 주기철 목사의 순교를 다룬 영화 〈저 높은 곳을 향하여〉 개봉 |
| 1982. | 주영진 전도사의 순교를 다룬 영화 〈하늘가는 밝은 길〉 개봉 |
| 1982-1985 | 전경련 국제경영원 최고경영자과정 수료 |
| 1982-1985 | 극동정유(주) 극동도시가스 상임이사 |
| 1983. 4. 21. | 장로회신학대학 안에 주기철 목사 순교 기념비 건립 |
| 1985-1993 | 극동기업(주) 세양산업 사장, 부회장 역임 |
| 1987. 9. 8. | 경남 창원에 있는 웅천교회 앞에 주기철 목사 순교 기념비 건립 |
| 1989-1993 | 대광학원 이사 |
| 1990-1994 | 영락사회복지재단 이사 |
| 1990. 12. 21. | 주영해 장로 별세 |
| 1991. 12. 2. | 영락교회 장로 장립 |
| 1991. 12. 15. | 극동방송 운영위원회 제4대 위원장 취임 |
| 1992-1994 | 영락교회 임마누엘 성가대장, 음악부장 |
| 1993. 3. 25. | 극동방송사업단 사장 취임 |
| 1994. 4. 1. | 극동방송사업단 해체 후 극동방송 부사장 취임 |
| 1994. 4. 21. | 주기철 목사 순교 50주년을 맞아 소양주기철목사기념사업회 설립 |
| 1994-2007 | 극동방송, 아세아방송 부사장, 상임고문 역임 |
| 1996. 4. 22. | 장로회신학대학에서 제1회 소양 주기철 목사 기념강좌 개최 |
| 1997-1998 | 영락교회 예산위원회 위원장 |
| 2000-2001 | 영락교회 장학위원회 위원장 |
| 2003. 1. 1. | 영락교회 은퇴 장로 |
| 2004. 10. 4. | 대성닷컴(주)에서 저서 《죽음을 이겨낸 영원한 삶》 출간(한글 영문 병기) |
| 2006. 1. 1. | 미국 뉴저지주에 거주하던 주영만 별세 |
| 2006. 4. 17. | 예장통합 평양노회 주기철 목사 파면 67년 만에 목사직 복권 및 참회 고백 |
| 2006. 6. 22. | 숭실대 한경직기념관에서 산정현교회 창립 100주년 기념 예배 드림 |
| 2006. 10. 24. | 국립서울현충원 주기철 목사 묘소에 안갑수 여사 유해 합장 |
| 2008. 9. 9. | 신사참배 70년 참회와 평화통일을 위한 세미나 및 기도회 개최 |
| 2011. 6. 26. | 향년 79세로 별세. 충남 천안공원묘원에 안장 |
| 2012. 10. 31. | 일본 いのちのことば社에서 주광조 장로 증언집 《岐路に立って》 출간 |
| 2015. 3. 24. | 경남 창원시 진해구 웅천동로 174에 '항일독립운동가 주기철목사기념관' 개관 |
| 2023. 6. 30. | 아내 구귀학 권사 향년 88세로 별세. 충남 천안공원묘원에 합장 |
| 2024. 12. | 경북 의성군 의성읍 동서1길 17에 '일제강점기 의성경찰서 주기철목사수난 기념관' 개관 |

# 참고 문헌

**단행본**

김경래, 《미안합니다, 고맙습니다》, 홍성사, 2013

김수진, 《한국 장로교 총회 창립 100년사》, 홍성사, 2012

김인수, 《예수의 양 주기철》, 홍성사, 2007

김요나, 《일사각오》, 순혜원, 1994

김충남, 《순교자 주기철 목사의 생애》, 드림북, 2007

김훈, 《흑산》, 학고재, 2011

민경배, 《순교자 주기철 목사》, 대한기독교서회, 1985

박성원, 이응삼, 《구름 같은 증인들의 빛과 그림자》, 창과현, 2009

박용규, 《평양 산정현교회》, 생명의말씀사, 2006

박용규, 《저 높은 곳을 향하여》, 생명의말씀사, 1992

박윤선, 《성경과 나의 생애》, 영음사, 1992

손동희, 《나의 아버지 손양원 목사》, 아가페출판사, 1999

안이숙, 《죽으면 죽으리라》, 신망애사, 1968

연금봉, 《고난의 여정 그리고 감사의 열매》, 쿰란출판사, 2007

오재식, 《나에게 꽃으로 다가오는 현장》, 대한기독교서회, 2012

오창희, 《아직 끝나지 않은 문제 신사참배》, 예영커뮤니케이션, 2021

이덕주, 《사랑의 순교자 주기철 목사 연구》, 한국기독교역사박물관, 2003

이덕주, 《주기철-사랑의 순교자》, 홍성사, 2023

임영섭, 《한국 기독교 순교자 100인 전기》, 도서출판 양문, 1991

임희국 외 편역 및 해제, 《손양원의 옥중서신》, 사단법인 손양원정신문화계승사업회, 2016

정연희, 《순교자 주기철 (상), (하)》, 두란노, 1997

주광조, 《죽음을 이겨낸 영원한 삶》, 대성닷컴(주), 2004

朱光朝, 《岐路に立って》, 日本 いのちのことば社, 2012

한국기독교역사연구소, 《한국 기독교의 역사 I》, 기독교문사, 1989

한국기독교역사연구소, 《한국 기독교의 역사 II》, 기독교문사, 1990

KIATS 엮음, 《한국 기독교 지도자 강단설교-주기철》, 홍성사, 2008


**논문, 신문, 잡지, 교회사**

김요나, '인생은 짧고 순교는 영원하다', 〈빛과소금〉, 1994. 4.

박용규, '순교자 아버지 신앙 더 빛낸 헌신의 삶', 국민일보, 2011. 6. 28.

윤세민, '일사각오의 순교자 소양 주기철 목사', 〈빛과소금〉, 1988. 5.

주광조, '나의 아버지 주기철 목사', 〈人物界〉, 1999년 여름 창간호

주광조, '여호와는 나의 목자시니 내게 부족함이 없으리로다', 〈월간 고신〉, 2005. 4.

〈경남성시타임즈 3호〉, 경남성시화운동본부, 2010. 10. 2.

〈신사참배 70년 참회와 평화통일을 위한 세미나 및 기도회〉, 부흥한국 외, 2008. 9. 9.

〈일사각오 제17호〉, 소양주기철목사기념사업회, 2010. 6. 30.

〈제1회 소양 주기철 목사 기념강좌〉, 소양주기철목사기념사업회, 1996. 4. 22.

〈제7회 소양 주기철 목사 기념강좌〉, 소양주기철목사기념사업회, 2002. 4. 23.

〈제8회 소양 주기철 목사 기념강좌〉, 소양주기철목사기념사업회, 2003. 4. 22.

〈제11회 소양 주기철 목사 기념강좌〉, 소양주기철목사기념사업회, 2006. 4. 11.

〈하나님께 드리는 평양노회의 참회예배〉, 대한예수교장로회 평양노회, 2006. 4. 17.

《경안노회 70년사》, 대한예수교장로회 경안노회, 1992

《문창교회 100년사》, 한국장로교출판사, 2001

《서울맹학교 100년사》, 국립서울맹학교·서울맹학교 총동문회, 2013

《안동교회 80년사》, 안동교회, 1989

《중리교회 100년사》, 중리교회, 2020

《초량교회 100년사》, 초량교회, 1994


**영상물**

권순도 감독, 〈그의 선택〉, PUREWAY PICTURES, 2007

권순도 감독, 〈아들의 고백〉, PUREWAY PICTURES, 2007

권혁만 감독, 〈일사각오〉, 파이오니아21, 2016

김성호 감독, 〈하늘가는 밝은 길〉, (주)대양필림, 1982

이윤기 연출, 〈고무송 목사의 특별한 만남-주광조 장로편〉, CTS 기독교TV, 2004

이영신 연출, 〈흔적-예수님을 사랑한 순교자 주기철〉, CTS 기독교TV, 2005

이유진 연출, 〈유재건의 나의 어머니-주광조 장로편〉, CTS 기독교TV, 2009

임원식 감독, 〈저 높은 곳을 향하여〉, 합동영화주식회사, 1977

## 도움 주신 분들

중리교회 고관규 목사
전 서울극장 대표 고은아 권사
(주)권필름 대표 권혁만 장로
항일독립운동가 주기철목사기념관 관장 김관수 장로
항일독립운동가 주기철목사기념관 학예사 김성애
한국기독교100주년기념재단 상임이사 김경래 장로
할렐루야교회 김상복 원로목사
극동방송 이사장 김장환 목사
서초동 산정현교회 김관선 목사
서울산정현교회 김성희 장로
전 오산고등학교 교목 김용관 목사
초량교회 김원이 장로
전 극동방송 사장 민산웅 장로
CTS 기독교TV 회장 비서실 송성화 실장
코아시아 페트로 에너지(주) 이상옥 회장
예장통합 경남노회 주기철목사순교기념사업회 이성관 목사
전 한국교회순교자기념사업회 사무총장 이응삼 목사
전 한국기독교학술원 이사장 이흥순 장로
한성실업 지성한 회장
새문안교회 최영진 장로
전 한국기독교역사박물관 학예연구실장 최태육 목사
주기철목사수난기념관사업회 사무총장 추성환 목사
구귀학 권사
주안장로교회 주승중 목사
산업연구원 주현 원장
흥국증권 주원 대표이사


## 사진 제공

자료 사진-소양주기철목사기념사업회, 주기철목사수난기념관사업회,
(주)권필름 대표 권혁만 장로, 애플소스 김연하 대표, 구귀학 권사
촬영 사진-김혜경

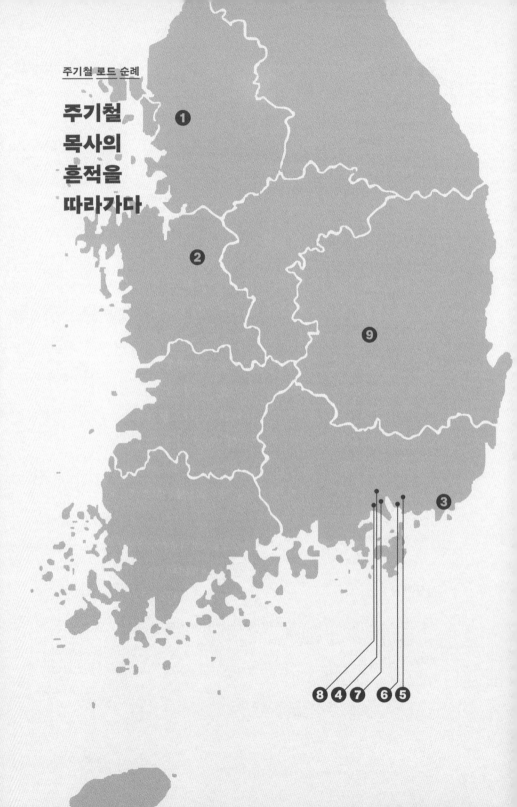

주기철 로드 순례

# 주기철
# 목사의
# 흔적을
# 따라가다

❶

❷

❾

❸

❽ ❹ ❼ ❻ ❺

# 첫째 날

**1 국립서울현충원**
독립유공자묘역 주기철 목사 가묘와 국가유공자 제2묘역 조만식 장로 가묘

**2 천안공원묘원**
주기철 목사 3남 주영해 장로 부부 묘소와 4남 주광조 장로 부부 묘소

**3 부산 초량교회 역사관**
초량교회는 1892년 미국 배위량 선교사에 의해 부산 지역 최초로 설립된 장로교회로 1926년에
부임한 주기철 목사는 1931년 마산 문창교회로 옮겨 가기까지 치열하게 신사참배 반대운동을
주도했다.

# 둘째 날

**4 마산 무학산 십자바위**
주기철 목사가 문창교회 재직 시절 자주 올라 교회와 민족을 위해 기도하던 장소다.

**5 항일독립운동가 주기철목사기념관・생가**
주기철 목사의 항일독립운동에 관한 다양한 자료와 그가 보여 준 불굴의 신앙을 확인하면서
사색하는 공간이다.

**6 웅천읍성・웅천왜성・세스페데스 공원**
수난의 역사를 간직한 주기철 목사의 고향

# 셋째 날

**7 마산 문창교회**
주기철 목사가 1931년부터 1936년까지 시무한 교회로 1932년 막내아들 주광조가 태어났으며
이듬해 아내 안갑수가 급환으로 별세했다. 오정모 집사와 재혼한 주기철 목사는 동방의
예루살렘으로 불리던 평양으로 임지를 옮겼다.

**8 경남선교120주년기념관・호주선교사묘원**
같은 고장 출신인 주기철 목사와 손양원 목사의 순교 기념비가 나란히 세워져 있는 곳이다.

**9 주기철목사수난기념관**
평양 산정현교회에서 신사참배 반대운동을 이끌던 주기철 목사는 일제가 조작한 의성농우회
사건에 연루되어 1938년 8월부터 12월까지 경상북도 의성경찰서로 끌려와 형언할 수 없이
가혹한 고문을 당했다.

# 나의 아버지 주기철

My Father, Ju Gi-cheol

**지은이**  유승준
**펴낸곳**  주식회사 홍성사
**펴낸이**  정애주
국효숙 김의연 박혜란 손상범
송민규 오민택 임영주 차길환

2014. 4. 10. 초판 1쇄 발행   2024. 4. 5. 개정판 1쇄 발행

등록번호 제1-499호 1977. 8. 1
주소 (04084) 서울시 마포구 양화진4길 3   전화 02) 333-5161   팩스 02) 333-5165
홈페이지 hongsungsa.com   이메일 hsbooks@hongsungsa.com   페이스북 facebook.com/hongsungsa
양화진책방 02) 333-5161

ISBN 978-89-365-1579-9 (03230)